高等职业教育"互联网+"新形态一体化系列教材
城市轨道交通类高素质技术技能型人才培养教材

中级信号工技能
工作手册

主　编◎肖　洁　令小宁　卢凯霞
副主编◎袁　文　邝香琦
主　审◎熊　丰

华中科技大学出版社
http://www.hustp.com
中国·武汉

图书在版编目(CIP)数据

中级信号工技能工作手册/肖洁,令小宁,卢凯霞主编.—武汉:华中科技大学出版社,2022.5
ISBN 978-7-5680-7724-8

Ⅰ.①中… Ⅱ.①肖… ②令… ③卢… Ⅲ.①铁路信号-岗位培训-手册 Ⅳ.①U284-62

中国版本图书馆 CIP 数据核字(2021)第 237364 号

中级信号工技能工作手册
Zhongji Xinhaogong Jineng Gongzuo Shouce

肖　洁　令小宁　卢凯霞　主编

策划编辑：张　毅	
责任编辑：刘　静	
封面设计：孢　子	
责任监印：朱　玢	
出版发行：华中科技大学出版社(中国·武汉)	电话：(027)81321913
武汉市东湖新技术开发区华工科技园	邮编：430223
录　排：武汉市洪山区佳年华文印部	
印　刷：武汉市籍缘印刷厂	
开　本：787mm×1092mm　1/16	
印　张：18.75	
字　数：466 千字	
版　次：2022 年 5 月第 1 版第 1 次印刷	
定　价：52.90 元	

本书若有印装质量问题,请向出版社营销中心调换
全国免费服务热线：400-6679-118　竭诚为您服务
版权所有　侵权必究

前　言

本书面向高职高专院校铁道信号自动控制、城市轨道交通通信信号技术等专业在校学生，落实立德树人根本任务，遵循教育教学规律、人才成长规律，适应人才培养模式变革，注重发展学生核心素养，将知识传授、能力培养与思想观念、理想信念教育有机融合。本书集中优秀教师、工程师、技师等优势力量编写，立足于实际能力培养，以铁路信号工、铁路综合维修工岗位技能为中心，聚焦于轨道交通中级信号工技能发展带来的人才培养需求，服务于"双元互动"人才培养模式和精细化教学设计，融入职业标准和国内外一流企业新技术、新工艺、新规范等产业先进元素，以切实提高学生的实际工作技能，满足企业用人需求。

本书以铁路、城市轨道交通信号工的工作过程为中心，通过对学习领域中所包含知识点的讲解、典型轨道交通信号设备维护检修案例的分析及相关技能训练等教学方式组织编写，突出了学生的主体作用。本书的课程任务包含轨道交通信号基础设备、计算机联锁系统、调度集中控制系统、区间自动控制系统、信号电源屏系统的检修、维护技术等。

本书将中级信号工应掌握的知识以工作手册的形式重新排版，将原先中级信号工需要掌握的内容以工作手册的形式呈现，使晦涩难懂的知识变得简单明了，学生按照本书任务表格中的顺序进行实践，不仅能够掌握实践技能，还能够明确作业流程，实现从院校到企业无缝对接。

本书由武汉铁路职业技术学院老师编写和审定。具体编写分工如下：肖洁编写项目1，卢凯霞编写项目2，令小宁编写项目3，袁文编写项目4，邝香琦编写项目5。在整理期间，得到了中国铁路武汉局集团和武汉地铁集团技师、工程师们以及武汉铁路职业技术学院铁道通信与信号学院老师们的大力支持和协助，在此表示衷心的感谢。

由于编写时间和编者水平有限，本书还有许多需要完善之处，欢迎广大师生批评和指正，以不断提高本书的质量。

编　者

2022年5月

目 录

项目 1　道岔设备作业 1
　任务 1　ZD6 型电动转辙机的拆解与组装 2
　任务 2　ZD6 型电动转辙机的测试与调整 19
　任务 3　分动外锁闭道岔密贴及表示杆缺口调整 33
　任务 4　转辙机内部检修作业 47

项目 2　联锁设备作业 65
　任务 1　道岔控制电路故障处理 66
　任务 2　信号机综合实训 81
　任务 3　25 Hz 相敏轨道电路测试与故障处理 99
　任务 4　TAZ Ⅱ 型计轴机柜综合实训 114
　任务 5　DS6-K5B 型计算机联锁机柜综合实训 131

项目 3　区间设备作业 149
　任务 1　ZPW-2000A 测试 150
　任务 2　ZPW-2000A 调整 166
　任务 3　ZPW-2000A 故障处理 180

项目 4　CTC 设备作业 199
　任务 1　CTC 车站子系统设备认知 200
　任务 2　车站自律机更换 216

项目 5　电源屏设备作业 231
　任务 1　智能电源屏的巡检作业 232
　任务 2　智能电源屏的检修作业 253

附录 A　ZPW-2000A 轨道电路调整表 277
　附录 A.1　轨道电路调整表 278
　附录 A.2　电缆模拟网络电缆补偿长度调整表 283
　附录 A.3　发送器的调整 284
　附录 A.4　接收器的调整 285
　附录 A.5　不同长度的小轨道的电平等级调整表 288

附录 B　××电务段上道作业防护标准用语 291

项目 1　道岔设备作业

项目内容：
1. ZD6 型电动转辙机的拆解与组装；
2. ZD6 型电动转辙机的测试与调整；
3. 分动外锁闭道岔密贴及表示杆缺口调整；
4. 转辙机内部检修作业。

任务1 ZD6型电动转辙机的拆解与组装

工单(NO.1 DC-XHJC-01)

工作任务单			
工单编号	NO.1 DC-XHJC-01	工单名称	ZD6型电动转辙机的拆解与组装
面向专业	信号类专业	职业岗位	信号工
实施方式	实际操作	考核方式	结果与过程综合
工单难度	中等	前序工单	无
工单分值	100	完成时限	6学时
单人/分组	单人	每组人数	8人
考核点	ZD6型电动转辙机拆解与组装的方法与操作步骤		
工单简介	ZD6型电动转辙机的结构及工作原理； ZD6型电动转辙机拆卸与组装的方法		
设备环境	道岔设备维护与检修实训室		
教学方法	在常规课程工单制教学当中采用教师示范操作、学生分组练习、教师监督纠错的学、练、教相融合的方式,训练学生拆解与组装ZD6型电动转辙机的能力		
用途说明	本工单可用于ZD6型电动转辙机的日常养护及检修,目的是提高学生拆解与组装ZD6型电动转辙机的能力,培养学生自我学习、分析解决实际问题的能力		
实施人员信息			
姓名	班级	学号	电话
小组	组长	岗位分工	组员

任务目标

实施该工单的任务目标如下：

【知识目标】

(1) 熟悉掌握 ZD6 型电动转辙机的结构组成与工作原理；

(2) 掌握 ZD6 型电动转辙机拆解与组装的方法。

【能力目标】

(1) 能按照顺序拆解 ZD6 型电动转辙机；

(2) 能按照与拆解 ZD6 型电动转辙机相反的顺序组装 ZD6 型电动转辙机；

(3) 能熟练使用转辙机拆装专用工具及进行 ZD6 型电动转辙机机内部件检查。

【素养含思政目标】

(1) 能够严格按照文中的职业规范要求进行工单实施；

(2) 培养学生自学、分析解决实际问题的能力；

(3) 培养学生的团队合作意识和沟通能力；

(4) 培养学生的安全责任意识。

任务介绍

1. 任务描述：

ZD6 型电动转辙机是实际应用中使用最广泛的电动转辙机之一，掌握 ZD6 型电动转辙机的结构是掌握 ZD6 型电动转辙机的基础。利用普通工具和专业工具对 ZD6 型电动转辙机进行拆卸和组装，能够更直观地学习 ZD6 型电动转辙机的工作原理和设备组成结构，对有故障的部件进行维护和替换，也能为对 ZD6 型电动转辙机进行养护作业和检修作业打下良好的基础。

2. 任务要求：

(1) 熟悉掌握 ZD6 型电动转辙机的结构组成与工作原理；

(2) 掌握 ZD6 型电动转辙机拆解与组装的方法。

任务资讯(20 分)

(5 分) 1. 请简要介绍转辙机应具有的基本功能。

(5 分) 2. 请简要叙述 ZD6 型电动转辙机主要部件结构及工作原理。

(5分)3. 请简要叙述 ZD6 型电动转辙机有几级减速及其作用。

(5分)4. 请简要叙述 ZD6 型电动转辙机启动片及速动片的作用。

任务规划(20分)

(5分)1. 请简要叙述 ZD6 型电动转辙机的减速器结构。

(5分)2. 请简要叙述 ZD6 型电动转辙机自动开闭器的作用。

(5分)3. 请简要叙述 ZD6 型电动转辙机如何实现机内锁闭。

(5分)4. 本任务主要进行 ZD6 型电动转辙机的拆卸和组装,请写出实施步骤规划。

任务实施(40分)

（10分）1. 请结合现场实操说明 ZD6 型电动转辙机的拆卸和组装需要使用的工具名称。

（10分）2. 请结合现场实操说明 ZD6 型电动转辙机的拆卸顺序。

（10分）3. 请结合现场实操说明 ZD6 型电动转辙机的安装顺序。

（10分）4. 请结合现场实操说明在拆装 ZD6 型电动转辙机的过程中，如何养成良好的工具使用习惯，避免错误使用工具、暴力拆装导致设备损坏和拆装步骤错误等违规作业情况。

工作日志(5分)

实施工单过程中填写如下日志。

工作日志表

日期	工作内容	问题及解决方式

总结反思（10分）
请编写完成本任务的工作总结。

思政收获（5分）
请勾选完成本任务后的思政收获。 □厚植爱国情怀 □培养安全意识 □树立强烈的民族自豪感 □培养科学精神和敬业精神 □激发强烈的创新意识 □激发学生的安全责任意识 □培养工匠精神和实干精神 □培养学生的实际的动手能力 □提高团体合作能力

质量监控单元(教师完成)

工单实施栏目评分表

评分项	分值	作答要求	评审规定	得分
任务资讯	20	问题回答清晰准确,能够紧扣主题,没有明显错误项	参照标准答案,错误一项扣5分,扣完为止	
任务规划	20	规划优秀可实施,没有任何细节错误	参照标准答案,错误一项扣2分,扣完为止	
任务实施	40	实施过程规范,质量符合工程标准	A类错误点一次扣3分,B类错误点一次扣2分,C类错误点一次扣1分	
其他	20	日志和问题项目填写详细,思政收获丰富深入,能够反映实际工作过程	没有填或者填写太过简单每项扣2分	
合计得分				

职业能力评分表

评分项	等级	作答要求	等级
知识评价	A/B/C	A:能够完整准确地回答任务资讯的所有问题,准确率在90%以上。 C:对基础知识掌握得非常差,任务资讯和答辩的准确率在50%以下	
能力评价	A/B/C	A:熟悉各个环节的实施步骤,完全独立地完成任务,并有能力辅助其他同学完成规定的工作任务,工作实施快速,准确率高(任务规划和任务实施准确率在85%以上)。 C:未完成任务或只完成部分任务,有问题没有积极向老师和其他同学请教,工作实施拖拉、不积极,各个部分的准确率在50%以下	
态度素养评价	A/B/C	A:不迟到、不早退,对人有礼貌,善于帮助他人,积极主动地完成规定的工作任务,工作台整洁有序,能准确回答老师提出的问题。 C:经常迟到、早退,态度不认真,未完成任务或只完成了部分任务,有问题没有积极向老师和其他同学请教,工作实施拖拉、不积极,不能准确回答老师提出的问题	

注:作答结果介于A、C之间的,等级评定为B。

教师评语栏

学习资源集

一、任务资讯

ZD6 型电动转辙机是实际应用中使用最广泛的电动转辙机之一,掌握 ZD6 型电动转辙机的结构是掌握 ZD6 型电动转辙机的基础。利用普通工具和专业工具对 ZD6 型电动转辙机进行拆卸和组装,能够更直观地学习 ZD6 型电动转辙机的工作原理和设备组成结构,对有故障的部件进行维护和替换,也能为对 ZD6 型电动转辙机进行养护作业和检修作业打下良好的基础。

在 ZD6 型电动转辙机的拆卸和组装过程中,往往会出现以下问题:工具乱放,工具丢失;不规范操作造成设备损坏、无法装配;零部件缺失,螺栓螺纹遭到损坏,不能正常紧固;装配错误,装配好后转辙机不能正常运转,装配精度不够,转辙机在运转过程中出现松动、别卡、转动不到位现象;拆装顺序出现错误,导致不能正常拆装。种种原因导致 ZD6 型电动转辙机拆装后无法正常使用,造成极大的资产损失,各种不规范操作为后期设备使用埋下安全隐患。因此,信号工作人员必须养成良好的工具使用习惯和操作习惯,避免错误使用工具、暴力拆装导致设备损坏和拆装步骤错误等违规作业情况。

制定规范严谨的作业制度,实行责任划分,明确责任和要求,用严谨的规章制度来保证作业人员的人身和设备的安全。制定完善的作业流程及关键过程的注意事项,让每一位作业人员都能明白作业的先后顺序,在作业过程中,按照作业的先后顺序正确拆装设备,对关键流程能够认真细致地操作。提高作业人员的思想认识,稳定作业人员的思想情绪,避免作业人员在作业过程中出现情绪急躁及暴力拆装现象,甚至故意破坏设备和工具的现象。

(一)ZD6 型电动转辙机的主要技术特点

在轨道交通中广泛使用的直流道岔转辙机主要是 ZD6 型电动转辙机,其主要采用内锁闭方式。

(1)ZD6 型电动转辙机采用短时、直流、串激、可逆电动机,过载能力强,在额定转矩的 1.8 倍情况下仍然可安全使用;机身采用了新型浸漆工艺和绝缘材料,使电机绝缘耐压$\geqslant$2000 V,绝缘电阻$\geqslant$25 MΩ。

(2)ZD6 型电动转辙机采用的减速器为两极减速封闭式减速器,第一级为外啮合齿轮传动,第二级为一齿差行星内啮合齿轮传动,总传动比大,机械转矩大。

(3)减速器调整摩擦电流的夹板均是左右配对加工、配对装配,以保证互相有很好的配合;在维护过程中,减速器调整摩擦电流的夹板不得拆散使用。

(4)ZD6 型电动转辙机所用的自动开闭器是整体式结构,可以独立拆卸而不影响其他部分。它与表示杆(或锁闭杆)配合,利用接点的通断,可以反映道岔尖轨的位置状态。其中,静接点片采用铍青铜材料,动接点环采用铝青铜材料,提高了导电性能及耐磨性能。

(5)主轴组由主轴、主轴套、止挡栓、锁闭齿轮、挡圈及滚动轴承等组成。主轴由底壳的一端插入或拉出,不受其他部件的影响。

(6)表示杆采用了加强式表示杆,主、副表示杆同时承担作用力,增加了整体强度;加强式表示杆调整简单、方便,动程范围大。

(二)ZD6 型电动转辙机的结构及主要部件

ZD6 型电动转辙机的结构及主要部件的示图如图 1.1.1 至图 1.1.7 所示。

图 1.1.1　ZD6 型电动转辙机整体结构

图 1.1.2 直流电动机

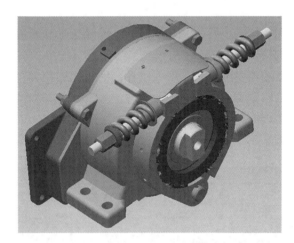

图 1.1.3 减速器

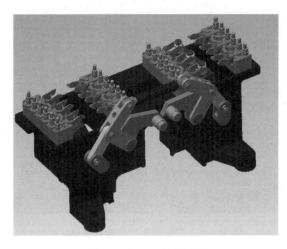

图 1.1.4 自动开闭器

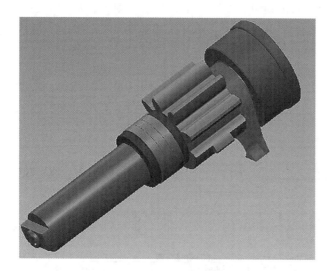

图 1.1.5 主轴及锁闭齿轮等

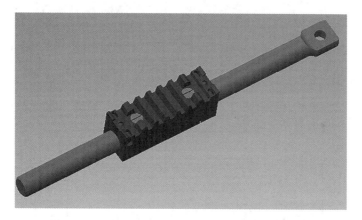

图 1.1.6 动作杆及齿条块等

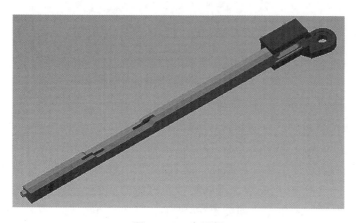

图 1.1.7 表示杆

(三) ZD6 型电动转辙机的传动原理

ZD6 型电动转辙机的传动原理如图 1.1.8 所示。图中各机件所处的位置状态是动作杆由右向左移动后的停止状态。此时自动开闭器的第 1 排、第 3 排两排接点闭合。动作杆向右移动的传动过程如下：

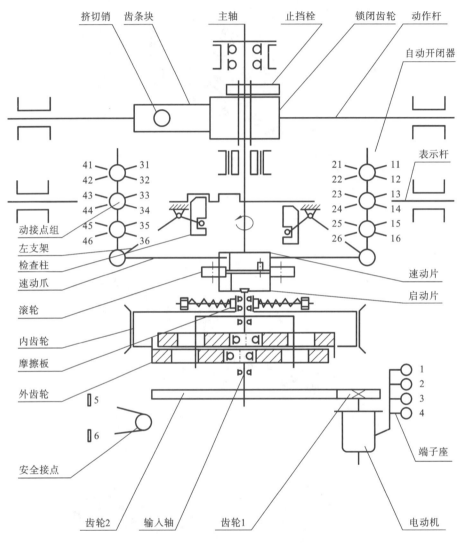

图 1.1.8　ZD6 型电动转辙机传动原理图

（1）来自道岔控制电路的电流，经由图中自动开闭器的第 1 排接点接至电动机（为直流电动机），使电动机按逆时针方向旋转（从电动机后端看）。

（2）电动机通过齿轮 1 带动减速器，使其输出轴按逆时针方向旋转。

（3）输出轴与主轴通过启动片连接在一起，因此输出轴带动主轴一起旋转。

（4）在主轴旋转过程中，可完成电路的转接及机械的解锁、转换、锁闭等动作。

（5）主轴旋转带动锁闭齿轮拨动齿条块，使动作杆带动道岔向右移动，密贴于右侧尖轨并锁闭。

(6) 同时启动片、速动片、速动爪带动自动开闭器的动接点动作,与表示杆配合,断开第1排、第3排接点,接通第2排、第4排接点,完成电动转辙机转换、锁闭与给出道岔表示的任务。

二、方案设计

本任务主要介绍 ZD6 型电动转辙机的结构及工作原理、ZD6 型电动转辙机拆卸与组装的方法。

实施步骤规划如下:

(1) 熟悉各种工具的名称、性能和使用方法。

(2) 打开机盖,检查电动转辙机的零部件是否齐全、工作是否正常。

(3) 按照顺序拆解电动转辙机。

(4) 按照与拆解电动转辙机相反的顺序组装电动转辙机。

(5) 手摇电动转辙机观察部件动作状态,及时调整。

(6) 关闭机盖,清理工具。

三、任务实施

(一) 准备工具

手锤、摇把、梅花螺丝刀、平口螺丝刀、拔轴器、专用套筒、专用取挤切销工具、150 mm 扳手、转辙机钥匙、顶轴器、克丝钳。

(二) ZD6 型电动转辙机的拆卸

1. 拆解前检查

(1) 检查电动转辙机外壳是否完整;

(2) 打开机盖检查电动转辙机内部部件是否齐全;

(3) 拆下自动开闭器的接点罩(如有接点罩),手摇电动转辙机观察其工作是否正常。

2. 拆解电动转辙机

在进行 ZD6 型电动转辙机拆解时应按照下述顺序进行:电动机→减速器→自动开闭器→主轴→动作杆及齿条块→表示杆。

(1) 拆卸电动机。

用梅花螺丝刀松开电动机外壳的 4 个固定螺丝,卸下外壳(见图 1.1.9),可以看到一个完整的电动机。然后松开电动机的固定螺丝(见图 1.1.10),并松开电动机端子螺丝(见图 1.1.11),就可以取下电动机。在拆卸过程中,要注意收齐螺丝、垫片,不要丢失,同时,注意不要损伤电动机的 6 条接线。

(2) 拆卸减速器。

使用专用套筒卸下减速器的 4 个固定螺栓(见图 1.1.12),将减速器小心取出。

(3) 拆自动开闭器。

用专用套筒卸下自动开闭器的 4 个固定螺栓(见图 1.1.13),小心取出自动开闭器。

(4) 拆主轴。

① 先后取下启动片、速动片和速动片衬套(见图 1.1.14);

② 为了拆下主轴应先关闭机盖,从电动转辙机后方用克丝钳拔掉开口销,卸下机盖,再使用专用套筒松开主轴后盖板的安装螺丝;

图 1.1.9 卸下电动机外壳

图 1.1.10 松开电动机的固定螺丝

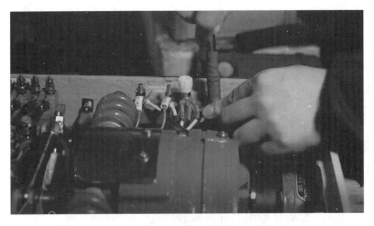

图 1.1.11 松开电动机端子螺丝

图 1.1.12　卸下减速器的 4 个固定螺栓

图 1.1.13　卸下自动开闭器的 4 个固定螺栓

图 1.1.14　取下启动片、速动片和速动片衬套

③ 旋开止挡栓,利用机壳缺口使用手锤敲打柱铁,卸下主轴后盖板;
④ 将止挡栓与机壳的缺口对齐,使用拔轴器取出主轴(见图 1.1.15)。

图 1.1.15　使用拔轴器取出主轴

(5) 拆动作杆、齿条块。

先使用平口螺丝刀取下主副挤切销的螺堵,再使用专用取挤切销工具取出主副挤切销(见图 1.1.16),转动动作杆,从齿条块中抽出动作杆,并取出齿条块。

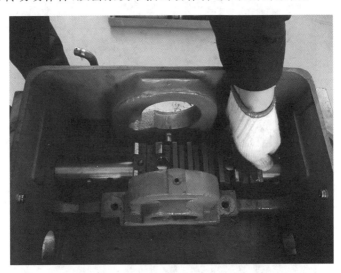

图 1.1.16　取出主副挤切销

(6) 拆表示杆。

经过前面的分解和拆卸,电动转辙机大部分配件已经取出,机壳基本上空了,最后抽出表示杆。

这样整个电动转辙机拆解完毕。

(三) ZD6 型电动转辙机的组装程序

电动转辙机组装的顺序,一般与拆卸的顺序相反。电动转辙机通常按照以下顺序来进行组装:齿条块及动作杆→主轴→自动开闭器→减速器→调整接点座→表示杆→电动机。

1. 安装齿条块和动作杆

先把齿条块放到相应位置,然后把动作杆通过机壳孔穿进齿条块,对齐挤切销孔,安装两个挤切销。这样齿条块和动作杆安装完毕。

2. 安装主轴

将齿条块拨到机壳一边,对齐止挡栓与机壳的缺口,从锁闭圆弧面与削尖齿的弧面吻合角度插入主轴。在主轴安装进去后,使用顶轴器将主轴安装牢固,并安装后盖板。

3. 安装自动开闭器

将自动开闭器放入机壳内。注意:若电动转辙机为左开,则将动作杆拉入后安装自动开闭器。

卸开拉簧与调整架的连接销,依次将速动片衬套、速动片、启动片装入,将刚才卸下的连接销安装上,最后固定自动开闭器的4个固定螺栓。

速动片衬套、速动片、启动片的空间位置关系如图1.1.17所示,放入自动开闭器前速动片衬套、速动片和启动片的位置调整如图1.1.18所示。

图 1.1.17 速动片衬套、速动片、启动片的空间位置关系

图 1.1.18 放入自动开闭器前速动片衬套、速动片和启动片的位置调整

4. 安装减速器

将减速器放入机壳内相应位置,手摇减速器,使减速器输出轴与启动片的槽对齐后,向内推动减速器,使之吻合,依次固定 4 个固定螺栓。

5. 安装表示杆

手摇电动转辙机,将自动开闭器动接点调出(相当于四开位置),将表示杆穿入机壳内。动接点应恢复到接通位置。

6. 调整接点座

调整顺序:先将动作杆拉入调整,再将动作杆伸出调整。通过调节顶丝使动接点打入静接点的深度不小于 4 mm,动接点座与静接点座之间的距离不小于 3 mm。

7. 安装电动机

将电动机接线穿入机壳,放好电动机,拧紧固定螺丝。电动机固定好后再安装电动机的外壳,最后安装电动机接线端子座。

经过以上组装,电动转辙机安装基本完毕,然后手摇电动转辙机目测观察,保证各部件动作灵活、顺畅,没有晃动现象。闭合安全接点。注意:安全接点的闭合应由机外上锁扣和机内的安全接点拨片配合移动安全动接点与安全静接点闭合。最后安装并关闭机盖,并收拾整理好所有工具。

四、职业规范要求

(1) 正确使用专用工具,以免损坏工具和电动转辙机部件。

(2) 注意电动转辙机部件拆卸顺序:电动机→减速器→自动开闭器→主轴→动作杆及齿条块→表示杆。

(3) 注意电动转辙机部件安装顺序:齿条块及动作杆→主轴→自动开闭器→减速器→调整接点座→表示杆→电动机。

(4) 组装好后用手摇把转换电动转辙机,确保电动转辙机能正常工作。

(5) 工作完成后要及时编写工作日志和总结反思。其中:工作日志要简单记录实施时间周期、完成的工作内容;总结反思则重点描写实施该工单的所学、所做、所想,特别是自己的收获和心得。

任务 2　ZD6 型电动转辙机的测试与调整

工单(NO.1 DC-XHJC-02)

工作任务单			
工单编号	NO.1 DC-XHJC-02	工单名称	ZD6 型电动转辙机的测试与调整
面向专业	信号类专业	职业岗位	信号工
实施方式	实际操作	考核方式	结果与过程综合
工单难度	中等	前序工单	无
工单分值	100	完成时限	8 学时
单人/分组	单人	每组人数	8 人
考核点	ZD6 型电动转辙机测试与调整的方法与操作步骤		
工单简介	ZD6 型电动转辙机的工作电流、摩擦电流测试； ZD6 型电动转辙机的摩擦电流调整、密贴调整及表示杆缺口调整		
设备环境	道岔设备维护与检修实训室		
教学方法	在常规课程工单制教学当中采用教师示范操作、学生分组练习、教师监督纠错的学、练、教相融合的方式，训练学生测试与调整 ZD6 型电动转辙机的能力		
用途说明	本工单可用于 ZD6 型电动转辙机的日常养护及检修，目的是提高学生测试与调整 ZD6 型电动转辙机的能力，培养学生自我学习、分析解决实际问题的能力		
实施人员信息			
姓名		班级		学号		电话	
小组		组长		岗位分工		组员	

任务目标

实施该工单的任务目标如下：

【知识目标】
(1) 熟悉掌握 ZD6 型电动转辙机的结构组成与工作原理；
(2) 掌握 ZD6 型电动转辙机的测试内容及测试方法；
(3) 掌握 ZD6 型电动转辙机的调整内容及调整方法。

【能力目标】
(1) 能对 ZD6 型电动转辙机道岔工作电流、摩擦电流进行测试；
(2) 能对 ZD6 型电动转辙机道岔摩擦电流进行调整；
(3) 能对 ZD6 型电动转辙机道岔定位进行密贴调整和表示杆缺口调整。

【素养含思政目标】
(1) 能够严格按照文中的职业规范要求进行工单实施；
(2) 培养学生自学、分析解决实际问题的能力；
(3) 培养学生的团队合作意识和沟通能力；
(4) 培养学生的工匠精神和科学精神。

任务介绍

1. 任务描述：

ZD6 型电动转辙机广泛应用于国家铁路、城市轨道交通、地方铁路，适用于时速在 120 km/h 以下的普通单开道岔和复式交分道岔，是用来改变道岔开通方向、锁闭道岔尖轨、反映尖轨位置状态的设备，是实现轨道交通运输现代化和自动化的重要基础设备，对行车安全起着至关重要的作用。因此，ZD6 型电动转辙机的日常维护和故障处理是信号工作人员必须掌握的技能。

通过对 ZD6 型电动转辙机的测试与调整实训，掌握 ZD6 型电动转辙机的调整内容及调整方法步骤，进一步熟悉掌握 ZD6 型电动转辙机的结构组成与工作原理；加深对理论知识的理解，熟悉现场工作环境，培养学生的学习兴趣，提高学生的操作技能水平，引导学生树立勤奋、务实的实干精神，为今后工作打下坚实的基础。

2. 任务要求：
(1) 掌握 ZD6 型电动转辙机的工作电流、摩擦电流测试；
(2) 掌握 ZD6 型电动转辙机的摩擦电流调整、密贴调整及表示杆缺口调整。

任务资讯(20 分)

(5 分) 1. 请简要介绍 ZD6 型电动转辙机的结构及主要组成部件。

(5分)2. 请简要叙述 ZD6 型电动转辙机摩擦联结器的工作原理。

(5分)3. 请简要叙述 ZD6 型电动转辙机自动开闭器和表示杆之间的动作关系。

(5分)4. 请简要叙述联动内锁闭道岔的含义。

任务规划(20分)

(5分)1. 请简要叙述 ZD6 型电动转辙机工作电流、摩擦电流参数的含义。

(5分)2. 请简要叙述 ZD6 型电动转辙机摩擦电流调整的目的。

(5分)3. 请简要叙述 ZD6 型电动转辙机道岔密贴调整及表示杆缺口调整的目的。

(5分)4. 本任务主要进行ZD6型电动转辙机的工作电流、摩擦电流测试,ZD6型电动转辙机的摩擦电流调整、密贴调整及表示杆缺口调整,请写出实施步骤规划。

任务实施(40分)

(10分)1. 请结合现场实操说明联动内锁闭道岔的结构和各个部件的名称。

(10分)2. 请结合现场实操说明ZD6型电动转辙机工作电流、摩擦电流的测试方法。

(10分)3. 请结合现场实操说明ZD6型电动转辙机摩擦电流调整、密贴调整及表示杆缺口调整的方法。

(10分)4. 请结合现场实操说明如何进行联动内锁闭道岔密贴调整后4 mm不锁闭试验。

工作日志(5 分)

实施工单过程中填写如下日志。

工作日志表

日期	工作内容	问题及解决方式

总结反思(10 分)

请编写完成本任务的工作总结。

思政收获(5分)

请勾选完成本任务后的思政收获。
☐ 厚植爱国情怀
☐ 培养安全意识
☐ 树立强烈的民族自豪感
☐ 培养科学精神和敬业精神
☐ 激发强烈的创新意识
☐ 激发学生的安全责任意识
☐ 培养工匠精神和实干精神

质量监控单元(教师完成)

工单实施栏目评分表

评分项	分值	作答要求	评审规定	得分
任务资讯	20	问题回答清晰准确,能够紧扣主题,没有明显错误项	参照标准答案,错误一项扣5分,扣完为止	
任务规划	20	规划优秀可实施,没有任何细节错误	参照标准答案,错误一项扣2分,扣完为止	
任务实施	40	实施过程规范,质量符合工程标准	A类错误点一次扣3分,B类错误点一次扣2分,C类错误点一次扣1分	
其他	20	日志和问题项目填写详细,思政收获丰富深入,能够反映实际工作过程	没有填或者填写太过简单每项扣2分	
合计得分				

职业能力评分表

评分项	等级	作答要求	等级
知识评价	A/B/C	A:能够完整准确地回答任务资讯的所有问题,准确率在90%以上。 C:对基础知识掌握得非常差,任务资讯和答辩的准确率在50%以下	
能力评价	A/B/C	A:熟悉各个环节的实施步骤,完全独立地完成任务,并有能力辅助其他同学完成规定的工作任务,工作实施快速,准确率高(任务规划和任务实施准确率在85%以上)。 C:未完成任务或只完成部分任务,有问题没有积极向老师和其他同学请教,工作实施拖拉、不积极,各个部分的准确率在50%以下	
态度素养评价	A/B/C	A:不迟到、不早退,对人有礼貌,善于帮助他人,积极主动地完成规定的工作任务,工作台整洁有序,能准确回答老师提出的问题。 C:经常迟到、早退,态度不认真,未完成任务或只完成了部分任务,有问题没有积极向老师和其他同学请教,工作实施拖拉、不积极,不能准确回答老师提出的问题	

注:作答结果介于A、C之间的,等级评定为B。

教师评语栏

学习资源集

一、任务资讯

ZD6 型电动转辙机的测试与调整作业包括 ZD6 型电动转辙机道岔工作电流、摩擦电流测试，ZD6 型电动转辙机摩擦电流调整，ZD6 型电动转辙机道岔定反位密贴调整，以及 ZD6 型电动转辙机道岔定反位表示杆缺口调整。摩擦电流是确保道岔正常转换最重要的参数之一，相应地，摩擦电流调整是 ZD6 型电动转辙机机械调整的前置工作，只有摩擦电流处在标准范围内，道岔经过调整才能安全使用。道岔密贴在直观上理解是指道岔尖轨和基本轨贴紧，没有间隙；而实际上只要尖轨和基本轨间的间隙在一定的范围内，并不影响行车安全，就认为道岔处于密贴状态。表示杆缺口调整又称表示调整，用于检查道岔密贴。密贴调整和表示杆缺口调整是道岔调整的重要内容，也是保证行车安全的前提，日常工作中信号工作人员必须根据铁路维规或地铁公司维规，调整道岔密贴和道岔表示至标准位置。

二、方案设计

本任务主要介绍 ZD6 型电动转辙机的测试与调整作业，包括 ZD6 型电动转辙机道岔工作电流、摩擦电流测试，ZD6 型电动转辙机摩擦电流调整，ZD6 型电动转辙机道岔定反位密贴调整，以及 ZD6 型电动转辙机道岔定反位表示杆缺口调整。

实施步骤规划如下：

（1）测试定位工作电流。

（2）测试反位工作电流。

（3）测试摩擦电流。

(4) 调整摩擦电流。
(5) 道岔尖轨密贴的调整。
(6) 表示杆缺口调整。

三、任务实施

本任务所需工具、仪表和材料如表 1.2.1 所示。

表 1.2.1　所需工具、仪表、材料

序号	名称	规格	数量
1	活口扳手(或管钳子)	450 mm	1个
2	改锥	300 mm	1个
3	活口扳手	300 mm	1个
4	手锤、套筒扳手、手摇把		
5	2/4 mm 钢板、专用钥匙、个人工具、电话机		
6	万用表	MF14	1块
7	铁线	1.5 mm	

(一) 工作电流及摩擦电流测试

1. 定位工作电流测试

将万用表的量程调至直流电流 5 A 挡。断开电动转辙机安全开关,将红表笔置于安全开关的端子"05"端,将黑表笔置于安全开关的端子"06"端。室外安全防护员,联系楼内防护员通知楼内防护员扳动道岔到定位,此时测试值即为定向工作电流。测试合格标准为 0.8~1.5 A。

2. 反位工作电流测试

保持万用表的量程与接线,由室外安全防护员联系楼内防护员,通知楼内防护员扳动道岔到反位,此时测试值即为反位工作电流。测试合格标准为 0.8~1.5 A。

3. 摩擦电流测试

摩擦电流是道岔尖轨在转换中受阻,内齿轮在摩擦夹板内"空转"时电动机电路中的电流,也是经常要调整的。摩擦电流调整应符合维规的要求,即道岔正常转换时,摩擦联结器不应空转;道岔转换终了时,摩擦联结器应稍有空转。当调到规定摩擦电流值时,弹簧各圈最小间隙不能小于 1.5 mm,如小于 1.5 mm,则说明弹簧弹力不足,应更换弹簧。摩擦电流调整是通过调节夹板螺栓上弹簧外侧的螺母来进行的。摩擦电流过小时,应顺时针旋动螺母,压缩弹簧;摩擦电流过大时,应逆时针旋动螺母,放松弹簧。摩擦电流的技术标准为:摩擦电流为 2.3~2.9 A,两侧偏差小于 0.3 A(车辆段单动道岔摩擦电流为 2.3~2.6 A,车辆段交分道岔及正线摩擦电流为 2.6~2.9 A)。

(1) 定位摩擦电流测试。

① 首先将万用表的量程置于直流电流 5 A 挡,然后将红表笔置于安全开关的端子"05"端,将黑表笔置于安全开关的端子"06"端。

ZD6 型电动转辙机安全开关的"05""06"端子如图 1.2.1 所示。

图 1.2.1　ZD6 型电动转辙机安全开关的"05""06"端子

② 作业人员将 4 mm 钢板置于定位密贴侧的第一连接杆与尖轨连接处的中间位置,由室外安全防护员通知楼内防护员扳动道岔至定位,道岔尖轨转换到无法动作时的电流值即为定位摩擦电流。测试合格标准为 2.3～2.9 A。

(2) 反位摩擦电流测试。

无须改变万用表的量程与接线,由室外安全防护员通知楼内防护员扳动道岔到反位,作业人员将 4 mm 钢板置于反位密贴侧的第一连接杆与尖轨连接处的中间位置,当尖轨转换到无法动作时的电流值即为反位摩擦电流。测试合格标准为 2.3～2.9 A。

定、反位摩擦电流偏差应小于 0.3 A。

4. 摩擦电流调整

调整摩擦带上弹簧螺母的松紧度即可调整摩擦电流的大小。若摩擦电流小于标准范围,应调紧对应摩擦联结器的弹簧,使测试值处于标准范围内;若摩擦电流大于标准范围,应调松对应摩擦联结器的弹簧,使测试值处于标准范围内。在拧动螺母而摩擦电流变化不大时,可用扳手轻轻敲击压力弹簧,即可调整摩擦电流。

摩擦联结器弹簧松紧度的调节如图 1.2.2 所示。

(二) 道岔调整

道岔调整的程序为:先密贴,后表示杆缺口;先伸出,后拉入(伸出、拉入指动作杆的状态)。

调整前工务道岔开口必须合适,一般道岔开口在 142 mm 至 152 mm 范围内,以保证密贴调整杆的空动距离不小于 5 mm。

密贴标准为:对应第一连接杆处尖轨与基本轨之间夹有 4 mm 厚、20 mm 宽的钢板时,道岔不应锁闭;夹有 2 mm 厚、20 mm 宽的钢板时,道岔应锁闭,即夹有 4 mm 不锁闭,夹有 2 mm 锁闭。

表示杆缺口标准为:道岔密贴,电动转辙机自动开闭器检查柱应会自动落入表示杆检查

图 1.2.2　摩擦联结器弹簧松紧度的调节

块缺口内,检查柱与检查块缺口边缘应有(1.5±0.5)mm 的间隙。

1. 密贴调整

联动内锁闭道岔如图 1.2.3 所示。

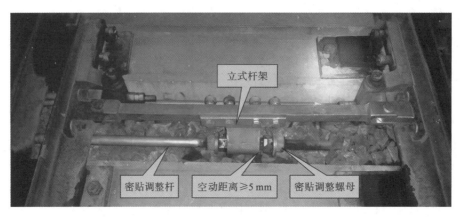

图 1.2.3　联动内锁闭道岔

尖轨在电动转辙机的带动下到达规定位置并完成机械锁闭后,必须与基本轨密贴并满足技规规定。道岔尖轨与基本轨的密贴调整是靠调整密贴调整杆(简称密调杆)上的两个轴套来完成的。图 1.2.4 所示为密贴调整杆的示意图。为了叙述方便,规定靠近拉杆连接销一侧的轴套叫内轴套,靠近丝扣外端的轴套叫外轴套。

当尖轨与基本轨不密贴时,可拧开密贴调整螺母,退出挡环,旋动轴套,将轴套间隙缩小。当动作杆处于伸出位置时,应调整内轴套;当动作杆在拉入位置时,应调整外轴套。

当尖轨已经密贴而电动转辙机不能完成机械锁闭(锁闭圆弧不能进入削尖齿内)时,应将两轴套的间隙增大。当动作杆处于伸出位置时,应调内轴套;当动作杆在拉入位置时,应调外轴套。

图 1.2.4　密贴调整杆示意图

通过密贴调整杆进行密贴调整,密贴调整杆动作时,其空动距离(游间)应在 5 mm 以上,如图 1.2.5 所示。手摇转换道岔对尖轨密贴状态进行检查,从密贴位至解锁时反弹不应过大。

图 1.2.5　密贴调整杆的空动距离(游间)在 5 mm 以上示意图

电动转辙机动作杆动程、尖轨开程、密贴调整杆空动距离三者之间有如下关系。

电动转辙机动作杆动程＝尖轨开程＋密贴调整杆空动距离＋(销孔旷量＋杆类压力变形量)

密贴调整后要用厚 4 mm、宽 20 mm 的实验板夹在尖轨与基本轨间(第一连接杆处)进行 4 mm 不锁闭试验,使其满足技规规定,最后要紧固螺母,并加防松措施。

道岔机械试验如图 1.2.6 所示。

图 1.2.6　道岔机械试验

这里有一点值得注意,就是调整道岔密贴必须在电动转辙机机械未锁闭状态下进行,换言之就是在检查柱已落入表示杆缺口内的状态下,不能进行大动量和密贴调整。因为检查柱落入表示杆缺口内,表示杆与检查柱间只有 3 mm 的相对位移间隙,表示杆动量超过 3 mm 时,一个方向会顶住检查柱 45°斜面,检查柱上升,断开表示点(相当于挤岔时);而另一方向会使检查柱另一侧的立面与表示杆缺口的立面相卡,表示杆给检查柱施加水平方向即横向的力,造成检查杆弯曲,损坏自动开闭器。

2. 表示杆缺口调整

表示杆是用来检查道岔尖轨密贴的。道岔表示调整应在道岔密贴调整好后进行。

根据表示杆后表示杆装在前表示杆上、前表示杆直接与尖轨相联系的结构,在调整表示杆缺口时必须先调整表示杆伸出位置的缺口,后调整表示杆拉入位置的缺口。

手摇电动转辙机,动作杆伸出并密贴后,表示杆也在伸出位置,观察表示杆缺口伸出位置缺口,当间隙大于(1.5±0.5)mm 时,松开螺母向靠近电动转辙机一侧调表示杆连接杆架;当间隙小于(1.5±0.5)mm 时,松开螺母向外侧(不靠近电动转辙机侧)调表示杆连接杆架,调整至标准范围后紧固螺母,并加防松措施。检查缺口间隙如图 1.2.7 所示,表示杆缺口伸出位置缺口调整如图 1.2.8 所示。

表示杆缺口伸出位置缺口调至标准范围后,将道岔扳到拉入位置,松开前后表示杆的紧固螺母,旋转后表示杆尾部的调整螺母,当间隙过大时顺时针旋转,当间隙过小时逆时针旋转,调至标准范围后,要将前后表示杆的紧固螺母拧紧。表示杆缺口拉入位置缺口调整如图 1.2.9 所示。

再经几次定、反位动作试验,设备工作正常,上紧固定螺栓,调整工作即告完毕。

图 1.2.7　检查缺口间隙

图 1.2.8　表示杆缺口伸出位置缺口调整

注意：表示杆缺口必须在尖轨与基本轨密贴锁闭后调整，且先调伸出位置，后调拉入位置，这个顺序是不能变的。

四、职业规范要求

（1）正确选择万用表为 5 A 的量程，以免损坏万用表。

（2）注意正确使用调整工具，以免危及人身安全、损坏工具和电动转辙机部件。

图 1.2.9 表示杆缺口拉入位置缺口调整

（3）注意检查片放置位置正确。

（4）注意表示杆缺口必须在尖轨与基本轨密贴锁闭后调整，并且先调整伸出位置，然后调整拉入位置。

（5）使用手摇把时，须要调度（指导老师）命令。

（6）检修完毕，要认真复查，保证道岔密贴、螺丝紧固、开口销完好、机内无异物，并加锁良好。

（7）工作完成后要及时编写工作日志和总结反思。其中：工作日志要简单记录实施时间周期、完成的工作内容；总结反思则重点描写实施该工单的所学、所做、所想，特别是自己的收获和心得。

任务 3　分动外锁闭道岔密贴及表示杆缺口调整

工单（NO.1 DC-XHJC-03）

工作任务单			
工单编号	NO.1 DC-XHJC-03	工单名称	分动外锁闭道岔密贴及表示杆缺口调整
面向专业	信号类专业	职业岗位	信号工
实施方式	实际操作	考核方式	结果与过程综合
工单难度	中等	前序工单	无
工单分值	100	完成时限	6学时
单人/分组	单人	每组人数	8人
考核点	分动外锁闭道岔密贴及表示杆缺口调整的方法和步骤		
工单简介	分动外锁闭装置的结构及工作原理； 分动外锁闭道岔密贴及表示杆缺口调整的方法和步骤		
设备环境	道岔设备维护与检修实训室		
教学方法	在常规课程工单制教学当中采用教师示范操作、学生分组练习、教师监督纠错的学、练、教相融合的方式，训练学生分动外锁闭道岔密贴及表示杆缺口调整的能力		
用途说明	本工单可用于分动外锁闭道岔密贴及表示杆缺口调整作业，目的是提高学生分动外锁闭道岔的日常养护及检修能力，培养学生自我学习、分析解决实际问题的能力		
实施人员信息			
姓名		班级		学号		电话	
小组		组长		岗位分工		组员	

任务目标
实施该工单的任务目标如下： 【知识目标】 (1) 熟悉掌握分动外锁闭装置的组成与工作原理； (2) 掌握分动外锁闭道岔密贴及表示杆缺口调整的方法和步骤。 【能力目标】 (1) 能对分动外锁闭道岔进行密贴调整； (2) 能对分动外锁闭道岔进行表示杆缺口调整。 【素养含思政目标】 (1) 能够严格按照文中的职业规范要求进行工单实施； (2) 培养学生自学、分析解决实际问题的能力； (3) 培养学生的团队合作意识和沟通能力； (4) 培养学生的安全责任意识。
任务介绍
1. 任务描述： 道岔由转辙机带动转换至某个特定位置后，通过本身所依附的锁闭装置，直接把尖轨与基本轨或心轨与翼轨密贴夹紧并固定，称为道岔的外锁闭。可见，道岔的锁闭主要不是依靠转辙机内部的锁闭装置，而是依靠转辙机外部的锁闭装置实现的。为进一步规范外锁闭道岔维修，强化道岔维修基础工作，使道岔运用质量达到标准、提质增效，需根据外锁闭道岔技术标准，综合各型号外锁闭道岔维护手册，执行外锁闭道岔密贴调整作业。 2. 任务要求： (1) 熟悉掌握分动外锁闭装置的组成与工作原理； (2) 掌握分动外锁闭道岔密贴及表示杆缺口调整的方法和步骤。
任务资讯（20分）
（5分）1. 请简要介绍道岔的锁闭的含义。   （5分）2. 请简要叙述道岔内锁闭的含义及其特点。

（5分）3. 请简要叙述道岔外锁闭的含义及其特点。

（5分）4. 请简要叙述钩式外锁闭装置的结构。

任务规划（20分）

（5分）1. 请简要叙述钩式外锁闭装置的解锁过程。

（5分）2. 请简要叙述钩式外锁闭装置的转换过程。

（5分）3. 请简要叙述钩式外锁闭装置的锁闭过程。

（5分）4. 本任务主要进行分动外锁闭道岔密贴及表示杆缺口调整，请写出实施步骤规划。

任务实施(40分)

(10分)1. 请结合现场实操说明钩式外锁闭装置的结构和各个部件的名称。

(10分)2. 请结合现场实操说明分动外锁闭道岔密贴调整的方法。

(10分)3. 请结合现场实操说明分动外锁闭道岔表示杆缺口调整的方法。

(10分)4. 请结合现场实操说明如何进行分动外锁闭道岔密贴调整后 4 mm 不锁闭试验。

工作日志(5分)

实施工单过程中填写如下日志。

工作日志表

日期	工作内容	问题及解决方式

总结反思(10 分)

请编写完成本任务的工作总结。

思政收获(5 分)

请勾选完成本任务后的思政收获。
☐厚植爱国情怀
☐培养安全意识
☐树立强烈的民族自豪感
☐培养科学精神和敬业精神
☐激发强烈的创新意识
☐激发学生的安全责任意识
☐培养工匠精神和实干精神
☐培养学生的实际动手能力
☐提高团体合作能力

质量监控单元(教师完成)

工单实施栏目评分表

评分项	分值	作答要求	评审规定	得分
任务资讯	20	问题回答清晰准确,能够紧扣主题,没有明显错误项	参照标准答案,错误一项扣5分,扣完为止	
任务规划	20	规划优秀可实施,没有任何细节错误	参照标准答案,错误一项扣2分,扣完为止	
任务实施	40	实施过程规范,质量符合工程标准	A类错误点一次扣3分,B类错误点一次扣2分,C类错误点一次扣1分	
其他	20	日志和问题项目填写详细,思政收获丰富深入,能够反映实际工作过程	没有填或者填写太过简单每项扣2分	
合计得分				

职业能力评分表

评分项	等级	作答要求	等级
知识评价	A/B/C	A:能够完整准确地回答任务资讯的所有问题,准确率在90%以上。 C:对基础知识掌握得非常差,任务资讯和答辩的准确率在50%以下	
能力评价	A/B/C	A:熟悉各个环节的实施步骤,完全独立地完成任务,并有能力辅助其他同学完成规定的工作任务,工作实施快速,准确率高(任务规划和任务实施准确率在85%以上)。 C:未完成任务或只完成部分任务,有问题没有积极向老师和其他同学请教,工作实施拖拉、不积极,各个部分的准确率在50%以下	
态度素养评价	A/B/C	A:不迟到、不早退,对人有礼貌,善于帮助他人,积极主动地完成规定的工作任务,工作台整洁有序,能准确回答老师提出的问题。 C:经常迟到、早退,态度不认真,未完成任务或只完成了部分任务,有问题没有积极向老师和其他同学请教,工作实施拖拉、不积极,不能准确回答老师提出的问题	

注:作答结果介于A、C之间的,等级评定为B。

教师评语栏

学习资源集

一、任务资讯

道岔由转辙机带动转换至某个特定位置后,通过本身所依附的锁闭装置,直接把尖轨与基本轨或心轨与翼轨密贴夹紧并固定,称为道岔的外锁闭。可见,道岔的锁闭主要不是依靠转辙机内部的锁闭装置,而是依靠转辙机外部的锁闭装置实现的。

由于外锁闭道岔的两根尖轨之间没有连接杆,在道岔转换过程中,两根尖轨是分别动作的,因此外锁闭道岔又称分动外锁闭道岔。

(一)分动外锁闭道岔转换设备的技术特点

(1)改变了传统的框架式结构,使尖轨的整体刚性大幅度下降。

(2)尖轨分动后,转换启动力小,而且一根尖轨的变形不影响另一根尖轨,由此造成的反弹、抗劲等转换阻力均减小很多。

(3)两根分动尖轨在外锁闭装置的作用下,无论是在启动解锁过程中,还是在密贴锁闭过程中,所需的转换力均较小,避开了两根尖轨最大反弹力的叠加时刻。

(4)同时承担两根尖轨弹性力的过程是在密贴尖轨解锁以后到斥离尖轨锁闭以前这一较短的时间内,而此时正是电动机功率输出的最佳时刻,使电气特性和机械特性得到良好的匹配。

(5)外锁闭装置一旦进入锁闭状态,车辆过岔时,轮对对尖轨和心轨产生的侧向冲击力基本上不传到转辙机上,即具有隔力作用,有利于延长转辙机及各类转换部件的使用寿命。

(6)由于两尖轨间无连接杆,因此密贴尖轨很难在外力作用下与基本轨分离,可靠地保证了行车安全。

(7) 密贴尖轨与基本轨之间由外锁闭装置固定,克服了内锁闭道岔靠杆件推力或拉力使尖轨与基本轨密贴易造成 4 mm 失效的较大缺陷。

(二) 钩式外锁闭装置的结构

钩式外锁闭装置分为分动尖轨用和可动心轨用两种。本任务中介绍分动尖轨用钩式外锁闭装置。

(1) 分动尖轨用钩式外锁闭装置的结构。

分动尖轨用钩式外锁闭装置由锁闭杆、锁钩、锁闭框、尖轨连接铁、锁轴、锁闭铁等组成,如图 1.3.1 所示。

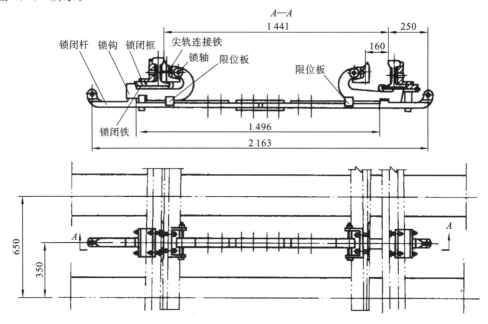

图 1.3.1 分动尖轨用钩式外锁闭装置

锁闭杆的作用是通过安装装置与转辙机动作杆相连,利用其凸台和锁钩缺口带动尖轨。第一牵引点的锁闭杆与第二牵引点的锁闭杆凸台尺寸不同,不能通用。锁钩头部与锁轴连接,下部缺口与锁闭杆凸台作用,通过尖轨连接铁带动尖轨运动,尾部内斜面与锁闭铁作用,锁闭密贴尖轨和基本轨。第一点牵引点的锁钩与第二点牵引点的锁钩也不能通用。

锁闭框固定锁闭铁、支承锁闭杆。锁闭铁与锁钩作用,锁闭尖轨和基本轨。导向销在锁闭杆两侧的导向槽内,起导向作用。

锁闭框用螺栓与基本轨连接,锁闭铁插入锁闭框孔内,并用固定螺栓紧固。尖轨连接铁用螺栓与尖轨连接,由锁轴将其与锁钩连接。锁钩底部缺口对准锁闭杆的凸块,并与锁闭杆共同穿入锁闭框。

(2) 分动尖轨用钩式外锁闭装置的动作原理。

当转辙机动作杆带动锁闭杆移动时,密贴尖轨处的锁钩缺口随之入槽并移动。当动作到另一侧尖轨与基本轨密贴时,锁钩沿锁闭杆斜面向上爬起。当锁钩升至锁闭杆凸块顶面时,锁钩同时被锁闭铁和锁闭杆卡住、不能落下,实现了锁闭。本侧锁钩的缺口卡在锁闭杆的凸起处不能移动,保持尖轨与基本轨的开口基本不变。

分动尖轨用钩式外锁闭装置的解锁、转换、锁闭过程如图 1.3.2 所示（设左侧原处于密贴锁闭状态，现以 220 mm 动程转辙机为例）。

①道岔解锁过程。

开始转换前，左侧处于密贴锁闭状态（见图 1.3.2(a)）。

转辙机动作杆带动锁闭杆运动，左侧尖轨（原密贴尖轨）的锁钩缺口与锁闭杆凸块接触，锁闭量逐渐减小，但该尖轨不动，而锁闭杆凸块带动右侧尖轨（原斥离尖轨）的锁钩运动，道岔开程逐渐减小，如图 1.3.2(b) 所示。运动至 60 mm 时，锁闭杆左端凸块移动至锁钩缺口内，两根尖轨处于解锁状态，如图 1.3.2(c) 所示。

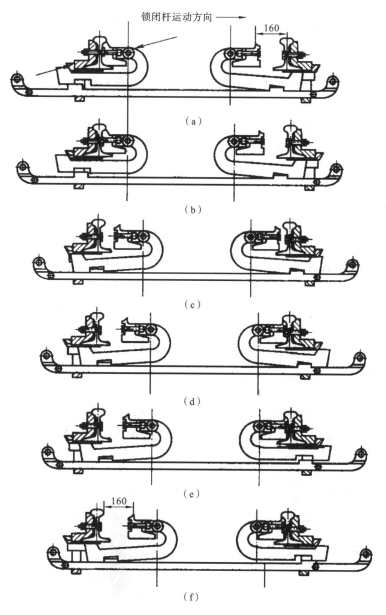

图 1.3.2　分动尖轨用钩式外锁闭装置动作过程示意图

②道岔转换过程。

锁闭杆继续运动,带动两侧锁钩运动,从而带动两根尖轨继续活动,如图1.3.2(d)所示。当锁闭杆动作160 mm时,锁闭杆凸块与右侧锁钩的缺口脱离,并抬起锁钩的燕尾部,使其沿锁闭铁的斜面上升,该锁钩后部锁闭,如图1.3.2(e)所示。

③道岔锁闭过程。

虽然右侧尖轨已密贴,但锁闭杆继续运动,带动左侧锁钩及左侧尖轨继续移动。当锁闭杆动作220 mm时,右侧尖轨由于锁钩及锁闭框的作用,使该锁钩固定在不变的位置,有足够的锁闭量,实现了锁闭。这时左侧锁钩的缺口与锁闭杆的凸块相咬合,转辙机由于具有内锁作用,使锁钩处于不动位置,有足够的开程,对斥离尖轨也实现了锁闭,如图1.3.2(f)所示。

二、方案设计

本任务主要介绍分动外锁闭道岔密贴及表示杆缺口调整的方法和步骤。

实施步骤规划如下:

(1) 检查尖轨(心轨)密贴状态和外锁闭设备锁钩状态,确定调整方案。

(2) 道岔尖轨(心轨)密贴的调整。

(3) 调整合适后,进行机械锁闭试验。

(4) 表示杆缺口调整。

(5) 清理工具。

三、任务实施

(一) 准备工具

夜间照明灯(按需)、手锤、扳手(活口扳手、呆扳手、梅花扳手、六角套筒扳手)、钳子(克丝钳、尖嘴钳、斜口钳、剥线钳、弯嘴钳)、螺丝刀(一字螺丝刀、十字螺丝刀、万可螺丝刀)、钥匙(道岔挂锁钥匙(安全钥匙、开盖钥匙)、箱盒专用钥匙(双头)、密贴检查器钥匙)、尺子(缺口检查尺、钢卷尺、钢直尺、塞尺)、套筒、密贴试验锤(片)、铲刀、油壶、毛刷、安全木等。

(二) 外锁闭道岔密贴调整

(1) 结合密贴及锁钩状态检查情况,确定调整方案。

①密贴状态检查。

a. 先观察尖轨(心轨)尖端密贴情况,再检查尖轨(心轨)尖端至刨切点宏观密贴情况,最后用塞尺检查。尖轨、心轨尖端至第一牵引点密贴缝隙不大于0.5 mm,其余密贴段(俗称竖切部位)密贴缝隙不应大于1.0 mm。

密贴情况检查如图1.3.3所示。

b. 不密贴状态有两种:其一,通过观测可见明显不密贴;其二,观测看似密贴,实际上是因各种因素而造成的假密贴,通过结合锁钩状态可以进一步判断。

②锁钩状态检查。

标准:锁钩、锁闭杆应能左右适度摆动(用榔头轻敲锁钩检查锁钩的轻重,锁钩头部、尾部应能左右适当摆动,锁闭杆应能左右适度摆动);锁钩与锁闭铁锁闭斜面应自然吻合,间隙不大于0.5 mm。

锁钩状态检查如图1.3.4所示。

图 1.3.3　密贴情况检查

锁钩与锁闭铁间的间隙

图 1.3.4　锁钩状态检查

a.检查方法一(适用于尖轨、心轨明显不密贴时):用长度为 1 m 左右的小撬棍向内拨动密贴尖轨(心轨)(见图 1.3.5),拨靠后尖轨(心轨)密贴状态改善,松开后尖轨(心轨)不会自动反弹,并且锁钩变松,可以根据密贴间隙变化量或松开小撬棍后锁钩与锁闭铁间增加的间隙大小,确定抽、垫密贴调整片的厚度;若松开后尖轨(心轨)会反弹,进一步检查是否有顶铁顶死,发现有顶铁顶死需及时联系工务整治后调整。

b.检查方法二(适用尖轨不密贴及假密贴时,不适用于心轨):用长度为 350~450 mm 的工具向上撬动锁钩尾部(见图 1.3.6),锁钩与锁闭杆凸台锁闭平面间有不小于 0.2 mm 的间隙,松手后锁钩自动落下。同时观察撬动前后密贴变化情况,根据密贴变化情况确定抽、垫密贴调整片的厚度。

图 1.3.5　使用小撬棍拨动密贴尖轨(心轨)　　图 1.3.6　在锁闭杆和锁钩间撬动锁钩

c.检查方法三(适用心轨、尖轨假密贴时):用长度为 350~450 mm 的工具向外撬动密贴尖轨(心轨),尖轨(心轨)尖端轨腰内侧(见图 1.3.7)密贴缝隙有 0.5~1.0 mm 的位移量,松开后尖(心)轨能自动弹回。若有大于 1.0 mm 的位移量,可以根据超出的位移量确定抽、垫密贴调整片的厚度。

图 1.3.7 尖轨尖端轨腰内侧

③确定密贴调整方案。

结合以上密贴状态检查以及锁钩状态检查情况,抽、垫密贴调整片。

(2)密贴调整。

分动外锁闭道岔的密贴调整通过增减密贴调整片进行,多机牵引道岔密贴调整原则上应从辙叉往岔尖方向逐点按顺序进行。

a.调整方法一:根据之前"确定的密贴调整方案"加减密贴调整片,如图 1.3.8 所示。

图 1.3.8 加减密贴调整片

b.调整方法二:道岔尖轨、心轨第一牵引点在锁闭铁与锁闭框间累加 0.5 mm 厚的密贴调整片,直到道岔不能锁闭为止,然后取出(1.5±0.5)mm 厚的密贴调整片。进行密贴段其他牵引点密贴调整时,在锁闭铁与锁闭框间累加 0.5 mm 厚的密贴调整片,直到道岔不能锁闭为止,然后再取出(2.0±1.0)mm 厚的密贴调整片。

(3) 机械锁闭试验。

机械锁闭试验(见图 1.3.9)分锁闭与不锁闭两种。在道岔转换过程中,在牵引点的锁闭杆(连接杆)中间位置插入相应厚度的密贴试验片进行试验。

图 1.3.9 机械锁闭试验

①锁闭试验。

分动外锁闭道岔牵引点插入 2～1 mm 厚的密贴试验片时,道岔应能锁闭;结合密贴及锁钩状态按顺序优先满足 2 mm、1.5 mm、1 mm 锁闭,最低限度为须确保 1 mm 锁闭。

②不锁闭试验。

根据道岔图号设计的列车直向通过速度对转辙机各牵引点做 4 mm 或 6 mm 不锁闭试验。道岔尖轨、心轨第一牵引点外锁闭中心线处,密贴尖轨与基本轨、心轨与翼轨间有 4 mm 及以上水平间隙,其余密贴段牵引点中心线处有 6 mm 及以上水平间隙时,不应锁闭道岔和接通道岔表示。

(三) 表示杆缺口检查、调整、复核

根据各牵引点不同调整转辙机表示杆缺口(见图 1.3.10)至(2±0.5)mm 或(4±1)mm(以 ZD(J)9 型电动转辙机为例,不同转辙机请查阅相应技术标准中的缺口标准)。

优先调整伸出位置的表示,再调整拉入位置的表示。调整表示杆缺口调整螺丝(见图 1.3.11),保证检查柱落入表示杆缺口,缺口内两侧间隙符合技术标准。

作业完毕,工具材料清点,做到工完料清。

四、职业规范要求

(1) 正确使用专用工具,以免损坏工具、转辙机和道岔部件。

(2) 外锁闭道岔密贴调整后,锁闭铁固定螺栓须在锁闭状态下紧固,不可在解锁状态下进行。

(3) 进行机械不锁闭试验时,要注意观察基本轨、翼轨是否存在横移隐患。

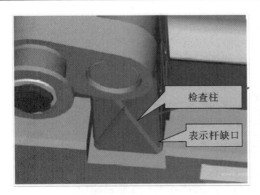 

图 1.3.10　缺口示意图　　　　图 1.3.11　表示杆缺口调整螺丝

（4）多机牵引道岔密贴调整原则上应从辙叉往岔尖方向逐点按顺序进行。

（5）道岔密贴及表示杆缺口调整后，原则上不得再紧固相关螺栓、螺母，确需紧固的必须重新进行机械锁闭试验。

（6）工作完成后要及时编写工作日志和总结反思。其中：工作日志要简单记录实施时间周期、完成的工作内容；总结反思则重点描写实施该工单的所学、所做、所想，特别是自己的收获和心得。

任务 4　转辙机内部检修作业

工单 (NO.1 DC-XHJC-04)

工作任务单			
工单编号	NO.1 DC-XHJC-04	工单名称	转辙机内部检修作业
面向专业	信号类专业	职业岗位	信号工
实施方式	实际操作	考核方式	结果与过程综合
工单难度	中等	前序工单	无
工单分值	100	完成时限	8学时
单人/分组	单人	每组人数	8人
考核点	ZD6型、S700K型、ZYJ7型和ZDJ9型电动转辙机内部检修作业的方法和步骤		
工单简介	ZD6型、S700K型、ZYJ7型和ZDJ9型电动转辙机的结构及工作原理；ZD6型、S700K型、ZYJ7型和ZDJ9型电动转辙机内部检修作业的方法和步骤		
设备环境	道岔设备维护与检修实训室		
教学方法	在常规课程工单制教学当中采用教师示范操作、学生分组练习、教师监督纠错的学、练、教相融合的方式，训练学生ZD6型、S700K型、ZYJ7型和ZDJ9型电动转辙机内部检修作业的能力		
用途说明	本工单可用于ZD6型、S700K型、ZYJ7型和ZDJ9型电动转辙机内部检修作业，目的是提高学生ZD6型、S700K型、ZYJ7型和ZDJ9型电动转辙机的日常养护及检修能力，培养学生自我学习、分析解决实际问题的能力		
实施人员信息			
姓名		班级	
学号		电话	
小组		组长	
岗位分工		组员	

任务目标

实施该工单的任务目标如下：

【知识目标】

（1）熟悉掌握 ZD6 型、S700K 型、ZYJ7 型和 ZDJ9 型电动转辙机的组成与工作原理；

（2）掌握 ZD6 型、S700K 型、ZYJ7 型和 ZDJ9 型电动转辙机内部检修作业的方法和步骤。

【能力目标】

（1）能对 ZD6 型电动转辙机进行内部检修作业；

（2）能对 S700K 型电动转辙机进行内部检修作业；

（3）能对 ZYJ7 型电动转辙机进行内部检修作业；

（4）能对 ZDJ9 型电动转辙机进行内部检修作业。

【素养含思政目标】

（1）能够严格按照文中的职业规范要求进行工单实施；

（2）培养学生自学、分析解决实际问题的能力；

（3）培养学生的团队合作意识和沟通能力；

（4）培养学生的安全责任意识。

任务介绍

1. 任务描述：

道岔是铁路线路的重要组成部分，因为它的转换，列车才能从一条线路转向另一条线路，而转辙机又是给道岔的转换提供动力的。所以，道岔转辙机的标准化检修养护在铁路运输中尤为重要。采用科学的检修方法，合理利用检修工具和检修手段，细检细修，是提高转辙机检修质量的重要保证。

2. 任务要求：

（1）熟悉掌握 ZD6 型、S700K 型、ZYJ7 型和 ZDJ9 型电动转辙机的组成与工作原理；

（2）掌握 ZD6 型、S700K 型、ZYJ7 型和 ZDJ9 型电动转辙机内部检修作业的方法和步骤。

任务资讯（20 分）

（5 分）1. 请结合 ZD6 型电动转辙机简要介绍转辙机应具有的基本功能。

（5分）2. 请结合S700K型电动转辙机简要介绍转辙机应具有的基本功能。

（5分）3. 请结合ZYJ7型电动转辙机简要介绍转辙机应具有的基本功能。

（5分）4. 请结合ZDJ9型电动转辙机简要介绍转辙机应具有的基本功能。

任务规划（20分）

（5分）1. 请简要叙述S700K型电动转辙机的传动过程。

（5分）2. 请简要叙述ZYJ7型电动转辙机的油路系统。

（5分）3. 请简要叙述ZDJ9型电动转辙机的传动过程。

（5分）4. 本任务主要进行ZD6型、S700K型、ZYJ7型和ZDJ9型电动转辙机内部检修作业，请写出实施步骤规划。

任务实施(40分)

（10分）1. 请结合现场实操说明ZD6型电动转辙机内部检修流程及方法。

（10分）2. 请结合现场实操说明S700K型电动转辙机内部检修流程及方法。

（10分）3. 请结合现场实操说明ZYJ7型电动转辙机内部检修流程及方法。

（10分）4. 请结合现场实操说明ZDJ9型电动转辙机内部检修流程及方法。

工作日志(5 分)

实施工单过程中填写如下日志。

工作日志表

日期	工作内容	问题及解决方式

总结反思(10 分)

请编写完成本任务的工作总结。

思政收获(5分)
请勾选完成本任务后的思政收获。 ☐ 厚植爱国情怀 ☐ 培养安全意识 ☐ 树立强烈的民族自豪感 ☐ 培养科学精神和敬业精神 ☐ 激发强烈的创新意识 ☐ 激发学生的安全责任意识 ☐ 培养工匠精神和实干精神 ☐ 培养学生的实际动手能力 ☐ 提高团体合作能力

质量监控单元(教师完成)

工单实施栏目评分表

评分项	分值	作答要求	评审规定	得分
任务资讯	20	问题回答清晰准确,能够紧扣主题,没有明显错误项	参照标准答案,错误一项扣5分,扣完为止	
任务规划	20	规划优秀可实施,没有任何细节错误	参照标准答案,错误一项扣2分,扣完为止	
任务实施	40	实施过程规范,质量符合工程标准	A类错误点一次扣3分,B类错误点一次扣2分,C类错误点一次扣1分	
其他	20	日志和问题项目填写详细,思政收获丰富深入,能够反映实际工作过程	没有填或者填写太过简单每项扣2分	
合计得分				

职业能力评分表

评分项	等级	作答要求	等级
知识评价	A/B/C	A:能够完整准确地回答任务资讯的所有问题,准确率在90%以上。 C:对基础知识掌握得非常差,任务资讯和答辩的准确率在50%以下	
能力评价	A/B/C	A:熟悉各个环节的实施步骤,完全独立地完成任务,并有能力辅助其他同学完成规定的工作任务,工作实施快速,准确率高(任务规划和任务实施准确率在85%以上)。 C:未完成任务或只完成部分任务,有问题没有积极向老师和其他同学请教,工作实施拖拉、不积极,各个部分的准确率在50%以下	
态度素养评价	A/B/C	A:不迟到、不早退,对人有礼貌,善于帮助他人,积极主动地完成规定的工作任务,工作台整洁有序,能准确回答老师提出的问题。 C:经常迟到、早退,态度不认真,未完成任务或只完成了部分任务,有问题没有积极向老师和其他同学请教,工作实施拖拉、不积极,不能准确回答老师提出的问题	

注:作答结果介于 A、C 之间的,等级评定为 B。

教师评语栏

学习资源集

一、任务资讯

道岔是铁路线路的重要组成部分，因为它的转换，列车才能从一条线路转向另一条线路，而转辙机又是给道岔的转换提供动力的。所以，道岔转辙机的标准化检修养护在铁路运输中尤为重要。采用科学的检修方法，合理利用检修工具和检修手段，细检细修，是提高转辙机检修质量的重要保证。

二、方案设计

本任务主要介绍 ZD6 型、S700K 型、ZYJ7 型和 ZDJ9 型电动转辙机内部检修作业的方法和步骤。

实施步骤规划如下：

ZD6 型电动转辙机内部检修流程如下：

(1) 开盖，锁具开合、密封状态检查。
(2) 机内总体外观检查，螺丝紧固情况检查。
(3) 转辙机内部件、配线检查，清理及注油。

S700K 型电动转辙机内部检修流程如下：

(1) 开盖，锁具开合、密封状态检查。
(2) 齿轮、挡板状态及遮断开关功能检查。
(3) 机内部件、配线检查，清理及注油。
(4) 速动接点、锁舌状态检查。

ZYJ7 型电动转辙机内部检修流程如下：

(1) 开盖，锁具开合、密封状态检查。
(2) 电动机油泵组、溢流阀检查及溢流压力测试。
(3) 机内部件、配线检查，清理及注油。
(4) 接点组状态检查。

ZDJ9 型电动转辙机内部检修流程如下：

(1) 盖子开闭自如、密封良好；锁装置良好；遮断器、手摇把挡板功能等检查。
(2) 机内各部螺栓、螺母紧固情况检查；防松标记检查并补强。
(3) 电动机、齿轮组、摩擦联结器、滚珠丝杠组（滚珠丝杠、推板套）、动作板、锁闭铁、锁块、速动片、启动片等部件检查。
(4) 自动开闭器检查。
(5) 机内接点端子、配线检查。
(6) 机内清扫、注油。

三、任务实施

（一）工具准备

(1) 检修作业所需工具准备：夜间照明灯（按需）、手锤、扳手（活口扳手、呆扳手、梅花扳手、六角套筒扳手）、钳子（克丝钳、尖嘴钳、斜口钳、剥线钳、弯嘴钳）、螺丝刀（一字螺丝刀、十字螺丝刀、万可螺丝刀）、钥匙（道岔挂锁钥匙（安全钥匙）、开盖钥匙）、箱盒专用钥匙（双头）、密贴检查器钥匙）、尺子（缺口检查尺、钢卷尺、钢直尺、塞尺）、套筒、密贴试验锤（片）、铲刀、油壶、毛刷、安全木等。

（2）检修作业所需材料、物品准备：密贴调整片、开程调整片、机油、仿麂皮眼镜布、棉纱、1.6 mm 防松铁丝、各种规格的开口销等。

(二) ZD6 型电动转辙机内部检修

①开盖，锁具开合、密封状态检查。

转辙机锁具开合灵活，机内密封良好。

②机内总体外观检查，螺丝紧固情况检查。

机件安装牢固、完整，无异状、无裂纹，机内防水、防尘良好，无锈蚀，铭牌齐全、正确，字迹清楚；内部螺丝紧固。

③转辙机内部件、配线检查，清理及注油。

a. 检查各部部件，确保各部部件无裂纹，各种开口销完好，换向器无断裂、无烧损、清洁良好无碳粉，摩擦带无断裂和挤出现象，配线良好、整洁、无破皮及混线可能。

b. 擦拭动、静接点，检查动、静接点，确保动、静接点安装牢固，接点片安装不歪斜；检查自动开闭器动接点在静接点片内的接触深度，应不少于 4 mm；用手扳动动接点，其摆动量应不大于 3.5 mm；检查动接点与静接点座间的间隙，应不小于 3 mm。另外，确保接点可靠接触、清洁良好。

c. 速动爪的滚轮在转动中在速动片上滚动落下后不得与启动片缺口底部相碰。速动片的轴向窜动，应保证速动爪滚轮与滑面的接触距离（见图 1.4.1）不少于 2 mm；在转辙机转动中速动片不得提前转动。另外，确保锁闭圆弧无明显磨耗，挤切销压盖紧固良好。

图 1.4.1 速动爪滚轮与滑面的接触距离

d. 检查摩擦带与内齿轮伸出部分是否清洁、有无油污，调整弹簧各圈间隙至不少于 1.5 mm（见图 1.4.2）；确保挡栓不旷动，移位器顶杆与触头间隙为 1.5 mm；确保遮断器通断灵活，打入深度适当，接触良好；确保动作杆在圆孔套的旷量不大于 1 mm。

图 1.4.2　调整弹簧各圈间隙

（三）S700K 型电动转辙机内部检修

① 开盖，锁具开合、密封状态检查（见图 1.4.3）。

a. 机盖开闭自如，防水、防尘性能良好，暗锁灵活有效。

b. 镶嵌于底壳边缘的密封圈应保持弹性，无破损断裂。排水塞、动作杆罩筒塞无脱落，电缆密封装置与外部电缆保护管连接、密封状态良好。

图 1.4.3　开盖，锁具开合、密封状态检查

②齿轮、挡板状态及遮断开关功能检查(见图1.4.4)。

a.摇把齿轮应转动灵活,前后拨动时无卡阻、滞涩现象;手摇结束后,摇把齿轮应顺利退出啮合位置。

b.遮断开关接通时,手摇把挡板能有效阻挡手摇把插入摇把齿轮,摇把齿轮与手摇把挡板间的间隙一般为1~3 mm;遮断开关切断后,手摇把能顺利地插入摇把齿轮,此时电源被可靠切断,不经人工确认,不得恢复接通;遮断开关功能良好。

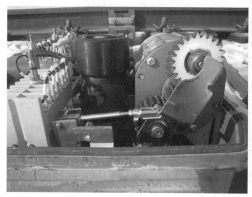 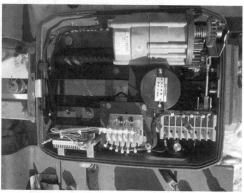

图1.4.4 齿轮、挡板状态及遮断开关功能检查

③机内部件、配线检查,清理及注油。

a.正常转换道岔时,滚珠丝杠动作平稳无噪声,摩擦联结器作用良好。

b.滚珠丝杠、动作杆、检测杆、齿轮组、锁闭块、操纵板等均应保持清洁润滑,润滑材料应采用规定类型的油脂;滚珠丝杠沿轴向的窜动量小于或等于1 mm,固定丝杠的端螺丝不松动。

c.机内配线无破损、固定良好。

d.各部螺丝紧固良好。

e.向密检器、自动开闭器的轴承注油。

f.转辙机、密检器机内清洁,无异物。

④速动接点、锁舌状态检查(见图1.4.5、图1.4.6)。

图1.4.5 速动接点检查

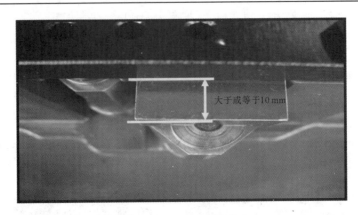

图 1.4.6　锁舌伸出量检查

a. 速动开关通、断电作用良好。

b. TS-1 接点无严重拉弧现象,接点座无裂纹。

c. 擦拭接点。

d. 将锁舌/锁闭块顶入能够自动弹出,锁舌的伸出量大于或等于 10 mm。结合年表任务使用规定的油脂从接点下注油孔及锁舌处注油。

(四) ZYJ7 型电动转辙机内部检修

① 开盖,锁具开合、密封状态检查。

打开机盖(见图 1.4.7),检查安全遮断器,确保安全遮断器遮挡摇把孔作用良好、机盖密封圈作用良好。

图 1.4.7　ZYJ7 型电动转辙机开盖

② 电动机油泵组、溢流阀检查及溢流压力测试。

检查电动机油泵组,确保扳动道岔时无过大噪声,电动机、油泵间联轴器转动无卡阻、别劲现象,油路系统各接头部位无漏油现象。检查溢流阀,测试溢流压力,确保溢流阀调整灵活,扳动道岔时转辙机动作压力、溢流压力符合标准。油路渗油漏油检查如图 1.4.8 所示。

图 1.4.8 油路渗油漏油检查

③机内部件、配线检查,清理及注油。

a.检查油箱油位(见图 1.4.9),应保持在游标尺上、下标尺之间,液压油使用 YH-10 号航空油。

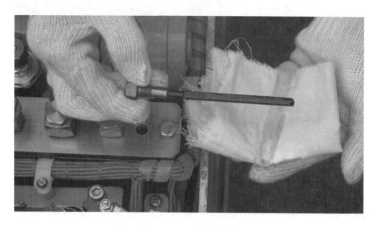

图 1.4.9 油量检查

b. 机内各部螺丝紧固良好。
c. 机内各部配线无破损、固定良好。
d. 机内各部位油污及灰尘清扫、活动部位注油。
④接点组状态检查。
a. 动、静接点安装牢固,接点片不歪斜、无裂痕。
b. 动接点在静接点片内的接触深度不小于 4 mm,与静接点座保持 3 mm 以上间隙。
c. 启动片与速动片间的间隙为(0.3~1.3)mm。
d. 滚轮在动作板上滚动灵活,落下时滚轮与动作板斜面有 0.5 mm 以上间隙。
接点紧固检查如图 1.4.10 所示。滚轮、启动片和速动片检查如图 1.4.11 所示。

图 1.4.10　接点紧固检查

图 1.4.11　滚轮、启动片和速动片检查

(五) ZD(J)9 型电动转辙机内部检修
①盖子开闭自如、密封良好;锁装置良好;遮断器、手摇把挡板功能等检查。
a. 盖子开闭自如,防水、防尘性能良好;密封圈应保持弹性,无破损断裂;转辙机摇把孔的尼龙堵帽紧固完好,以防止进水。

b. 锁装置(见图 1.4.12)检查。开关锁性能良好,当开锁扳动旋转锁扣时遮断开关应被可靠切断,恢复时必须提起开关上的锁闭钩,扳动锁扣到原位。

图 1.4.12 锁装置

c. 遮断开关功能良好。遮断开关接通时,其常闭接点(安全接点)应接触良好,手摇把挡板能有效阻挡手摇把插入摇把孔,手摇把挡板与摇把插头间的间隙一般为 2~4 mm;遮断开关切断后,常闭接点断电距离不应小于 2.5 mm,手摇把能顺利地插入摇把孔,此时电源被可靠切断,非经人工恢复不得接通安全接点。注意:手摇把挡板不能挡住摇把孔时,可以通过调节叉形接头进行调整。遮断开关功能(安全接点)检查如图 1.4.13 所示。

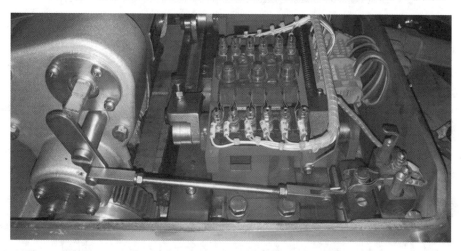

图 1.4.13 遮断开关功能(安全接点)检查

② 机内各部螺栓、螺母紧固情况检查;防松标记检查并补强。

自动开闭器静接点紧固,动接点紧固,接点深度调整螺栓紧固,拉簧螺丝紧固,安全接点座紧固,并注意检查静接点座下方固定框固定情况及紧固自动开闭器底座固定螺栓。

③ 电动机、齿轮组、摩擦联结器、滚珠丝杠组(滚珠丝杠、推板套)、动作板、锁闭铁、锁块、速动片、启动片等部件检查。

a. 电动机转子转动自如,无摩卡现象;动作时无过大异常杂音,引线无破损。

b. 齿轮组的各齿轮啮合良好,传动不摩卡,无过大噪声,注油良好。

c. 道岔在正常转换时,摩擦联结器不空转、不抱死,摩擦联结作用良好;道岔因故不能转换到位时,摩擦联结器应空转。检查摩擦联结器调整锁紧片是否锁紧,并做红漆标记。

d. 滚珠丝杠应转动灵活,无卡阻。滚珠丝杠沿轴向的窜动量应小于或等于 1 mm,固定丝杠的两端圆孔罩需紧固良好。

e. 速动片活动灵活、压簧作用良好。将速动片顶入后,速动片应能够自动弹出,检修时需加注润滑油。

道岔转换过程中,检查转辙机转换是否顺畅,有异状时要立即查明原因。

传动部件如图 1.4.14 所示。

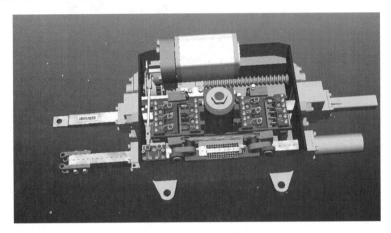

图 1.4.14　传动部件

④自动开闭器检查。

a. 绝缘座安装牢固、完整且无裂纹;动接点不松动,静接点须长短一致、相互对称,接点片不弯曲、不扭斜,辅助片作用良好。

b. ZDJ9 型电动转辙机:对于动接点环打入静接点片的深度,从动接点环接通两侧静接点片开始至动接点环打入静接点片的深度(简称动接点环接触深度)应为 4～6 mm (见图 1.4.15(a));滚轮在动作板上应滚动灵活,启动片尖端离开速动片上平面的间隙应为 0.3～1.0 mm。

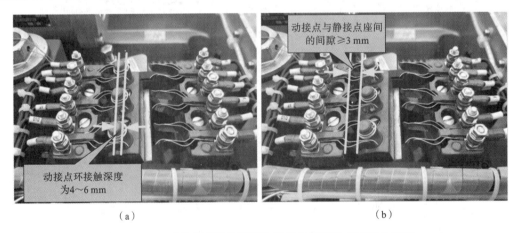

图 1.4.15　动接点环接触深度和动接点与静接点座间的间隙

c. ZD9 型电动转辙机:动接点在接点片内的接触深度≥4 mm,用手扳动动接点,其摆动量≤3.5 mm;动接点与静接点座间的间隙≥3 mm(见图 1.4.15(b));滚轮落下前,动接点在静接点内有窜动时,应保证接触深度≥2 mm。滚轮在动作板上应滚动灵活,启动片尖端离开速动片上平面的间隙应为 0.3~0.8 mm。

d. 当转辙机转换终了,启动片尖端离开速动片时,应快速切断动接点。动接点无法快速切断时,需检查速动片状态。

e. 检查自动开闭器挡圈是否失效脱离。

⑤机内接点端子、配线检查(见图 1.4.16)。

a. 内部端子配线检查,确保接触良好,无断线,无破损且固定良好。

b. 线缆引入管固定及密封良好,机内引入孔处需对配线进行防护,防止配线被划伤破损。

图 1.4.16　机内接点端子、配线检查

⑥机内清扫、注油。

a. 动、静接点擦拭(见图 1.4.17),内部清扫,清扫后注意检查有无异物残留。

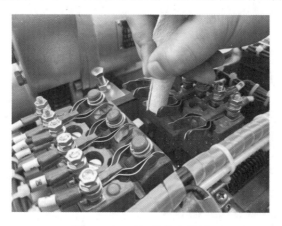

图 1.4.17　动、静接点擦拭

b. 齿轮组、滚珠丝杠副、动作杆、锁闭杆(表示杆)、锁闭块、检查柱侧面、自动开闭器轴承及拉簧等均应保持清洁润滑,按周期注油,润滑材料应采用规定类型的油脂。

四、职业规范要求

（1）正确使用专用工具，以免损坏工具、转辙机和道岔部件。

（2）检修转辙机时必须断开安全接点。

（3）严禁用手指探销孔，手脚严禁置于尖轨与基本轨之间或置于道岔转换部位。

（4）工具材料不侵限。

（5）检修完毕，接通安全接点后才能关盖，扳动试验良好后方可离开。

（6）工作完成后要及时编写工作日志和总结反思。其中：工作日志要简单记录实施时间周期、完成的工作内容；总结反思则重点描写实施该工单的所学、所做、所想，特别是自己的收获和心得。

项目 2　联锁设备作业

项目内容：
1. 道岔控制电路故障处理；
2. 信号机综合实训；
3. 25 Hz 相敏轨道电路测试与故障处理；
4. TAZ Ⅱ型计轴机柜综合实训；
5. DS6-K5B 型计算机联锁机柜综合实训。

任务 1　道岔控制电路故障处理

工单（NO. 2 LS-ZHSX-01）

工作任务单			
工单编号	NO. 2 LS-ZHSX-01	工单名称	道岔控制电路故障处理
面向专业	信号类专业	职业岗位	信号工
实施方式	实际操作	考核方式	结果与过程综合
工单难度	较难	前序工单	无
工单分值	100	完成时限	12学时
单人/分组	分组	每组人数	5～6人
考核点	设备故障处理		
工单简介	道岔控制电路电气故障处理的方法		
设备环境	道岔控制系统实训室		
教学方法	在常规课程工单制教学当中采用教师示范操作、学生分组练习、教师监督纠错的学、练、教相融合的方式，训练学生道岔控制电路故障处理的能力		
用途说明	本工单可用于道岔控制电路故障处理，目的是提高学生道岔实践操作能力，培养学生自我学习、分析解决实际问题的能力		
实施人员信息			
姓名		班级		学号		电话	
小组		组长		岗位分工		组员	

任务目标

实施该工单的任务目标如下：
【知识目标】
(1) 掌握万用表测试直流、交流道岔控制电路的方法；
(2) 掌握道岔控制电路开路故障测试的方法；
(3) 熟悉道岔控制电路故障现象，能够处理交流电动转辙机控制电路的故障。
【能力目标】
使学生具有处理直流、交流道岔控制电路常见的启动电路和表示电路故障的能力。
【素养含思政目标】
(1) 能够严格按照文中的职业规范要求进行工单实施；
(2) 培养学生自学、分析解决实际问题的能力；
(3) 培养学生的团队合作意识和沟通能力。

任务介绍

1. 任务描述：
通过现场人为设置故障，让学生掌握道岔控制电路日常故障处理的方法和流程。
2. 任务要求：
(1) 准备测试工具万用表。
(2) 根据故障现象，准确分析故障产生的原因。
(3) 学会对道岔控制电路进行故障处理。

任务资讯(20分)

(5分) 1. 道岔实训设备控制台面板上各指示灯及按钮的作用是什么？如何在控制台上操纵道岔？

(5分) 2. 道岔控制电路(ZD6型、S700K型)的原理是什么？

(5分)3. 道岔组合分别设置了哪些继电器？根据继电器组合配线图,如何找到对应继电器的端子？

(5分)4. 对照道岔控制电路,描述道岔控制设备与电路之间的关系。

任务规划(20分)

(10分)1. 说明道岔实训设备控制台面板上各指示灯状态的含义,根据单个故障开关的有效设置,观察指示灯的变化,同时观察继电器组合柜中继电器的状态变化。

(10分)2. 举例说明道岔控制电路故障处理时,找正借负、找负借正方法的含义。

实施步骤规划：
(1) 人为设置故障；
(2) 观察转辙机的状态,道岔实训设备控制台面板上定位、反位表示指示灯的状态,以及道岔组合中继电器的状态变化；
(3) 根据故障现象进行故障分析,判断是启动电路故障还是表示电路故障；
(4) 通过万用表进行电路故障查找,采用二分法测试电路中局部电压参数并记录；
(5) 根据查找的结果判断故障点的位置并修复故障。

任务实施(40分)

(10分) 1. 说明 ZD6 型、S700K 型道岔控制电路中,各继电器动作的时序。

(10分) 2. 道岔控制电路上电,观察定位和反位表示指示灯(正常时一亮一灭),将道岔由定位操反位(或由反位操定位)。

(10分) 3. 人为设置单个故障,观察定位和反位表示指示灯的状态。若两个指示灯均不亮,则判断为表示电路故障。通过万用表查找表示电路中造成开路的故障点。

(10分) 4. 人为设置单个故障,观察定位和反位表示指示灯的状态。若两个指示灯一亮一灭,则判断为启动电路故障。边操纵道岔到相反的位置,边观察组合架 1DQJ、1DQJF、2DQJ、BHJ 等继电器的状态。确定故障回路,通过万用表查找启动电路中造成开路的故障点。

工作日志(5分)

实施工单过程中填写如下日志。

工作日志表

日期	工作内容	问题及解决方式

总结反思(10分)

请编写完成本任务的工作总结。

思政收获(5分)

请勾选完成本任务后的思政收获。
☐ 厚植爱国情怀
☐ 培养安全意识
☐ 树立强烈的民族自豪感
☐ 培养科学精神和敬业精神
☐ 激发强烈的创新意识
☐ 激发学生的安全责任意识

质量监控单元(教师完成)

工单实施栏目评分表

评分项	分值	作答要求	评审规定	得分
任务资讯	20	问题回答清晰准确,能够紧扣主题,没有明显错误项	参照标准答案,错误一项扣5分,扣完为止	
任务规划	20	规划优秀可实施,没有任何细节错误	参照标准答案,错误一项扣2分,扣完为止	
任务实施	40	实施过程规范,质量符合工程标准	A类错误点一次扣3分,B类错误点一次扣2分,C类错误点一次扣1分	
其他	20	日志和问题项目填写详细,思政收获丰富深入,能够反映实际工作过程	没有填或者填写太过简单每项扣2分	
合计得分				

职业能力评分表

评分项	等级	作答要求	等级
知识评价	A/B/C	A:能够完整准确地回答任务资讯的所有问题,准确率在90%以上。 C:对基础知识掌握得非常差,任务资讯和答辩的准确率在50%以下	
能力评价	A/B/C	A:熟悉各个环节的实施步骤,完全独立地完成任务,并有能力辅助其他同学完成规定的工作任务,工作实施快速,准确率高(任务规划和任务实施准确率在85%以上)。 C:未完成任务或只完成部分任务,有问题没有积极向老师和其他同学请教,工作实施拖拉、不积极,各个部分的准确率在50%以下	
态度素养评价	A/B/C	A:不迟到、不早退,对人有礼貌,善于帮助他人,积极主动地完成规定的工作任务,工作台整洁有序,能准确回答老师提出的问题。 C:经常迟到、早退,态度不认真,未完成任务或只完成了部分任务,有问题没有积极向老师和其他同学请教,工作实施拖拉、不积极,不能准确回答老师提出的问题	

注:作答结果介于A、C之间的,等级评定为B。

教师评语栏

学习资源集

一、任务资讯

(一) ZD6 型实训设备介绍

ZD6 型电动转辙机是用于铁路电气集中站场,用来改变道岔开通方向、锁闭道岔尖轨、反映道岔尖轨位置状态的设备。本任务实训设备之一由 ZD6-E/J 型双机实训控制台、箱盒、转辙机组成。转辙机受控制台控制,到位后给出表示。

1. 控制台面板组成

控制台面板由 2 个红灯(电源指示、JCD),1 个绿灯(DBD),1 个黄灯(FBD),1 个空气开关(总控保护),3 个按钮开关(CA、ZDA、ZFA)组成,如图 2.1.1 所示。

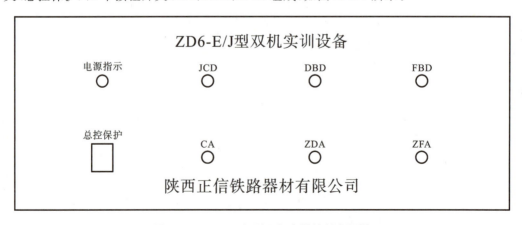

图 2.1.1　ZD6-E/J 型双机实训控制台面板

2. 器件功能

(1) 电源指示:控制台电源指示灯。

(2) JCD:道岔表示报警灯,转辙机处于中间位置时点亮。

(3) DBD:道岔定位表示指示灯,两台转辙机都处于定位时点亮。

(4) FBD:道岔反位表示指示灯,两台转辙机都处于反位时点亮。

(5) 总控保护:控制台内部短路保护。

(6) CA:道岔按钮,按下后,转辙机方可动作。

(7) ZDA:总定按钮,按下后,转辙机往定位动作。

(8) ZFA:总反按钮,按下后,转辙机往反位动作。

3. 电路介绍

ZD6-E/J 型双机牵引电路如图 2.1.2 所示。电路中各继电器的作用如下。

(1) 1DQJ:名称为第一道岔启动继电器,型号为 JWJXC-H125/0.44,作用是控制 ZD6 型电动转辙机动作,前圈和后圈构成自闭电路,在转辙机到位后,自动开闭器上接点闭合,切断直流电动机电源,1DQJ 自动释放。

(2) 2DQJ:名称为第二道岔启动继电器,型号为 JYJXC-135/220,作用是控制 ZD6 型电动转辙机动作方向(定—反或者反—定)。该继电器为有极继电器,当线圈通电时,继电器将保持原来的极性,即使掉电极性也不会发生改变。

(3) 2DQJF:名称为第二道岔启动复式继电器,型号为 JYJXC-135/220,作用是控制 ZD6 型电动转辙机动作方向(定—反或者反—定)。该继电器为有极继电器,当线圈通电时,继电器将保持原来的极性,即使掉电极性也不会发生改变。由于 2DQJ 只有 4 组接点,因而 2DQJF 相当于扩充了 2DQJ 的接点数量。

(4) YCJ:名称为允许操动继电器,型号为 JWXC-1700,作用是控制道岔是否能够操动,只有该继电器吸合,道岔内的转辙机方可动作。

(5) DCJ:名称为定位操纵继电器,型号为 JWXC-1700,作用是控制转辙机由反位向定位动作。

(6) FCJ:名称为反位操纵继电器,型号为 JWXC-1700,作用是控制转辙机由定位向反位动作。

(7) DBJ:名称为定位表示继电器,型号为 JPXC-1000,作用是转辙机定位指示,当转辙机到达定位时,该继电器吸合。

(8) FBJ:名称为反位表示继电器,型号为 JPXC-1000,作用是转辙机反位指示,当转辙机到达反位时,该继电器吸合。

(二) S700K 型双机实训设备介绍

S700K 型双机实训设备是针对 S700K-C 型电动转辙机双机牵引电路而开发的教学实训设备。该设备由 S700K 型双机实训控制台、箱盒、转辙机组成。转辙机受控制台控制,到位后给出表示。S700K 型双机实训控制台与 ZD6-E/J 型类似,图片此处略。S700K 型双机实训控制台主要由开关电源、组合架、道岔表示变压器、断相保护器、信号继电器、故障模拟开关组成。

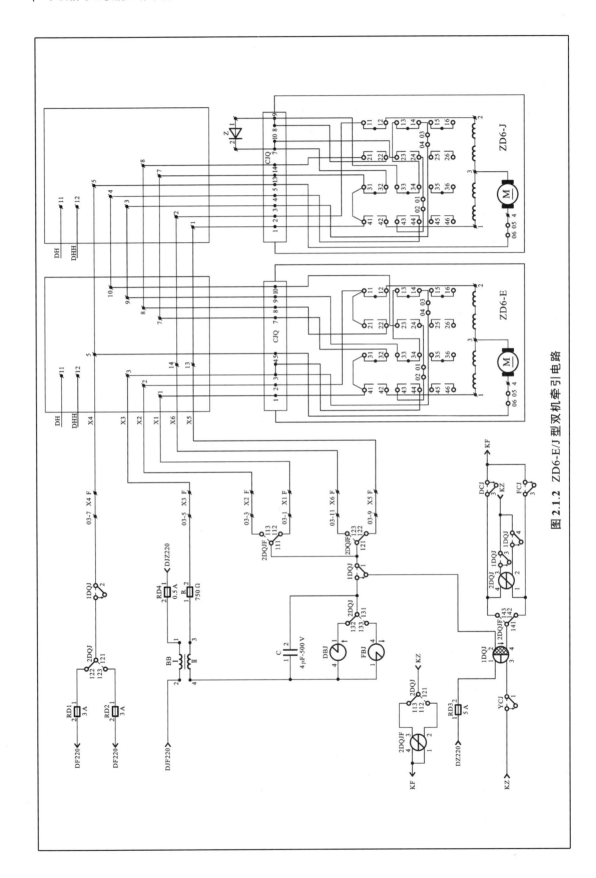

图 2.1.2 ZD6-E/J 型双机牵引电路

控制台内部安装3个组合架。这里就以组合架1为例来介绍。组合架1上10个信号继电器位分别安装BB、1DQJ、BHJ、2DQJ、1DQJF、DBQ、DBJ、FBJ、QDJ、ZBHJ。

（1）BB：名称为道岔表示变压器，型号为BD1-7，作用是将AC 220 V电压转换为道岔表示电压AC 110 V，经过道岔表示二极管半波整流后，给DBJ或者FBJ继电器供电。

（2）1DQJ：名称为第一道岔启动继电器，型号为JWJXC-H125/80，作用是控制S700K型电动转辙机动作，前圈和后圈构成自闭电路，在转辙机到位后，自动开闭器（或者速动开关组）上接点闭合，切断交流电动机电源，DBQ失电后，控制BHJ落下，自闭电路断开，1DQJ自动释放。

（3）BHJ：名称为保护继电器，型号为JWXC-1700，作用是：第1组接点与1DQJ后圈构成自闭电路，当转辙机到位时，释放1DQJ；控制ZBHJ，达到2台转辙机同时动作的目的。

（4）2DQJ：名称为第二道岔启动继电器，型号为JYJXC-135/220，作用是控制S700K型电动转辙机动作方向（定—反或者反—定）。该继电器为有极继电器，当线圈通电时，继电器将保持原来的极性，即使掉电极性也不会发生改变。

（5）1DQJF：名称为第一道岔启动复式继电器，型号为JWJXC-480，由于1DQJ只有4组接点，因而1DQJF相当于扩充了1DQJ的接点数量。

（6）DBQ：名称为断相保护器，型号为DBQX，作用是：当转辙机正常动作时，给BHJ提供DC 24 V电源；当转辙机缺相，或者到位时，断开DC 24 V电源，使BHJ落下；具有限时保护功能，当转辙机长时间不到位时，会在13 s后自动切断DC 24 V电源，使BHJ落下，保护转辙机电动机不会烧毁。

（7）DBJ：名称为定位表示继电器，型号为JPXC-1000，作用是转辙机定位指示，当转辙机到达定位时，该继电器吸合。

（8）FBJ：名称为反位表示继电器，型号为JPXC-1000，作用是转辙机反位指示，当转辙机到达反位时，该继电器吸合。

（9）QDJ：名称为切断继电器，型号为JWXC-1700，作用是保证道岔可靠转换。

（10）ZBHJ：名称为总保护继电器，型号为JWXC-1700，作用是保证尖轨的两台转辙机全部动作，当因故某台转辙机不工作时，切断其他转辙机的动作电源，保护电动机和保持尖轨的状态。

S700K型双机牵引电路动作程序如图2.1.3所示。

（三）道岔控制电路故障处理总结

1. 故障分类

（1）室内故障和室外故障；

（2）启动故障和表示故障；

（3）开路故障和短路故障；

（4）电气故障和机械故障。

2. 故障类型

（1）1DQJ不励磁：道岔现表示指示灯不灭。

（2）1DQJF不励磁：道岔现表示指示灯灭后重新点亮。

（3）1DQJ不自闭：电动机动作一会儿后停止。

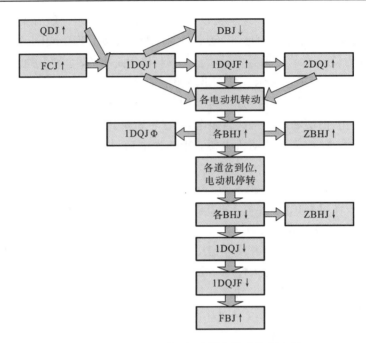

图 2.1.3 S700K 型双机牵引电路动作程序图

(4) 2DQJ 不转极:同 1DQJF,不励磁。

(5) BHQ 或 BHJ 坏:电动机动作一段时间后停止。

(6) 启动电路开路:电动机不动或稍动。

(7) 启动电路短路:电动机不动或稍动,启动继电器烧断。

(8) 表示电路开路:电动机到位后相应表示电压升高或电压为零,而电阻不为零。

(9) 表示电路短路:电动机到位后相应表示电压降低或电压为零,且电阻为零。

(10) 错线造成开路:同以上开路。

(11) 错线造成短路:同以上短路。

(12) 机械卡阻:电动机空转或接点不到位。

3. 故障现象

(1) 室内故障:相应电源无输出。

(2) 室外故障:相应电源输出后无响应。

4. 故障处理

(1) 区分室内外:测试分线盘有无相应电源输出。

(2) 区分启动或表示:观察电动机是否动作到位。

5. 小技巧

(1) 先机械后电气;

(2) 先表示后启动;

(3) 利用 X2 到负极和 X3 到正极以及机内表示两两相通判断有无错线;

(4) 利用小电压判断电动机线包是否完整;

(5) 观察 BHJ 和 1DQJ 谁先掉,判断是控制电路故障还是启动电路故障。

二、方案设计

（一）实施要点

本任务在人为设置故障的前提下，对直流、交流道岔控制电路在铁路实际应用中遇到的常见故障处理进行训练，总结故障处理流程及方法。

（二）设备清单

ZD6-E/J 型双机实训控制台、箱盒、转辙机；S700K 型双机实训控制台、箱盒、转辙机。

三、任务实施

任务实施以 S700K 型道岔控制电路为例。

1. 道岔实训设备上电

插上设备电源开关，使设备正常通电，通过实训控制台中的故障模拟开关人为设置故障。

2. 观察转辙机、控制台面板上指示灯的状态，判断表示电路是否故障并测试

道岔控制电路常见的故障分为启动电路故障和表示电路故障。这两类故障又分别可分为室内故障和室外故障。上电后，观察转辙机的状态，道岔组合柜上定位、反位表示指示灯的状态，以及道岔组合中继电器的状态变化，判断表示电路是否故障。

由于每一台转辙机设有一套表示电路，因此要先确定是总表示电路故障还是某一台转辙机表示电路故障，然后再进行处理。

(1) 表示电路正常时工作电压。

表示电路正常时工作电压如表 2.1.1 所示。

表 2.1.1　表示电路正常时工作电压

测试处所	交流	直流
定位：X2 与 X1、X4 间 反位：X3 与 X1、X5 间	55～60 V	21～22 V
DBJ/FBJ 的 1-4 线圈	55～60 V	21～22 V
R1	50～55 V	20～21 V
BD1-7 1-2	220 V	
BD1-7 3-4	110 V	

(2) 故障分析。

在正常情况下，在分线盘测得 X2 与 X1（反位为 X3 与 X1）间的交流电压为 55～60 V，直流电压为 21～22 V。如果电压相差太多，则说明某处有故障。

①测分线盘电压，X2 与 X1（反位为 X3 与 X1）间无电压（为 0 V 或非常小）。

此时可以测 R1 两端的电压，若无电压，则说明是室内表示电源断线故障；当测到较高的交流电压时（约为 110 V），则说明室外有混线故障（由于混线的位置和程度不同，在 X1 与 X2 间可以测到大小不同的低电压。另外，此时 R1 电阻较正常热）。

②测分线盘电压，定位测（X2 对 X1、X3、X4）和反位测（X3 对 X1、X2、X5）有交流电压 110 V，为室外断线故障。检查室外开闭器接点是否闭合、遮断开关接点接触是否良好、电动机配线和整流匣有无断线。

③测分线盘电压,定位 X2 对 X1(反位 X3 对 X1)测得交流电压为 20~30 V,没有直流电压,为室外二极管混线故障。

④测分线盘电压,定位 X2 对 X1(反位 X3 对 X1)测得交流电压为 65 V 左右、直流电压为 35 V 左右,为 X4(反位为 X5)外线断线故障。

(3) 处理方法。

①室内表示电源断线故障处理:测表示变压器有无交流电压(110 V),如果无交流电压,则为电源故障,可依次检查电源、断路器、变压器及连线;如果有交流电压,则为室内断线故障,可依次检查电阻 R1、1DQJ23-21、2DQJ131-132、1DQJF13-11、2DQJ111-112、1DQJ11-12 及连线。

②室外混线故障处理:测分线盘电压,定位测量 X1 对 X2、X3 有 5.8 V 电压,X1 对 X4 有 2.9 V 电压,反位测量 X1 对 X2、X3 有 5.8 V 电压,X1 对 X5 有 2.9 V 电压,为混线故障,去室外查找(电缆、电动机、接点、整流匣等)。

a. 室外 X1、X2 或 X2、X4 混线故障处理。

首先在电动转辙机处断开 X4,以区分是 X1、X2 混线还是 X2、X4 混线,若有电压,则为 X2、X4 混线;若仍无电压,则说明 X1、X2 混线。然后依次断开各电缆盒的 X2 端子,测 X1、X2 间的电压,以确定混线故障点。

b. X1、X4(反位是 X1、X5)混线故障处理。

当 X1、X4 混线时,不影响表示电路的正常工作,分线盘上的电压无明显变化,但转换道岔时断路器跳起。查找混线故障点的方法如下:断开转辙机侧的 X4 配线,测 X1、X4 间的电压,依次断开各电缆盒的 X4 端子进行查找。

③室外断线故障处理。

a. X1 或 X2 断线故障处理(反位是 X1 或 X3 断线)。

在分线盘的 X1、X2 上有 110 V 交流电压,而到电缆盒处无电压,说明电缆断线。此时如果 X1、X4 间有小电压,则说明 X2 电缆断线;如果无小电压,则说明 X1 电缆断线。

在分线盘的 X1、X2 上有 110 V 交流电压,到电缆盒处也有 110 V 电压,说明电缆盒至转辙机间有断线故障,继续用测量 X1、X2 之间电压的方法查找到有无电压的临界点,该临界点就是故障点。

b. X4 断线故障处理(反位是 X5 断线)。

在分线盘 X2、X1 间测得交流电压为 65 V 左右,直流电压为 35 V 左右,在 X1、X4 间测得交流电压为 110 V,为 X4 外线断线。到电缆盒处测量,如果无 110 V,则说明 X4 电缆断线;如果有 110 V,继续用测量 X1、X4 间电压的方法查找到有无电压的临界点,该临界点就是故障点。

3. S700K 型启动电路故障分析

(1) 故障分析。

①单独操纵道岔控制台,定位表示指示灯不灭。

如果控制台表示指示灯不灭,则故障在室内,说明 1DQJ 未吸起,这时应进路式操纵道岔,看动作是否正常。

a. 如果进路式操纵道岔时动作正常,则说明道岔单独操纵部分有故障,进一步检查 ZFJ 和 CAJ 是否动作正常,确定故障点。

b. 如果进路式操纵道岔时不能动作,则应检查 SJ 是否在吸起状态、CA 接点接触是否良好、公共配线是否良好、CAJ 接点是否良好等。

② 单独操纵到反位不动作。

a. 检查 1DQJ、1DQJF 是否吸起,2DQJ 是否转极。如果控制电路部分继电器动作不正常,应按动作逻辑关系式进行检查:AJ↑及 ZFJ↑(或 FCJ↑)→1DQJ↑→1DQJF↑→2DQJ 转极。

b. 确定室内道岔控制电路动作正常后,应进一步观察 BHJ 是吸起后再落下,还是根本不吸起。

若 BHJ 根本不吸起,则应检查组合侧面的 380 V 是否正常、熔断是否良好。若电源正常,但到分线盘测试时电源缺相(X1、X3、X4),则可能是 DBQ 到 1DQJ 及 1DQJF 的相应接点间断线,也可能是 DBQ 内部故障。

若在分线盘测试电源正常,则应到室外重点检查转辙机遮断开关及速动开关的接点接触情况。

如果 BHJ 先吸起,然后又落下,则说明三相负载部分良好,重点观察 BHJ 和 1DQJ 落下的先后顺序:若 BHJ 先落下,一般来说可能是 DBQ 不良,可换一台试试;若 BHJ 在 1DQJ 落下后落下,则说明可能是 1DQJ 自闭电路有问题,包括 QDJ 是否在吸起状态。

(2) 故障处理方法。

① 判断故障是在室内还是在室外。

a. 由定位向反位单操道岔,如果能切断表示,则说明 1DQJ 正常吸起、2DQJ 正常转极;再向回转换有定位表示后,在道岔的分线盘端子 X2 与 X1、X3、X4 之间分别测量电压,大约为 57 V(交流)、22 V(直流)。如果 X2 与 X3 之间无电压,则说明 X3 外线断线。若 X2 与 X4 之间无电压,则说明 X4 外线断线。

b. 由反位向定位单操道岔时,如果能切断表示,则说明 1DQJ 正常吸起、2DQJ 正常转极;再向回转换有反位表示后,在道岔的分线盘端子 X3 与 X1、X2、X5 之间分别测量电压,大约为 57 V(交流)、22 V(直流)。若 X3 与 X2 之间无电压,则说明 X2 外线断线。若 X3 与 X5 之间无电压,则说明 X5 外线断线。

② 启动电路室内故障处理方法(略)。

③ 启动电路室外断线故障处理方法。

a. 道岔在定位时:在电缆盒测 X2 与 X3(或 X2 与 X4)间的电压,如果有电压,则说明对应的电缆断线;如果无电压,则说明故障点在电缆盒端子与电动机相对应的端子之间。

b. 道岔在反位时:在电缆盒测 X3 与 X2(或 X3 与 X5)间的电压,如果有电压,则说明对应的电缆断线;如果无电压,则说明故障点在电缆盒端子与电动机相对应的端子之间。

四、任务扩展

1. 室内控制电路故障分析

(1) 1DQJ 励磁电路故障及其分析查找处理方法。

(2) 1DQJF 励磁电路故障及其分析查找处理方法。

(3) 2DQJ(JYJXC-135/220)转极电路故障及其分析查找处理方法。

(4) 1DQJ 自闭电路故障及其分析查找处理方法。

(5) BHJ(JWXC-1700)电路故障及其分析查找处理方法。

2．送电电路故障分析

(1) 定位至反位启动电路故障及其现象和分析查找处理方法。

(2) 反位至定位启动电路故障及其现象和分析查找处理方法。

3．表示电路故障分析

(1) 定位表示电路故障及其现象和分析查找处理方法。

(2) 反位表示电路故障及其现象和分析查找处理方法。

五、职业规范要求

(1) 认真分析工作任务,熟悉工作要求,在规定时间内完成交付的工作。

(2) 遇到问题主动寻求解决问题的最优方法,及时向老师和同学请教。

(3) 在任务实施之前,首先要根据任务要求详细分析工作内容,进行详细的工作任务规划,能够熟悉道岔控制电路故障处理的一般流程。

(4) 工作完成后要及时编写工作日志和总结反思。其中:工作日志要简单记录实施时间周期、完成的工作内容;总结反思则重点描写实施该工单的所学、所做、所想,特别是自己的收获和心得。

任务 2　信号机综合实训

工单(NO.2 LS-ZHSX-02)

工作任务单			
工单编号	NO.2 LS-ZHSX-02	工单名称	信号机综合实训
面向专业	信号类专业	职业岗位	信号工
实施方式	实际操作	考核方式	结果与过程综合
工单难度	中等	前序工单	无
工单分值	100	完成时限	8学时
单人/分组	分组	每组人数	5~6人
考核点	设备故障处理		
工单简介	信号机点灯电路识读； 信号机驱动继电器故障分析与处理； 信号机采集继电器故障分析与处理； 信号机灯丝断丝故障分析与处理		
设备环境	计算机联锁系统实训室		
教学方法	在常规课程工单制教学当中采用教师示范操作、学生分组练习、教师监督纠错的学、练、教相融合的方式，训练学生信号机综合故障分析与处理的能力		
用途说明	本工单可用于信号机综合实训，目的是提高学生信号机故障分析与处理的实践操作能力，培养学生自我学习、分析解决实际问题的能力		
实施人员信息			
姓名		班级		学号		电话	
小组		组长		岗位分工		组员	

任务目标

实施该工单的任务目标如下：

【知识目标】
（1）掌握信号机点灯电路工作原理。
（2）掌握信号机驱动继电器故障处理的方法。
（3）掌握信号机采集继电器故障处理的方法。
（4）掌握信号机灯丝断丝故障处理的方法。

【能力目标】
（1）能够通过故障现象，分析并处理信号机驱动继电器故障。
（2）能够通过故障现象，分析并处理信号机采集继电器故障。
（3）能够通过故障现象，分析并处理信号机灯丝断丝故障。

【素养含思政目标】
（1）能够严格按照文中的职业规范要求进行工单实施。
（2）培养学生自学、分析解决实际问题的能力。
（3）培养学生的团队合作意识和沟通能力。

任务介绍

1. 任务描述：
（1）跑通信号机点灯电路，正确测试信号机点灯电路的工作参数。
（2）在联锁控制台办理不同的进路。
（3）完成信号机驱动继电器或采集继电器故障分析与处理。
（4）完成信号机灯丝断丝故障分析与处理。

2. 任务要求：
（1）实训前，对信号机理论知识点进行复习和梳理。
（2）按照规范流程对信号机点灯电路的工作参数进行测试。
（3）实训操作时注意安全，及时记录实训期间的故障现象和测试数据。
（4）按要求完成本任务的实训内容，掌握实训方法；组内成员均需独立完成。

任务资讯（20分）

（5分）1. 分析信号机点灯电路的工作原理。

（5分）2. 如何人为设置信号机驱动继电器或采集继电器故障？

（5分）3. 信号机采集继电器有哪些？驱动继电器有哪些？

（5分）4. DJ 或 2DJ 的作用是什么？信号机灯丝断丝将会导致 DJ 处于什么状态？

任务规划（20分）

（8分）1. 简单阐述信号机的采集通道和驱动通道。

（12分）2. 分别分析发生信号机驱动继电器故障、采集继电器故障时控显机显示的状态变化。

实施步骤规划：
(1) 联锁机柜上电，教师人为设置 ZC 故障，学生在联锁控制台办理进路；
(2) 教师人为设置信号机驱动继电器故障，学生通过故障现象分析并处理驱动类故障；
(3) 教师人为设置信号机采集继电器故障，学生通过故障现象分析并处理采集类故障；
(4) 教师人为设置信号机灯丝断丝故障，学生通过故障现象分析并处理断丝故障。

任务实施(40分)

(5分)1. 在联锁控制台办理不同的进路,观察信号机的状态变化。对照电路图,跑通信号机不同显示下的点灯电路。

(15分)2. 分析并测试信号机驱动继电器故障。

(15分)3. 分析并测试信号机采集继电器故障。

(5分)4. 分析并测试信号机灭灯故障。

工作日志(5分)

实施工单过程中填写如下日志。

工作日志表

日期	工作内容	问题及解决方式

总结反思(10 分)
请编写完成本任务的工作总结。

思政收获(5 分)
请勾选完成本任务后的思政收获。 □厚植爱国情怀 □培养安全意识 □树立强烈的民族自豪感 □培养科学精神和敬业精神 □激发强烈的创新意识 □激发学生的安全责任意识

质量监控单元(教师完成)

工单实施栏目评分表

评分项	分值	作答要求	评审规定	得分
任务资讯	20	问题回答清晰准确,能够紧扣主题,没有明显错误项	参照标准答案,错误一项扣5分,扣完为止	
任务规划	20	规划优秀可实施,没有任何细节错误	参照标准答案,错误一项扣2分,扣完为止	
任务实施	40	实施过程规范,质量符合工程标准	A类错误点一次扣3分,B类错误点一次扣2分,C类错误点一次扣1分	
其他	20	日志和问题项目填写详细,思政收获丰富深入,能够反映实际工作过程	没有填或者填写太过简单每项扣2分	
合计得分				

职业能力评分表

评分项	等级	作答要求	等级
知识评价	A/B/C	A:能够完整准确地回答任务资讯的所有问题,准确率在90%以上。 C:对基础知识掌握得非常差,任务资讯和答辩的准确率在50%以下	
能力评价	A/B/C	A:熟悉各个环节的实施步骤,完全独立地完成任务,并有能力辅助其他同学完成规定的工作任务,工作实施快速,准确率高(任务规划和任务实施准确率在85%以上)。 C:未完成任务或只完成部分任务,有问题没有积极向老师和其他同学请教,工作实施拖拉、不积极,各个部分的准确率在50%以下	
态度素养评价	A/B/C	A:不迟到、不早退,对人有礼貌,善于帮助他人,积极主动地完成规定的工作任务,工作台整洁有序,能准确回答老师提出的问题。 C:经常迟到、早退,态度不认真,未完成任务或只完成了部分任务,有问题没有积极向老师和其他同学请教,工作实施拖拉、不积极,不能准确回答老师提出的问题	

注:作答结果介于A、C之间的,等级评定为B。

教师评语栏

学习资源集

一、任务资讯

（一）信号机点灯电路的工作原理

信号机点灯电路的工作原理图如图2.2.1所示。

DDJ（点灯继电器）吸起时，电路不通，DJ（灯丝继电器）落下。

DDJ 落下、LXJ 落下时，点红灯，DJ 吸起。

DDJ 落下、LXJ 吸起时，点黄灯，DJ 吸起。

DDJ 落下、LXJ 和 ZXJ 同时吸起时，点绿灯，DJ 吸起。

DDJ 落下、LXJ 落下、YXJ 吸起时，点红灯和黄灯，DJ 和 2DJ 吸起。

红绿黄信号机断线故障设置界面如图2.2.2所示。

（二）信号机驱动继电器故障

DDJ 驱动故障时，DDJ 无法吸起，维持亮灯模式。

LXJ 驱动故障时，LXJ 无法吸起，电路通，亮红灯，DJ 吸起。

ZXJ 驱动故障时，ZXJ 无法吸起，电路通，亮黄灯，DJ 吸起。

YXJ 驱动故障时，YXJ 无法吸起，亮红灯，DJ 吸起。

（三）信号机采集继电器故障

DJ 采集故障时，联锁控制台认为1灯丝断丝。

2DJ 采集故障时，联锁控制台认为2灯丝断丝。

（四）信号机断丝灭灯故障

灯丝断丝导致 DJ 或 2DJ 无法吸起。

二、方案设计

（1）信号机常态点红灯，在联锁控制台办理不同的进路，观察信号机亮灯和点灯组合中继电器的变化；

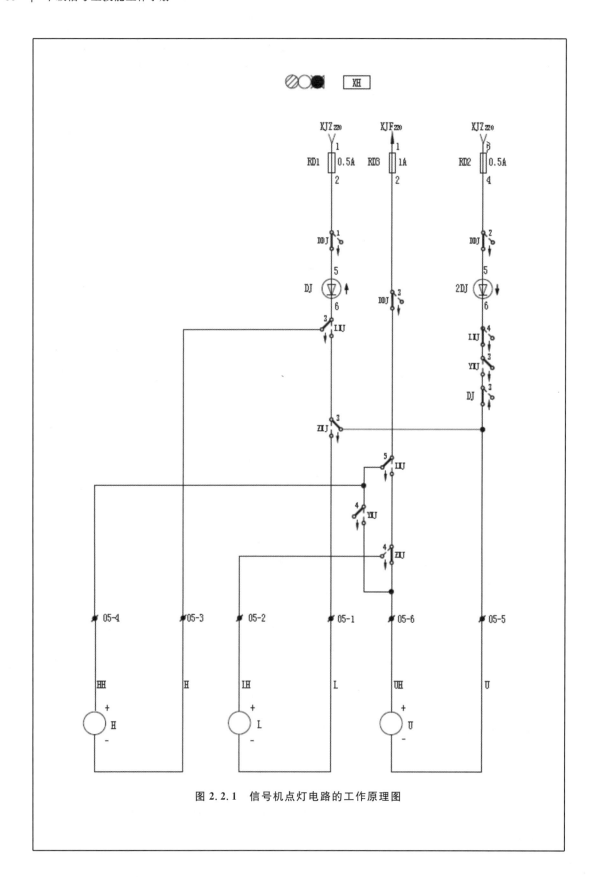

图 2.2.1 信号机点灯电路的工作原理图

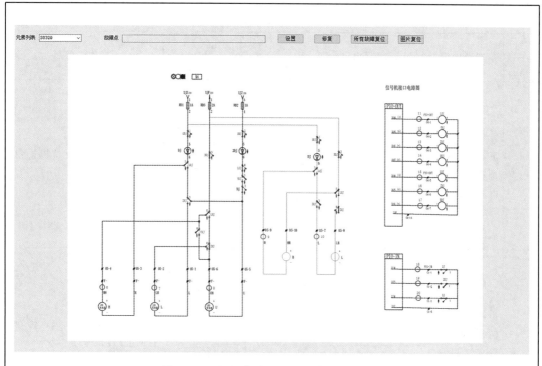

图 2.2.2　红绿黄信号机断线故障设置界面

(2) 信号机驱动继电器故障分析与处理；

(3) 信号机采集继电器故障分析与处理；

(4) 信号机灯丝断丝故障分析与处理。

三、任务实施

(一) 信号机常态点红灯，办理进路，使其改点其他灯

信号机点灯电路识读任务实训如表 2.2.1 所示。

表 2.2.1　信号机点灯电路识读任务实训

序号	实训内容	填写内容	状态变化		操作步骤
			变化前	变化后	
1	使 DDJ 吸起，查看亮灯和继电器变化	红灯	亮	灭	教师机设置 ZC 正常，联锁控制台自动设置灭灯模式
		DDJ	落下	吸起	
		DJ	吸起	落下	
2	使 DDJ 落下，XJ、YXJ、ZXJ 落下，查看亮灯和继电器变化	红灯	灭	亮	设置成灭灯模式，教师机设置 ZC 故障，信号机亮红灯
		DDJ	吸起	落下	
		LXJ	落下	落下	
		ZXJ	落下	落下	
		YXJ	落下	落下	
		DJ	落下	吸起	

续表

序号	实训内容	填写内容	状态变化		操作步骤
			变化前	变化后	
3	使 DDJ 落下，LXJ 吸起，查看亮灯和继电器变化	黄灯	灭	亮	维持 ZC 故障，上位机排列侧向进路，亮黄灯
		红灯	亮	灭	
		DDJ	落下	落下	
		LXJ	落下	吸起	
		ZXJ	落下	落下	
		YXJ	落下	落下	
		DJ	吸起	吸起	
4	使 DDJ 落下，LXJ 和 ZXJ 同时吸起，查看亮灯和继电器变化	红灯	亮	灭	维持 ZC 故障，上位机排列直向进路，亮绿灯
		绿灯	灭	亮	
		LXJ	落下	吸起	
		ZXJ	落下	吸起	
		YXJ	落下	落下	
		DDJ	落下	落下	
		DJ	吸起	吸起	
5	使 DDJ 落下，YXJ 吸起，查看亮灯和继电器变化	红灯	亮	亮	维持 ZC 故障，上位机排列引导进路，亮红黄灯
		黄灯	灭	亮	
		LXJ	落下	落下	
		ZXJ	落下	落下	
		YXJ	落下	吸起	
		DDJ	落下	落下	
		DJ	吸起	吸起	
		2DJ	落下	吸起	

（二）信号机驱动继电器故障

信号机驱动继电器故障分析与处理任务实训如表 2.2.2 所示。

表 2.2.2 信号机驱动继电器故障分析与处理任务实训

序号	实训内容	填写内容	状态变化		操作步骤
			变化前	变化后	
1	设置 DDJ 驱动故障	S0320 红灯	灭	亮	1.教师机设置 ZC 正常，联锁控制台自动设置灭灯模式；2.在 SES 上的断点故障设置中选择 S0320 信号机，设置故障点 14 DDJ 故障
		S0320 DDJ	吸起	落下	
		S0320 DJ	落下	吸起	

续表

序号	实训内容	填写内容	状态变化 变化前	状态变化 变化后	操作步骤
2	恢复DDJ驱动故障	S0320 红灯	亮	灭	恢复S0320信号机故障点14 DDJ故障
		S0320 DDJ	落下	吸起	
		S0320 DJ	吸起	落下	
3	黄灯设置LXJ驱动故障	S0320 DDJ	落下	落下	1.教师机设置ZC故障； 2.排列侧向进路使LXJ吸起； 3.在SES上的断点故障设置中选择S0320信号机,设置故障点11 LXJ故障
		S0320 LXJ	吸起	落下	
		S0320 ZXJ	落下	落下	
		S0320 DJ	吸起	吸起	
		S0302 红灯	灭	亮	
		S0302 黄灯	亮	灭	
		控显机	显示绿灯	1.报警"黄灯断丝",改为驱动红灯； 2.显示亮红灯	
4	黄灯恢复LXJ驱动故障	S0320 黄灯	灭	信号重开前灭；信号重开后亮	1.恢复S0320信号机故障点11 LXJ故障； 2.信号重开
		S0320 红灯	亮	信号重开后灭	
		控显机	显示红灯闪烁	信号重开前红灯闪烁；信号重开后亮黄灯	
5	绿灯设置LXJ驱动故障	S0320 DDJ	落下	落下	1.教师机设置ZC故障； 2.排列进路使LXJ、ZXJ吸起； 3.在SES上的断点故障设置中选择S0320信号机,设置故障点11 LXJ故障
		S0320 LXJ	吸起	落下	
		S0320 ZXJ	吸起	改驱红灯前吸起；改驱红灯后落下	
		S0320 DJ	吸起	吸起	
		S0302 红灯	灭	亮	
		S0302 绿灯	亮	灭	
		控显机	显示绿灯	1.报警"绿灯断丝",改为驱动红灯； 2.显示亮红灯	

续表

序号	实训内容	填写内容	状态变化 变化前	状态变化 变化后	操作步骤
6	绿灯恢复LXJ驱动故障	S0320 绿灯	灭	信号重开前灭；信号重开后亮	1. 恢复S0320信号机故障点11 LXJ故障； 2. 信号重开
		S0320 红灯	亮	信号重开后灭	
		控显机	显示红灯闪烁	信号重开前红灯闪烁；信号重开后亮绿灯	
7	设置ZXJ驱动故障	S0320 绿灯	亮	灭	1. 教师机设置ZC故障； 2. 排列进路使LXJ、ZXJ吸起； 3. 在SES上的断点故障设置中选择S0320信号机，设置故障点13 ZXJ故障
		S0320 黄灯	灭	改驱红灯前亮；改驱红灯后灭	
		S0320 红灯	灭	改驱红灯前灭；改驱红灯后亮	
		S0320 LXJ	吸起	改驱红灯前吸起；改驱红灯后落下	
		S0320 ZXJ	吸起	落下	
		控显机	显示绿灯	1. 报警"绿灯断丝"，改为驱动红灯； 2. 显示红灯闪烁	
8	恢复ZXJ驱动故障	S0320 绿灯	灭	信号重开前灭；信号重开后亮	1. 恢复S0320信号机故障点16 ZXJ故障； 2. 信号重开
		S0320 红灯	亮	信号重开后灭	
		控显机	显示红灯闪烁	信号重开前红灯闪烁；信号重开后亮绿灯	
9	设置YXJ驱动故障	S0320 红灯	亮	亮	1. 教师机设置ZC故障； 2. 排列引导进路使YXJ吸起； 3. 在SES上的断点故障设置中选择S0320信号机，设置故障点12 YXJ故障
		S0320 黄灯	亮	灭	
		S0320 DJ	吸起	吸起	
		S0320 2DJ	吸起	落下	
		控显机	亮红黄引导	1. 报警"引导故障"，改为驱动红灯； 2. 显示红灯闪烁	

续表

序号	实训内容	填写内容	状态变化 变化前	状态变化 变化后	操作步骤
10	恢复 YXJ 驱动故障	S0320 黄灯	灭	设置引导前灭；设置引导后亮	1. 恢复 S0320 信号机的故障点 16 ZXJ 故障； 2. 排列引导进路
		S0320 红灯	亮	亮	
		控显机	显示红灯闪烁	设置引导前红灯闪烁；设置引导后亮红黄灯	

（三）信号机采集继电器故障

信号机采集继电器故障分析与处理任务实训如表 2.2.3 所示。

表 2.2.3 信号机采集继电器故障分析与处理任务实训

序号	实训内容	填写内容	状态变化 变化前	状态变化 变化后	操作步骤
1	灭灯模式下，DJ 采集故障	S0320 DDJ	吸起	吸起	1. 教师机设置 ZC 正常，使 DDJ 吸起； 2. 在 SES 上的断点故障设置中选择 S0320 信号机，设置故障点 18 DJ 故障
		控显机	显示灭灯	显示灭灯	
2	红灯下，DJ 采集故障	S0320 DJ	吸起	吸起	1. 教师机设置 ZC 故障，S0320 亮红灯； 2. 在 SES 上的断点故障设置中选择 S0320 信号机，设置故障点 18 DJ 故障
		S0320 红灯	亮	亮	
		控显机	亮红灯	1. 报警"红灯断丝"； 2. 红灯闪烁	
3	红灯下，恢复 DJ 采集故障	S0320 DJ	吸起	吸起	在 SES 上恢复 S0320 信号设置故障点 18 DJ 故障
		控显机	红灯闪烁	亮红灯	
4	绿灯下，DJ 采集故障	S0320 DJ	吸起	吸起	1. 教师机设置 ZC 故障，S0320 亮红灯； 2. 排列直向进路使 S0320 亮绿灯； 3. 在 SES 上的断点故障设置中选择 S0320 信号机，设置故障点 18 DJ 故障
		控显机	亮绿灯	1. 报警"绿灯断丝"，改驱红灯； 2. 报警"红灯断丝"； 3. 红灯闪烁	
		S0320 绿灯	亮起	改驱红灯前亮；改驱红灯后灭	
		S0320 红灯	灭	改驱红灯前灭；改驱红灯后亮	

续表

序号	实训内容	填写内容	状态变化		操作步骤
			变化前	变化后	
5	绿灯下设置的 DJ 采集故障恢复	S0320 红灯	亮	信号重开前亮；信号重开后灭	1. 在 SES 上恢复 S0320 信号，设置故障点 18 DJ 故障； 2. 上位机操作信号重开
		S0320 绿灯	灭	信号重开前灭；信号重开后亮	
		控显机	红灯闪烁	信号重开前红灯闪烁；信号重开后亮绿灯	
6	黄灯下，DJ 采集故障	S0320 DJ	吸起	吸起	1. 教师机设置 ZC 故障，S0320 亮红灯； 2. 排列侧向进路使 S0320 亮黄灯； 3. 在 SES 上的断点故障设置中选择 S0320 信号机，设置故障点 18 DJ 故障
		控显机	亮黄灯	1.报警"黄灯断丝"，改驱红灯； 2. 报警"红灯断丝"； 3.红灯闪烁	
		S0320 黄灯	亮起	改驱红灯前亮起；改驱红灯后灭	
		S0320 红灯	灭	改驱红灯前灭；驱红灯后亮	
7	黄灯下设置的 DJ 采集故障恢复	S0320 红灯	亮	信号重开前亮；信号重开后灭	1. 在 SES 上恢复 S0320 信号，设置故障点 18 DJ 故障； 2. 上位机操作信号重开
		S0320 黄灯	灭	信号重开前灭；信号重开后亮	
		控显机	红灯闪烁	信号重开前红灯闪烁；信号重开后亮黄灯	
8	红黄灯下，DJ 采集故障	S0320 DJ	吸起	吸起	1. 教师机设置 ZC 故障，S0320 亮红灯； 2. 排列引导进路使 S0320 亮红黄灯； 3. 在 SES 上的断点故障设置中选择 S0320 信号机，设置故障点 18 DJ 故障
		S0320 2DJ	吸起	改驱红灯前吸起；改驱红灯后落下	
		控显机	亮红黄灯	1.报警"引导故障"，改驱红灯； 2. 报警"红灯断丝"； 3.红灯闪烁	
		S0320 黄灯	亮	改驱红灯前亮；改驱红灯后灭	
		S0320 红灯	亮	改驱红灯前亮；改驱红灯后亮	

续表

序号	实训内容	填写内容	状态变化		操作步骤
			变化前	变化后	
9	红黄灯下设置的 DJ 采集故障恢复	S0320 红灯	亮	亮	1. 在 SES 上恢复 S0320 信号,设置故障点 18 DJ 故障; 2. 上位机操作排列引导进路
		S0320 黄灯	灭	排列引导进路前灭;排列引导进路后亮	
		S0320 DJ	吸起	吸起	
		S0320 2DJ	落下	排列引导进路前落下;排列引导进路后吸起	
		控显机	红灯闪烁	排列引导进路前红灯闪烁;排列引导进路后亮红黄灯	
10	红黄灯下,2DJ 采集故障	S0320 DJ	吸起	吸起	1. 教师机设置 ZC 故障,S0320 亮红灯; 2. 排列引导进路使 S0320 亮红黄灯; 3. 在 SES 上的断点故障设置中选择 S0320 信号机,设置故障点 19 2DJ 故障
		S0320 2DJ	吸起	改驱红灯前吸起;改驱红灯后落下	
		控显机	亮红黄灯	1. 报警"引导故障",改驱红灯; 2. 报警"红灯断丝"; 3. 红灯闪烁	
		S0320 黄灯	亮	改驱红灯前亮;驱红灯后灭	
		S0320 红灯	亮	改驱红灯前亮;驱红灯后亮	
11	红黄灯下设置的 2DJ 采集故障恢复	S0320 红灯	亮	亮	1. 在 SES 上恢复 S0320 信号,设置故障点 19 2DJ 故障; 2. 上位机操作排列引导进路
		S0320 黄灯	灭	排列引导进路前灭;排列引导进路后亮	
		S0320 DJ	吸起	吸起	
		S0320 2DJ	落下	排列引导进路前落下;排列引导进路后吸起	
		控显机	红灯闪烁	排列引导进路前红灯闪烁;排列引导进路后亮红黄灯	

(四)信号机灯丝断丝故障

信号机灯丝断丝故障分析与处理任务实训如表 2.2.4 所示。

表 2.2.4 信号机灯丝断丝故障分析与处理任务实训

序号	实训内容	填写内容	状态变化 变化前	状态变化 变化后	操作步骤
1	灭灯模式下，红灯断丝	S0320 DDJ	吸起	吸起	1. 教师机设置 ZC 正常，DDJ 吸起； 2. 在 SES 上的断点故障设置中选择 S0320 信号机，设置故障点 6 红灯断丝故障
		S0320 红灯	灭	灭	
		控显机	灭灯状态	灭灯状态	
2	红灯下，红灯断丝	S0320 红灯	亮	灭	1. 教师机设置 ZC 故障，DDJ 落下，亮红灯； 2. 在 SES 上的断点故障设置中选择 S0320 信号机，设置故障点 6 红灯断丝故障
		S0320 DJ	吸起	落下	
		控显机	亮红灯	1. 报警"红灯断丝"； 2. 红灯闪烁	
3	恢复红灯断丝	S0320 红灯	灭	亮	在 SES 上的断点故障设置中选择 S0320 信号机，恢复故障点 6 红灯断丝故障
		S0320 DJ	落下	吸起	
		控显机	红灯闪烁	亮红灯	
4	绿灯下，绿灯断丝	S0320 绿灯	亮	灭	1. 教师机设置 ZC 故障，S0320 亮红灯； 2. 排列直向进路使 S0320 亮绿灯； 3. 在 SES 上的断点故障设置中选择 S0320 信号机，设置故障点 7 绿灯断丝故障
		S0320 红灯	灭	改驱红灯前灭；改驱红灯后亮	
		S0320 DJ	吸起	改驱红灯前落下；改驱红灯后吸起	
		控显机	亮绿灯	1. 报警"绿灯断丝"，改驱红灯； 2. 红灯闪烁	
5	恢复绿灯断丝	S0320 绿灯	灭	信号重开前灭；信号重开后亮	1. 恢复 S0320 信号机故障点 7 绿灯断丝故障； 2. 信号重开
		S0320 红灯	亮	信号重开后灭	
		控显机	红灯闪烁	信号重开前红灯闪烁；信号重开后亮绿灯	
6	黄灯下，黄灯断丝	S0320 黄灯	亮	灭	1. 教师机设置 ZC 故障，S0320 亮红灯； 2. 排列侧向进路使 S0320 亮黄灯； 3. 在 SES 上的断点故障设置中选择 S0320 信号机，设置故障点 8 黄灯断丝故障
		S0320 红灯	灭	改驱红灯前灭；改驱红灯后亮	
		S0320 DJ	吸起	改驱红灯前落下；改驱红灯后吸起	
		控显机	亮黄灯	1. 报警"黄灯断丝"，改驱红灯； 2. 红灯闪烁	

续表

序号	实训内容	填写内容	状态变化		操作步骤
			变化前	变化后	
7	恢复黄灯断丝	S0320 黄灯	灭	信号重开前灭；信号重开后亮	1.恢复S0320信号机故障点8黄灯断丝故障； 2.信号重开
		S0320 红灯	亮	信号重开后灭	
		控显机	红灯闪烁	信号重开前红灯闪烁；信号重开后亮黄灯	
8	红黄灯下，红灯断丝	S0320 黄灯	亮	灭	1.教师机设置ZC故障，S0320亮红灯； 2.排列引导进路使S0320亮红黄灯； 3.在SES上的断点故障设置中选择S0320信号机，设置故障点6红灯断丝故障
		S0320 红灯	亮	灭	
		S0320 DJ	吸起	落下	
		S0320 2DJ	吸起	落下	
		控显机	亮黄灯	1.报警"引导故障"，改驱红灯； 2.报警"红灯断丝"； 3.红灯闪烁	
9	红黄灯引导下，恢复红灯断丝	S0320 红灯	灭	亮	1.恢复S0320信号机故障点6红灯断丝故障； 2.排列引导进路
		S0320 黄灯	灭	排列引导进路前灭；排列引导进路后亮	
		S0320 DJ	落下	吸起	
		S0320 2DJ	落下	排列引导进路前落下；排列引导进路后吸起	
		控显机	红灯闪烁	排列引导进路前红灯闪烁；排列引导进路后亮红黄灯	
10	红黄灯下，黄灯断丝	S0320 黄灯	亮	灭	1.教师机设置ZC故障，S0320亮红灯； 2.排列引导进路使S0320亮红黄灯； 3.在SES上的断点故障设置中选择S0320信号机，设置故障点8黄灯断丝故障
		S0320 红灯	亮	亮	
		S0320 DJ	吸起	吸起	
		S0320 2DJ	吸起	落下	
		控显机	亮黄灯	1.报警"引导故障"，改驱红灯； 2.红灯闪烁	

续表

序号	实训内容	填写内容	状态变化		操作步骤
			变化前	变化后	
11	红黄灯引导下,恢复黄灯断丝	S0320 红灯	亮	亮	1.恢复 S0320 信号机故障点 8 黄灯断丝故障; 2.排列引导进路
		S0320 黄灯	灭	排列引导进路前灭;排列引导进路后亮	
		S0320 DJ	吸起	吸起	
		S0320 2DJ	落下	排列引导进路前落下;排列引导进路后吸起	
		控显机	红灯闪烁	排列引导进路前红灯闪烁;排列引导进路后亮红黄灯	

四、职业规范要求

（1）认真分析工作任务,熟悉工作要求,在规定时间内完成交付的工作。

（2）遇到问题主动寻求解决问题的最优方法,及时向老师和同学请教。

（3）在任务实施之前,首先要根据任务要求详细分析工作内容,进行详细的工作任务规划。

（4）工作完成后要及时编写工作日志和总结反思。其中:工作日志要简单记录实施时间周期、完成的工作内容;总结反思则重点描写实施该工单的所学、所做、所想,特别是自己的收获和心得。

参考文献:南京铁信科技股份有限公司 DS6-K5B 型计算机联锁仿真系统维保实训指导书 V1.0。

任务 3　25 Hz 相敏轨道电路测试与故障处理

工单（NO.2 LS-ZHSX-03）

工作任务单			
工单编号	NO.2 LS-ZHSX-03	工单名称	25 Hz 相敏轨道电路测试与故障处理
面向专业	信号类专业	职业岗位	信号工
实施方式	实际操作	考核方式	结果与过程综合
工单难度	一般	前序工单	无
工单分值	100	完成时限	6 学时
单人/分组	分组	每组人数	5～6 人
考核点	设备故障处理		
工单简介	25 Hz 相敏轨道电路识读； 25 Hz 相敏轨道电路工作参数测试； 25 Hz 相敏轨道电路故障处理		
设备环境	计算机联锁系统实训室		
教学方法	在常规课程工单制教学当中采用教师示范操作、学生分组练习、教师监督纠错的学、练、教相融合的方式，训练学生 25 Hz 相敏轨道电路测试与故障处理的能力		
用途说明	本工单可用于 25 Hz 相敏轨道电路工作参数测试与故障处理实训，目的是提高学生轨道电路故障分析与处理的实践操作能力，培养学生自我学习、分析解决实际问题的能力		
实施人员信息			
姓名		班级		学号		电话	
小组		组长		岗位分工		组员	

任务目标

实施该工单的任务目标如下：

【知识目标】

(1) 掌握 25 Hz 相敏轨道电路的工作原理。

(2) 掌握 25 Hz 相敏轨道电路测试的内容。

(3) 掌握 ME25/50 相敏轨道电路测试表，CT268A 型轨道电路相位、极性交叉检查仪等专用仪表的使用方法。

(4) 掌握 25 Hz 相敏轨道电路工作参数的测试方法。

(5) 熟练 25 Hz 相敏轨道电路故障处理流程。

【能力目标】

(1) 能够正确使用 ME25/50 相敏轨道电路测试表，CT268A 型轨道电路相位、极性交叉检查仪等专用仪表。

(2) 能够正确测试 25 Hz 相敏轨道电路的工作参数。

(3) 能够进行故障设置，并能按照故障处理程序处理故障，熟练掌握故障处理流程。

【素养含思政目标】

(1) 能够严格按照文中的职业规范要求进行工单实施。

(2) 培养学生自学、分析解决实际问题的能力。

(3) 培养学生的团队合作意识和沟通能力。

任务介绍

1. 任务描述：

(1) 25 Hz 相敏轨道电路工作参数测试。

①送、受端变压器Ⅰ、Ⅱ次电压测试。

②限流器电压测试。

③送、受端轨面电压测试。

④轨道继电器端电压和相位测试。

⑤分路残压测试。

⑥轨道绝缘检查测试。

⑦送、受端 BE 不平衡电流检查测试。

⑧扼流变压器 BE 的Ⅰ、Ⅱ次线圈间绝缘检查。

⑨极性交叉检查测试。

⑩入口电流测试调整。

(2) 25 Hz 相敏轨道电路故障处理。

2. 任务要求：

(1) 实训前，对 25 Hz 相敏轨道电路理论知识点进行复习和梳理。

(2) 按照规范流程对 25 Hz 相敏轨道电路的工作参数进行测试。

(3) 在软件界面上人为设置故障，结合控制台表示指示灯和继电器的状态，用万用表进行测量，查找故障点。

(4) 实训操作时注意安全,及时记录实训期间的故障现象和测试数据。
(5) 按要求完成本任务的实训内容,掌握实训方法;组内成员均需独立完成。

任务资讯(20 分)

(4 分)1. 简述 25 Hz 相敏轨道电路的组成,并简述其工作原理。

(3 分)2. 准备好 ME25/50 相敏轨道电路测试表,CT268A 型轨道电路相位、极性交叉检查仪等专用仪表。

(10 分)3. 25 Hz 相敏轨道电路主要的测试内容有哪些?

(3 分)4. 如何人为设置 25 Hz 相敏轨道电路故障?

任务规划(20 分)

(7 分)1. 认识 ME25/50 相敏轨道电路测试表,CT268A 型轨道电路相位、极性交叉检查仪等专用仪表。

（10 分）2. 总结 25 Hz 相敏轨道电路各工作参数的测试方法。

（3 分）3. 25 Hz 相敏轨道电路设备上电。

实施步骤规划：
（1）开启计算机，登录软件，进入软件界面；按照上电顺序将组合柜开启。
（2）进行灯位转换，观察正常情况下各继电器的状态，并选用专用仪表测试正常的工作参数。
（3）在软件界面上人为设置故障。
（4）结合控制台表示指示灯和继电器的状态，用万用表进行测量，查找故障点。
（5）比较查找到的故障点与设置的故障点是否对应，检验故障处理的正确性。

任务实施（40 分）

（3 分）1. 开启计算机，登录软件，进入软件界面；按照上电顺序将组合柜开启。

（15 分）2. 进行灯位转换，观察正常情况下各继电器的状态，并选用专用仪表测试正常的工作参数，及时填表记录。

(2分) 3. 在软件界面上人为设置故障。

(15分) 4. 结合控制台表示指示灯和继电器的状态,用万用表进行测量,查找故障点。

(5分) 5. 比较查找到的故障点与设置的故障点是否对应,检验故障处理的正确性。

工作日志(5分)

实施工单过程中填写如下日志。

工作日志表

日期	工作内容	问题及解决方式

总结反思(10分)
请编写完成本任务的工作总结。

思政收获(5分)
请勾选完成本任务后的思政收获。 □厚植爱国情怀 □培养安全意识 □树立强烈的民族自豪感 □培养科学精神和敬业精神 □激发强烈的创新意识 □激发学生的安全责任意识

质量监控单元(教师完成)

工单实施栏目评分表

评分项	分值	作答要求	评审规定	得分
任务资讯	20	问题回答清晰准确,能够紧扣主题,没有明显错误项	参照标准答案,错误一项扣5分,扣完为止	
任务规划	20	规划优秀可实施,没有任何细节错误	参照标准答案,错误一项扣2分,扣完为止	
任务实施	40	实施过程规范,质量符合工程标准	A类错误点一次扣3分,B类错误点一次扣2分,C类错误点一次扣1分	
其他	20	日志和问题项目填写详细,思政收获丰富深入,能够反映实际工作过程	没有填或者填写太过简单每项扣2分	
合计得分				

职业能力评分表

评分项	等级	作答要求	等级
知识评价	A/B/C	A:能够完整准确地回答任务资讯的所有问题,准确率在90%以上。 C:对基础知识掌握得非常差,任务资讯和答辩的准确率在50%以下	
能力评价	A/B/C	A:熟悉各个环节的实施步骤,完全独立地完成任务,并有能力辅助其他同学完成规定的工作任务,工作实施快速,准确率高(任务规划和任务实施准确率在85%以上)。 C:未完成任务或只完成部分任务,有问题没有积极向老师和其他同学请教,工作实施拖拉、不积极,各个部分的准确率在50%以下	
态度素养评价	A/B/C	A:不迟到、不早退,对人有礼貌,善于帮助他人,积极主动地完成规定的工作任务,工作台整洁有序,能准确回答老师提出的问题。 C:经常迟到、早退,态度不认真,未完成任务或只完成了部分任务,有问题没有积极向老师和其他同学请教,工作实施拖拉、不积极,不能准确回答老师提出的问题	

注:作答结果介于A、C之间的,等级评定为B。

教师评语栏

学习资源集

一、任务资讯

(一) 25 Hz 相敏轨道电路的测试项目、内容和周期表

25 Hz 相敏轨道电路的测试项目、内容和周期表如表 2.3.1 所示。

表 2.3.1　25 Hz 相敏轨道电路的测试项目、内容和周期表

序号	测试项目和内容	技术标准	测试周期	备注
1	25 Hz 电源屏轨道电压、局部电压及相位角;JXW-25 直流电压	轨道电压应为(220±6.6)V,局部电压应为(110±3.3)V,局部超前轨道相位角应为 90°±1°;JXW-25 直流电压应为 24(1±15%)V	每月1次	/
2	室内调整变压器电压	/	半年1次	电码化区段测试
3	送、受端变压器Ⅰ、Ⅱ次电压	/	半年1次	受电端及电码化送电端变比应固定,不得调整
4	限流器电压	/	半年1次	送电端限流电阻 Rx 应固定,不得调整
5	扼流变压器Ⅰ、Ⅱ次电压	/	半年1次	/

续表

序号	测试项目和内容	技术标准	测试周期	备注
6	送、受端轨面电压	/	半年1次	/
7	轨道继电器(JXW-25接收端)电压(有效电压)	≥15 V,输出 JXW-25 直流电压应为 20～30 V	值班点每日1次;非值班点每月1次;特殊情况加测	
8	轨道继电器相位角	按参考调整表要求		
9	分路残压	≤7.4 V;JXW-25 接收电压≤10 V,输出直流电压≤2V	半年1次	/
10	极性交叉	相邻轨道区段应正确	每年1次	/
11	轨道绝缘	绝缘应良好	每季度1次	/
12	送受端 BE 不平衡电流	≤60 A	每年1次	电化区段测试,牵引电流≤800 A
13	机车信号入口电流	1700 Hz、2000 Hz、2300 Hz,≥500 mA;2600 Hz,≥450 mA	每年1次	电码化区段测试(出口电流≤7 A)
14	电码化电码校验	电码化技术条件	每年1次	/
15	标调	/	5年1次	/

(二) 25 Hz 相敏轨道电路测试记录表

25 Hz 相敏轨道电路测试记录表如表 2.3.2 所示。

表 2.3.2　25 Hz 相敏轨道电路测试记录表

日期及天气	25 Hz 电源屏轨道电压及相角	室内调整变压器电压	送电端						受电端						JRJC₁-70/240 继电器端电压			轨道绝缘检查	极性交叉检查
			BG25		BE25						BE25		BG25						
			Ⅰ次	Ⅱ次	限流电阻压降	Ⅰ次	Ⅱ次	轨面电压	轨面电压	Ⅱ次	Ⅰ次	限流电阻压降	Ⅱ次	Ⅰ次	直流	相角	残压		
	V/β	V	V	V	V	V	V	V	V	V	V	V	V	V	V	°	V		

(三) 25 Hz 相敏轨道电路原理图

25 Hz 相敏轨道电路原理图如图 2.3.1 所示。图中 XB 为变压器箱。

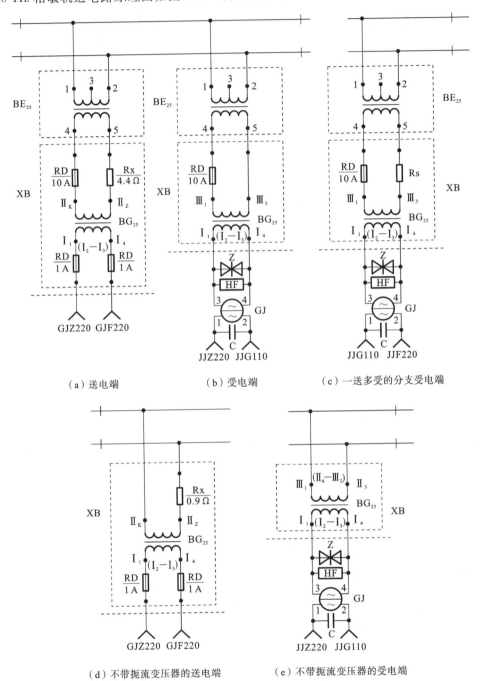

图 2.3.1 25 Hz 相敏轨道电路原理图

(四) 测试仪表说明

25 Hz 相敏轨道电路应选用专用仪表,以满足日常维修测试的需要。

1. ME25/50 相敏轨道电路测试表

ME25/50 相敏轨道电路测试表是铁路电务专用仪表,适合电务工区日常对 25 Hz(或 50 Hz)相敏轨道电路进行检测和维护使用。该仪表以数字信号处理技术为核心,采用精密的信号调理器件和点阵液晶屏。该仪表适用于室内相角测量、室外极性交叉测量以及其他工频电压(50 Hz)下的相角测量。ME25 相敏轨道电路测试表如图 2.3.2 所示。

图 2.3.2　ME25 相敏轨道电路测试表

该仪表相敏测量指标如下。
①电压真有效值测量范围:0～450 V。
②电压真有效值显示分辨力:1 mV、0.01 V、0.1 V。
③电压真有效值测量误差:±1.0%+1d。
④相角测量显示分辨力:0.1°。
⑤相角测量误差:±0.5°+1d。
⑥轨道电压有效值:
a. 25 Hz 时,等于轨道电压×sin(相角);
b. 50 Hz 时,等于轨道电压×sin(相角)。
该仪表有两路输入信号,把局部、轨道信号接入仪器的相应输入端,约 1 s,即可测出相位差、局部电压、轨道电压及轨道电压的有效值。

2. CT268A 型轨道电路相位、极性交叉检查仪

CT268A 型轨道电路相位、极性交叉检查仪的特点如下。
①适用于 25 Hz 相敏轨道电路相位角的检查。
②适用于 25 Hz 相敏轨道电路和交流连续式轨道电路邻接区段极性交叉的检查。
③有 4 条测试线,分别接于轨道电路绝缘节两端,可以方便地测试出该相邻两段轨道电路的极性是否交叉。

3. CD96-3、ME2000-B 型移频在线测试记录表(附配套电流钳)

CD96-3、ME2000-B 型移频在线测试记录表(附配套电流钳)(见图 2.3.3)除能测试 ZPW-2000、各类移频制式的电特性参数外,还可以测试 25 Hz 相敏轨道电路的以下指标:

① 25 Hz 信号基波幅值;
② 25 Hz 信号相位;
③ 25 Hz 波形失真度。

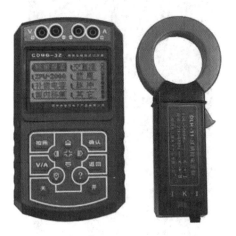

图 2.3.3　CD96-3、ME2000-B 型移频在线测试记录表(附配套电流钳)

4. CT267-C 型 25 Hz 相敏轨道电路测试盘

CT267-C 型 25 Hz 相敏轨道电路测试盘(见图 2.3.4)的特点如下。

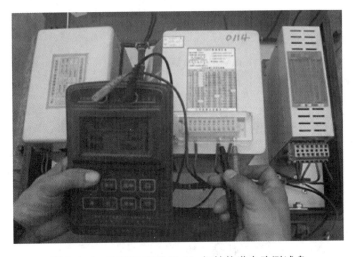

图 2.3.4　CT267-C 型 25 Hz 相敏轨道电路测试盘

① 能直接显示 25 Hz 交流电压、相位和直流电压等参数,根据站内轨道电路区段数量,分为 26 位、48 位。

② 测试盘上区分不同测试对象(轨道区段)的按钮选用带 LD 指示的电子开关。按下某轨道区段的按钮,该按钮亮灯,表示该轨道区段的电气参数已传到测试盘上。

③能同时显示该轨道区段 25 Hz 轨道电压值、该区段局部电压与轨道电压之间的相位差。当选用 JXW-25 型微电子相敏轨道电路接收器时,该测试盘还将显示接收器供给执行继电器的直流电压值。

二、方案设计

(1) 25 Hz 相敏轨道电路工作参数测试。

①送、受端变压器Ⅰ、Ⅱ次电压测试。

②限流器电压测试。

③送、受端轨面电压测试。

④轨道继电器端电压和相位测试。

⑤分路残压测试。

⑥轨道绝缘检查测试。

⑦送、受端 BE 不平衡电流检查测试。

⑧扼流变压器 BE 的Ⅰ、Ⅱ次线圈间绝缘检查。

⑨极性交叉检查测试。

⑩入口电流测试调整。

(2) 25 Hz 相敏轨道电路故障处理。

三、任务实施

(一) 25 Hz 相敏轨道电路工作参数测试

(1) 送、受端变压器Ⅰ、Ⅱ次电压测试。

测试方法是:轨道电路在调整状态,用万用表交流挡在变压器Ⅰ、Ⅱ次端子上测得,如图 2.3.5 所示。

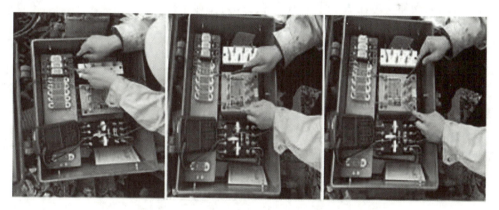

图 2.3.5　送、受端变压器Ⅰ、Ⅱ次电压测试

(2) 限流器电压测试。

测试方法是:轨道电路在调整状态,用万用表交流挡在限流器两端测得。

(3) 送、受端轨面电压测试。

测试方法是:轨道电路在调整状态,用万用表交流挡在送、受端轨面测得。

(4) 轨道继电器端电压和相位测试。

测试方法是:用带相位表的微机型 25 Hz 轨道电路测试盘直读测得,如图 2.3.6 所示。

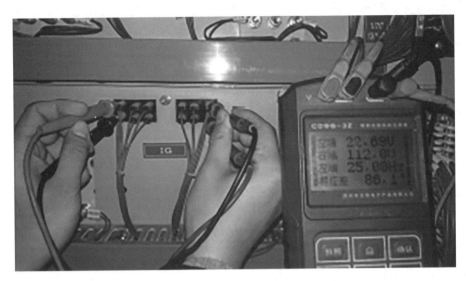

图 2.3.6 轨道继电器端电压和相位测试

(5) 分路残压测试。

测试方法是:室外用 0.06 Ω 标准分路线在轨道送端、受端、无受电分支处轨面分路时,室内在微机型 25 Hz 轨道电路测试盘上直读测得。

(6) 轨道绝缘检查测试。

在内外侧夹板分别对两轨面端进行电压测试,无电压或电压基本平衡为绝缘良好。

(7) 送、受端 BE 不平衡电流检查测试。

测试方法是:用钳形电流表在两条钢丝绳上测试电流。

(8) 扼流变压器 BE 的Ⅰ、Ⅱ次线圈间绝缘检查。

测试方法是:断电时,用摇表的两个表棒分别接 BE 的Ⅰ、Ⅱ次端子摇绝缘。

(9) 极性交叉检查测试。

测试方法是:用选频电压表在轨端绝缘处轨面测得。在电化有扼流变压器区段,两轨端绝缘处电压 U_1 与 U_4 之和约等于两轨面电压 U_2 与 U_3 之和,或轨端绝缘处电压 U_1、U_4 大于交叉电压 U_5、U_6 时,有相位交叉,如图 2.3.7 所示。另外,还可以用轨道电路极性交叉检查仪进行测量,直接通过读取相关工作参数的数值来判断邻接区段是否存在极性交叉。

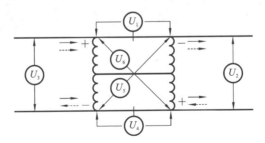

图 2.3.7 极性交叉检查测试图

(10) 入口电流测试。

测试方法是：顺着列车运行方向，在列车最先进入区段的一端，用标准分路线短路轨面，分路线卡在 CD96 型系列移频在线测试记录表的电流钳内，所显示电流值即为入口电流。注意：应选在"天窗"时间内进行该项测试，以防止受不平衡牵引电流干扰；站内电码化需在发码条件下测试，不同的发码设备要选用相应的频段。预叠加 ZPW-2000 电码化的发送部分框图如图 2.3.8 所示。

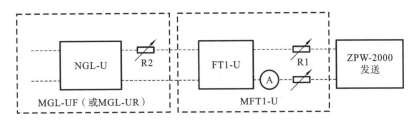

图 2.3.8 预叠加 ZPW-2000 电码化的发送部分框图

(二) 25 Hz 相敏轨道电路故障处理
(1) 在软件界面上设置故障；
(2) 结合控制台表示指示灯和继电器的状态，用万用表进行测量，查找故障点；
(3) 比较查找到的故障点与设置的故障点是否对应，检验故障处理的正确性；
(4) 根据实验情况如实填写故障验证表（见表 2.3.3）；

表 2.3.3 故障验证表

故障号	故障现象	排查过程	排查结果
1			
2			
3			
4			
5			
6			
7			
8			

(5) 实验结束，清除故障，退出登录。

四、职业规范要求
(1) 认真分析工作任务，熟悉工作要求，在规定时间内完成交付的工作。
(2) 遇到问题主动寻求解决问题的最优方法，及时向老师和同学请教。
(3) 在任务实施之前，首先要根据任务要求详细分析工作内容，进行详细的工作任务规划。
(4) 工作完成后要及时编写工作日志和总结反思。其中：工作日志要简单记录实施时间周期、完成的工作内容；总结反思则重点描写实施该工单的所学、所做、所想，特别是自己的收获和心得。

任务4　TAZ Ⅱ型计轴机柜综合实训

工单（NO.2 LS-ZHSX-04）

工作任务单			
工单编号	NO.2 LS-ZHSX-04	工单名称	TAZ Ⅱ型计轴机柜综合实训
面向专业	信号类专业	职业岗位	信号工
实施方式	实际操作	考核方式	结果与过程综合
工单难度	中等	前序工单	无
工单分值	100	完成时限	6学时
单人/分组	分组	每组人数	5～6人
考核点	设备故障处理		
工单简介	计轴机柜上电操作； 计轴占用出清原理及操作； 计轴预复位原理及操作； 计轴机柜断电故障分析		
设备环境	计算机联锁系统实训室		
教学方法	在常规课程工单制教学当中采用教师示范操作、学生分组练习、教师监督纠错的学、练、教相融合的方式，训练学生计轴机柜基本操作和综合故障分析能力		
用途说明	本工单可用于TAZ Ⅱ型计轴机柜综合实训，目的是提高学生TAZ Ⅱ型计轴机柜基本操作实践和断电故障分析能力，培养学生自我学习、分析解决实际问题的能力		
实施人员信息			
姓名		班级		学号		电话	
小组		组长		岗位分工		组员	

任务目标

实施该工单的任务目标如下：

【知识目标】
(1) 掌握计轴机柜上电操作步骤。
(2) 掌握计轴占用出清的原理。
(3) 掌握计轴占用出清的操作方法。
(4) 掌握计轴预复位的原理。
(5) 掌握计轴预复位的操作方法。
(6) 掌握计轴机柜断电故障分析方法。

【能力目标】
(1) 能够实现对计轴机柜的正常开关机操作。
(2) 能够实现计轴区段的占用出清操作。
(3) 能够实现计轴预复位操作。

【素养含思政目标】
(1) 能够严格按照文中的职业规范要求进行工单实施。
(2) 培养学生自学、分析解决实际问题的能力。
(3) 培养学生的团队合作意识和沟通能力。

任务介绍

1. 任务描述：
(1) 完成计轴机柜的上电操作。
(2) 完成计轴占用出清的操作。
(3) 完成计轴预复位的操作。
(4) 完成计轴机柜断电故障分析。

2. 任务要求：
(1) 实训前,对计轴系统的理论知识点进行复习和梳理。
(2) 按照规范流程对计轴机柜进行操作。
(3) 按照实训要求对计轴机柜断电故障进行分析。
(4) 实训操作时注意安全,及时记录实训期间的操作步骤和实验现象。
(5) 按要求完成本任务的实训内容,掌握实训方法；组内成员均需独立完成。

任务资讯(20分)

(10分) 1. 简单阐述计轴器的工作原理。

(10分)2. 跟轨道电路相比,计轴器有何优缺点?

任务规划(20分)

(10分)1. 计轴板上设置了哪些指示灯?各指示灯的含义是什么?

(10分)2. 计轴机柜基本操作包含哪些?

实施步骤规划:
(1) 计轴机柜上电操作;
(2) 计轴占用出清操作;
(3) 计轴预复位操作;
(4) 计轴机柜断电故障分析。

任务实施(40分)

(5分)1. 计轴机柜上电操作。

(15分)2. 分别实现以下几种操作,观察计轴机柜指示灯的变化以及控显机计轴区段的变化:

(1) 磁头有感应物体,导致计轴占用；

(2) 计轴上有列车,导致计轴占用；

(3) 计轴负轴,导致计轴占用；

(4) 计轴区段两通道输出不一致,导致计轴占用；

(5) 计轴有预复位,导致计轴占用。

(15分)3. 利用上位机进行预复位操作；对计轴机柜进行预复位。

(5分)4. 计轴机柜断电故障分析。

工作日志(5分)

实施工单过程中填写如下日志。

工作日志表

日期	工作内容	问题及解决方式

总结反思(10分)
请编写完成本任务的工作总结。

思政收获(5分)
请勾选完成本任务后的思政收获。 □厚植爱国情怀 □培养安全意识 □树立强烈的民族自豪感 □培养科学精神和敬业精神 □激发强烈的创新意识 □激发学生的安全责任意识

质量监控单元(教师完成)

工单实施栏目评分表

评分项	分值	作答要求	评审规定	得分
任务资讯	20	问题回答清晰准确,能够紧扣主题,没有明显错误项	参照标准答案,错误一项扣5分,扣完为止	
任务规划	20	规划优秀可实施,没有任何细节错误	参照标准答案,错误一项扣2分,扣完为止	
任务实施	40	实施过程规范,质量符合工程标准	A类错误点一次扣3分,B类错误点一次扣2分,C类错误点一次扣1分	
其他	20	日志和问题项目填写详细,思政收获丰富深入,能够反映实际工作过程	没有填或者填写太过简单每项扣2分	
合计得分				

职业能力评分表

评分项	等级	作答要求	等级
知识评价	A/B/C	A:能够完整准确地回答任务资讯的所有问题,准确率在90%以上。 C:对基础知识掌握得非常差,任务资讯和答辩的准确率在50%以下	
能力评价	A/B/C	A:熟悉各个环节的实施步骤,完全独立地完成任务,并有能力辅助其他同学完成规定的工作任务,工作实施快速、准确率高(任务规划和任务实施准确率在85%以上)。 C:未完成任务或只完成部分任务,有问题没有积极向老师和其他同学请教,工作实施拖拉、不积极,各个部分的准确率在50%以下	
态度素养评价	A/B/C	A:不迟到、不早退,对人有礼貌,善于帮助他人,积极主动地完成规定的工作任务,工作台整洁有序,能准确回答老师提出的问题。 C:经常迟到、早退,态度不认真,未完成任务或只完成了部分任务,有问题没有积极向老师和其他同学请教,工作实施拖拉、不积极,不能准确回答老师提出的问题	

注:作答结果介于A、C之间的,等级评定为B。

教师评语栏

学习资源集

一、任务资讯

(一) TAZ Ⅱ型计轴系统结构

计轴设备的工作原理是:基于对所监视的轨道区段两端计轴点驶入和驶出轮轴数的比较结果,确定该区段的占用或空闲状态。计轴系统完成列车驶入/驶出的车轮轮轴数的计数比较、方向判别、轨道区段状态(空闲、占用)条件的输出。

S295 计轴系统主要由车轮传感器、放大板、复零板、计轴板、输出板、电源板、监视板及其他附件组成主系统,主系统基本原理结构如图 2.4.1 所示。另外,S295 计轴系统自带可选独立的计轴监测子系统,计轴监测子系统独立工作于主系统,计轴监测子系统故障不影响主系统的正常工作,而且计轴监测子系统提供有外部监测系统的接口。

(二) 计轴占用出清原理

计轴设备驱采原理图如图 2.4.2 所示。计轴机柜根据磁头有无物体、轴数和有无预复位将轨道继电器(GJ)驱动成占用(落下)或出清(吸起),由联锁机柜采集该继电器的状态。

(1) 磁头有感应物体时,计轴占用。

(2) 计轴轴数不等于 0(大于 0 或负轴)时,计轴占用。

(3) 当计轴两通道计数不一致时,计轴占用。

(4) 当计轴有预复位,虽然轴数为 0,计轴还是占用。

计轴系统接入联锁系统图如图 2.4.3 所示。在计轴输出板 CL 吸起灯亮、Oc3 吸起灯亮、BRKDN 吸起灯灭、CLH 落下灯灭的情况下,GJ 才吸起表示出清。四种条件任一被破坏,GJ 落下,表示占用。

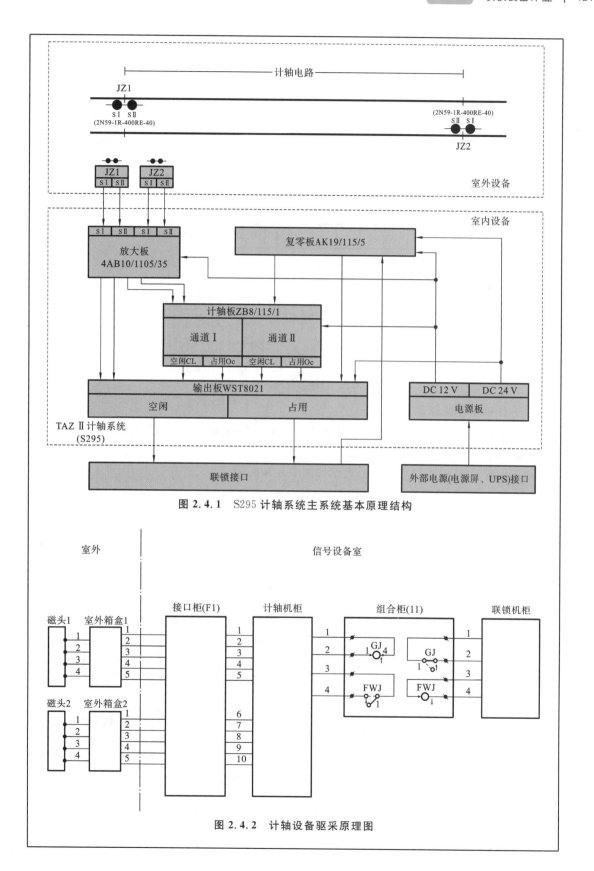

图 2.4.1 S295 计轴系统主系统基本原理结构

图 2.4.2 计轴设备驱采原理图

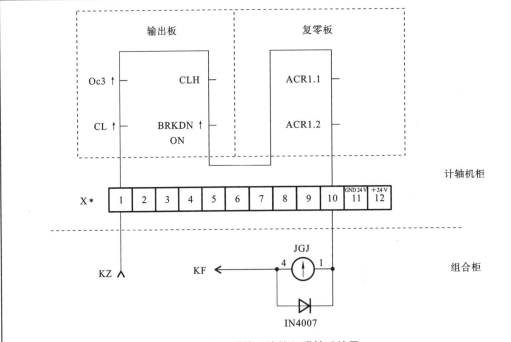

图 2.4.3 计轴系统接入联锁系统图

(三) 计轴预复位原理

计轴系统可以外接复零条件。复零信号应该持续作用至少 2 s，然后撤销，这样才能对计轴系统进行有效的复零操作。

采用内部 24 V 电源复零电路原理图如图 2.4.4 所示。

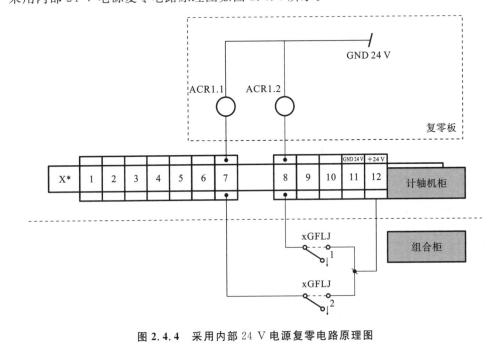

图 2.4.4 采用内部 24 V 电源复零电路原理图

(1) 上位机下达计轴预复位命令,驱动复位继电器吸起,驱动复零板实现计轴预复位。
(2) 计轴机柜通过复零板同时按压 ACR1 和 ACR2,实现计轴预复位。

二、方案设计
(1) 计轴机柜上电操作;
(2) 计轴占用出清操作;
(3) 计轴预复位操作;
(4) 计轴机柜断电故障分析。

三、任务实施
(一) 计轴机柜上电操作
计轴机柜上电操作任务实训如表 2.4.1 所示。

表 2.4.1　计轴机柜上电操作任务实训

序号	实训内容	填写内容	状态变化		操作步骤
			变化前	变化后	
1	按住 ZB8/115/1 计轴板上的按钮	填写 ZB8/115/1 计轴板上灯前后状态的变化、WST 8021 输出板上灯前后状态的变化和 HMI 人机界面上计轴前后状态的变化	1. 操作之前 ZB8/115/1 计轴板上灯的状态: BRKDN 灯:红灯。 Axle 灯:灭。 Ch 灯:灭。 256A 灯:灭。 64L 灯:灭。 32E 灯:灭。 16C 灯:灭。 8O 灯:灭。 4U 灯:灭。 2N 灯:灭。 1T 灯:灭。 Oc 灯:灭。 CL 灯:灭。 2. 操作之前 WST 8021 输出板上灯的状态: BRKDN ON 灯:灭。 CLH 灯:灭。 Oc3 灯:灭。 CL 灯:灭。 Oc2 灯:灭。 Oc1 灯:灭。 3. 操作之前 HMI 人机界面上计轴的状态: 紫色占用	1. 操作之后 ZB8/115/1 计轴板上灯的状态: BRKDN 灯:灭。 Axle 灯:灭。 Ch 灯:灭。 256A 灯:灭。 64L 灯:灭。 32E 灯:灭。 16C 灯:灭。 8O 灯:灭。 4U 灯:灭。 2N 灯:灭。 1T 灯:灭。 Oc 灯:红灯。 CL 灯:灭。 2. 操作之后 WST 8021 输出板上灯的状态: BRKDN ON 灯:灭。 CLH 灯:红灯。 Oc3 灯:灭。 CL 灯:灭。 Oc2 灯:红灯。 Oc1 灯:红灯。 3. 操作之后 HMI 人机界面上计轴的状态: 紫色占用	按住 ZB8/115/1 计轴板上 Resetan 的按钮

续表

序号	实训内容	填写内容	状态变化		操作步骤
			变化前	变化后	
2	松开 ZB8/115/1 计轴板上的按钮	填写 ZB8/115/1 计轴板上灯前后状态的变化、WST 8021 输出板上灯前后状态的变化和 HMI 人机界面上计轴前后状态的变化	1. 操作之前 ZB8/115/1 计轴板上灯的状态： BRKDN 灯：灭。 Axle 灯：灭。 Ch 灯：灭。 256A 灯：灭。 64L 灯：灭。 32E 灯：灭。 16C 灯：灭。 8O 灯：灭。 4U 灯：灭。 2N 灯：灭。 1T 灯：灭。 Oc 灯：红灯。 CL 灯：灭。 2. 操作之前 WST 8021 输出板上灯的状态： BRKDN ON 灯：灭。 CLH 灯：红灯。 Oc3 灯：灭。 CL 灯：灭。 Oc2 灯：红灯。 Oc1 灯：红灯。 3. 操作之前 HMI 人机界面上计轴的状态： 紫色占用	1. 操作之后 ZB8/115/1 计轴板上灯的状态： BRKDN 灯：灭。 Axle 灯：灭。 Ch 灯：灭。 256A 灯：灭。 64L 灯：灭。 32E 灯：灭。 16C 灯：灭。 8O 灯：灭。 4U 灯：灭。 2N 灯：灭。 1T 灯：灭。 Oc 灯：红灯。 CL 灯：灭。 2. 操作之后 WST 8021 输出板上灯的状态： BRKDN ON 灯：灭。 CLH 灯：红灯。 Oc3 灯：灭。 CL 灯：灭。 Oc2 灯：红灯。 Oc1 灯：红灯。 3. 操作之后 HMI 人机界面上计轴的状态： 紫色占用	松开 ZB8/115/1 计轴板上的按钮
3	按住 4AB10/1105/35 放大板上的 SIM Ⅰ 和 SIM Ⅱ 按钮	填写 ZB8/115/1 计轴板上灯前后状态的变化、WST 8021 输出板上灯前后状态的变化和 HMI 人机界面上计轴前后状态的变化	1. 操作之前 ZB8/115/1 计轴板上灯的状态： BRKDN 灯：灭。 Axle 灯：灭。 Ch 灯：灭。 256A 灯：灭。 64L 灯：灭。 32E 灯：灭。 16C 灯：灭。 8O 灯：灭。 4U 灯：灭。 2N 灯：灭。 1T 灯：灭。 Oc 灯：红灯。 CL 灯：灭。	1. 操作之后 ZB8/115/1 计轴板上灯的状态： BRKDN 灯：灭。 Axle 灯：灭。 Ch 灯：灭。 256A 灯：灭。 64L 灯：灭。 32E 灯：灭。 16C 灯：灭。 8O 灯：灭。 4U 灯：灭。 2N 灯：灭。 1T 灯：灭。 Oc 灯：红灯。 CL 灯：灭。	先按住 SIM Ⅰ，不松开；再按住 SIM Ⅱ，不松开

续表

序号	实训内容	填写内容	状态变化		操作步骤
			变化前	变化后	
3	按住4AB10/1105/35放大板上的SIM Ⅰ和SIM Ⅱ按钮	填写ZB8/115/1计轴板上灯前后状态的变化、WST 8021输出板上灯前后状态的变化和HMI人机界面上计轴前后状态的变化	2.操作之前WST 8021输出板上灯的状态： BRKDN ON灯：灭。 CLH灯：红灯。 Oc3灯：灭。 CL灯：灭。 Oc2灯：红灯。 Oc1灯：红灯。 3.操作之前HMI人机界面上计轴的状态： 紫色占用	2.操作之后WST 8021输出板上灯的状态： BRKDN ON灯：灭。 CLH灯：红灯。 Oc3灯：灭。 CL灯：灭。 Oc2灯：红灯。 Oc1灯：红灯。 3.操作之后HMI人机界面上计轴的状态： 紫色占用	先按住SIM Ⅰ，不松开；再按住SIM Ⅱ，不松开
4	松开4AB10/1105/35放大板上的SIM Ⅰ和SIM Ⅱ按钮	填写ZB8/115/1计轴板上灯前后状态的变化、WST 8021输出板上灯前后状态的变化和HMI人机界面上计轴前后状态的变化	1.操作之前ZB8/115/1计轴板上的状态： BRKDN灯：灭。 Axle灯：灭。 Ch灯：灭。 256A灯：灭。 64L灯：灭。 32E灯：灭。 16C灯：灭。 8O灯：灭。 4U灯：灭。 2N灯：灭。 1T灯：灭。 Oc灯：红灯。 CL灯：灭。 2.操作之前WST 8021输出板上灯的状态： BRKDN ON灯：灭。 CLH灯：红灯。 Oc3灯：灭。 CL灯：灭。 Oc2灯：红灯。 Oc1灯：红灯。 3.操作之前HMI人机界面上计轴的状态： 紫色占用	1.操作之后ZB8/115/1计轴板上的状态： BRKDN灯：灭。 Axle灯：灭。 Ch灯：黄灯。 256A灯：灭。 64L灯：灭。 32E灯：灭。 16C灯：灭。 8O灯：灭。 4U灯：灭。 2N灯：灭。 1T灯：黄灯。 Oc灯：红灯。 CL灯：灭。 2.操作之后WST 8021输出板上灯的状态： BRKDN ON灯：灭。 CLH灯：红灯。 Oc3灯：灭。 CL灯：灭。 Oc2灯：红灯。 Oc1灯：红灯。 3.操作之后HMI人机界面上计轴的状态： 紫色占用	先松开SIM Ⅰ，再松开SIM Ⅱ

续表

序号	实训内容	填写内容	状态变化		操作步骤
			变化前	变化后	
5	按住 4AB10/1105/35 放大板上的 SIM Ⅱ 和 SIM Ⅰ 按钮	填写 ZB8/115/1 计轴板上灯前后状态的变化、WST 8021 输出板上灯前后状态的变化和 HMI 人机界面上计轴前后状态的变化	1. 操作之前 ZB8/115/1 计轴板上灯的状态： BRKDN 灯：灭。 Axle 灯：灭。 Ch 灯：黄灯。 256A 灯：灭。 64L 灯：灭。 32E 灯：灭。 16C 灯：灭。 8O 灯：灭。 4U 灯：灭。 2N 灯：灭。 1T 灯：黄灯。 Oc 灯：红灯。 CL 灯：灭。 2. 操作之前 WST 8021 输出板上灯的状态： BRKDN ON 灯：灭。 CLH 灯：红灯。 Oc3 灯：灭。 CL 灯：灭。 Oc2 灯：红灯。 Oc1 灯：红灯。 3. 操作之前 HMI 人机界面上计轴的状态： 紫色占用	1. 操作之后 ZB8/115/1 计轴板上灯的状态： BRKDN 灯：灭。 Axle 灯：灭。 Ch 灯：黄灯。 256A 灯：灭。 64L 灯：灭。 32E 灯：灭。 16C 灯：灭。 8O 灯：灭。 4U 灯：灭。 2N 灯：灭。 1T 灯：黄灯。 Oc 灯：红灯。 CL 灯：灭。 2. 操作之后 WST 8021 输出板上灯的状态： BRKDN ON 灯：灭。 CLH 灯：红灯。 Oc3 灯：灭。 CL 灯：灭。 Oc2 灯：红灯。 Oc1 灯：红灯。 3. 操作之后 HMI 人机界面上计轴的状态： 紫色占用	先按住 SIM Ⅱ，不松开；再按住 SIM Ⅰ，不松开
6	松开 4AB10/1105/35 放大板上的 SIM Ⅱ 和 SIM Ⅰ 按钮	填写 ZB8/115/1 计轴板上灯前后状态的变化、WST 8021 输出板上灯前后状态的变化和 HMI 人机界面上计轴前后状态的变化	1. 操作之前 ZB8/115/1 计轴板上灯的状态： BRKDN 灯：灭。 Axle 灯：灭。 Ch 灯：黄灯。 256A 灯：灭。 64L 灯：灭。 32E 灯：灭。 16C 灯：灭。 8O 灯：灭。 4U 灯：灭。 2N 灯：灭。	1. 操作之后 ZB8/115/1 计轴板上灯的状态： BRKDN 灯：灭。 Axle 灯：灭。 Ch 灯：灭。 256A 灯：灭。 64L 灯：灭。 32E 灯：灭。 16C 灯：灭。 8O 灯：灭。 4U 灯：灭。 2N 灯：灭。	先松开 SIM Ⅱ，再松开 SIM Ⅰ

续表

序号	实训内容	填写内容	状态变化 变化前	状态变化 变化后	操作步骤
6	松开 4AB10/1105/35 放大板上的 SIM Ⅱ 和 SIM Ⅰ 按钮	填写 ZB8/115/1 计轴板上灯前后状态的变化、WST 8021 输出板上灯前后状态的变化和 HMI 人机界面上计轴前后状态的变化	1T 灯:黄灯。Oc 灯:红灯。CL 灯:灭。2.操作之前 WST 8021 输出板上灯的状态:BRKDN ON 灯:灭。CLH 灯:红灯。Oc3 灯:灭。CL 灯:灭。Oc2 灯:红灯。Oc1 灯:红灯。3.操作之前 HMI 人机界面上计轴的状态:紫色占用	1T 灯:灭。Oc 灯:灭。CL 灯:绿灯。2.操作之后 WST 8021 输出板上灯的状态:BRKDN ON 灯:灭。CLH 灯:灭。Oc3 灯:红灯。CL 灯:绿灯。Oc2 灯:灭。Oc1 灯:灭。3.操作之后 HMI 人机界面上计轴的状态:黄色空闲	先松开 SIM Ⅱ,再松开 SIM Ⅰ

(二)计轴占用出清操作

计轴占用出清操作任务实训如表 2.4.2 所示。

表 2.4.2 计轴占用出清操作任务实训

序号	实训内容	填写内容	状态变化 变化前	状态变化 变化后	操作步骤
1	磁头有感应物体,导致计轴占用	计轴机柜	放大板:DSS 灯灭。计数板:CL 灯亮。输出板:CL 灯亮,Oc3 灯亮,BRKDN ON 灯灭,CLH 灯灭	放大板:DSS 灯亮。计数板:CL 灯灭。输出板:CL 灯灭,Oc3 灯亮,BRKDN ON 灯灭,CLH 灯灭	将金属铁片放置于计轴磁头上方
		GJ	吸起	落下	
		控显机计轴区段	出清	占用	
2	计轴上有列车	计轴机柜	计数板:CL 灯亮,无轴数,Oc 灯灭。输出板:CL 灯亮,Oc3 灯亮,BRKDN ON 灯灭,CLH 灯灭	计数板:CL 灯灭,有轴数,Oc 灯亮。输出板:CL 灯灭,Oc3 灯灭,BRKDN ON 灯灭,CLH 灯亮	用 TS(列车仿真器)在该计轴区段上放置车辆
3	计轴负轴	计轴机柜	计数板:CL 灯亮,无轴数,Oc 灯灭,负轴灯灭。输出板:CL 灯亮,Oc3 灯亮,BRKDN ON 灯灭,CLH 灯灭	计数板:CL 灯灭,轴数全闪,Oc 灯亮,负轴灯亮。输出板:CL 灯灭,Oc3 灯亮,BRKDN ON 灯灭,CLH 灯灭	将金属铁片从计轴内部往外滑动

续表

序号	实训内容	填写内容	状态变化		操作步骤
			变化前	变化后	
4	计轴两通道输出不一致	计轴机柜	计数板:两通道一致,且出清。输出板:CL 灯亮,Oc3 灯亮,BRKDN ON 灯灭,CLH 灯灭	计数板:左侧,有轴数;右侧,无轴数。输出板:CL 灯灭,Oc3 灯亮,BRKDN ON 灯亮,CLH 灯灭	在 SES 上的故障设置中选择机柜的计轴计数板,设置两通道不一致故障
5	计轴预复位	计轴机柜	计数板:CL 灯亮,无轴数,Oc 灯灭。输出板:CL 灯亮,Oc3 灯亮,BRKDN ON 灯灭,CLH 灯灭	计数板:灭,无轴数,Oc 灯亮。输出板:CL 灯灭,Oc3 灯灭,BRKDN ON 灯灭,CLH 灯亮	通过计轴机柜复零板设置计轴预复位

(三)计轴预复位操作

计轴预复位操作任务实训如表 2.4.3 所示。

表 2.4.3　计轴预复位操作任务实训

序号	实训内容	填写内容	状态变化		操作步骤
			变化前	变化后	
1	上位机进行预复位操作	FWJ	落下	吸起	利用控显机对占用的道岔和轨道设置计轴预复位命令
		计轴机柜计数板	有轴数;Oc 灯亮,CL 灯灭	轴数清空;Oc 灯亮,CL 灯灭	
		计轴机柜复零板	对应计轴区段 ACR1 和 ACR2 指示灯灭	对应计轴区段 ACR1 和 ACR2 指示灯亮	
2	计轴机柜进行计轴预复位	FWJ	落下	落下	同时按压对应区段复零板的 ACR1 和 ACR2
		计轴机柜计数板	有轴数;Oc 灯亮,CL 灯灭	轴数清空;Oc 灯亮,CL 灯灭	
		计轴机柜复零板	对应计轴区段 ACR1 和 ACR2 指示灯灭	对应计轴区段 ACR1 和 ACR2 指示灯亮	

(四)计轴机柜断电故障

(1)在 SES 界面点击"开始"按钮,在下拉框(见图 2.4.5)点击"故障设置"选项,进入故障设置界面。

(2)鼠标在"可设置故障"栏左键选择"断电"按钮,点击"设置故障"按钮。此时"断电"按钮移到已设故障栏。同理,移除故障时,先选中故障,再点击"移除故障"按钮。计轴机柜断电界面如图 2.4.6 所示。

(3)计轴机柜灯灭。

计轴机柜灯灭任务实训如表 2.4.4 所示。

计轴机柜对应的上位机上的计轴显示紫色占用状态。

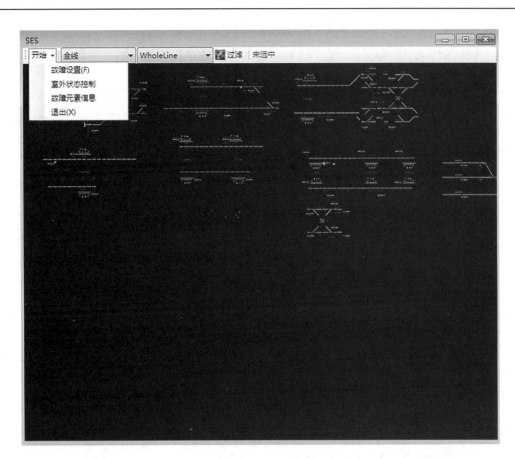

图 2.4.5 SES 界面

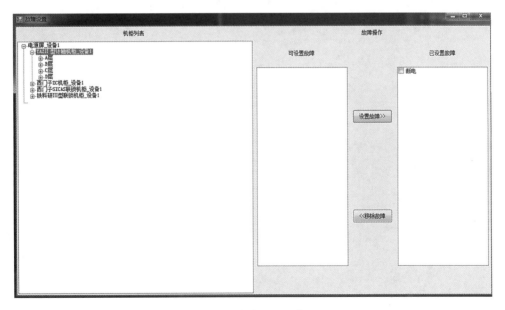

图 2.4.6 计轴机柜断电界面

表 2.4.4 计轴机柜灯灭任务实训

实训内容	填写内容	状态变化(不考虑故障前)	操作步骤
观察计轴机柜的变化	设置机柜断电故障	电源灯:灭	在 SES 界面设置机柜断电故障
		SUP1,灭;SUP2,灭;SUP3,灭;SUP4,灭;SUP5,灭;SUP6,灭	
		ZB8/115/1 计轴板:BRKDN 灯,灭;Axle 灯,灭;Ch 灯,灭;256A 灯,灭;64L 灯,灭;32E 灯,灭;16C 灯,灭;8O 灯,灭;4U 灯,灭;2N 灯,灭;1T 灯,灭;Oc 灯,灭;CL 灯,灭	
		WST 8021 输出板;BRKDN ON 灯,灭;CLH 灯,灭;Oc3 灯,灭;CL 灯,灭;Oc2 灯,灭;Oc1 灯,灭	

四、职业规范要求

(1) 认真分析工作任务,熟悉工作要求,在规定时间内完成交付的工作。

(2) 遇到问题主动寻求解决问题的最优方法,及时向老师和同学请教。

(3) 在任务实施之前,首先要根据任务要求详细分析工作内容,进行详细的工作任务规划。

(4) 工作完成后要及时编写工作日志和总结反思。其中:工作日志要简单记录实施时间周期、完成的工作内容;总结反思则重点描写实施该工单的所学、所做、所想,特别是自己的收获和心得。

参考文献:(1) 南京铁信科技股份有限公司 DS6-K5B 型计算机联锁仿真系统维保实训指导书 V1.0;

(2) 提芬巴赫 TAZ Ⅱ 型计轴实训指导书。

任务5　DS6-K5B型计算机联锁机柜综合实训

工单(NO.2 LS-ZHSX-05)

工作任务单			
工单编号	NO.2 LS-ZHSX-05	工单名称	DS6-K5B型计算机联锁机柜综合实训
面向专业	信号类专业	职业岗位	信号工
实施方式	实际操作	考核方式	结果与过程综合
工单难度	较难	前序工单	无
工单分值	100	完成时限	14学时
单人/分组	分组	每组人数	5～6人
考核点	设备故障处理		
工单简介	DS6-K5B型计算机联锁机柜上电操作,联锁机两重系故障分析,联锁机与电子终端连接光缆认知,FSIO板故障处理,电子终端两重系故障分析；联锁机断电故障实训,PIO背板接口实训		
设备环境	DS6-K5B型计算机联锁系统实训室		
教学方法	在常规课程工单制教学当中采用教师示范操作、学生分组练习、教师监督纠错的学、练、教相融合的方式,训练学生DS6-K5B型计算机联锁机柜综合故障分析与处理的能力		
用途说明	本工单可用于DS6-K5B型计算机联锁机柜综合实训,目的是提高学生计算机联锁系统实践操作能力,培养学生自我学习、分析解决实际问题的能力		
实施人员信息			
姓名		班级		学号		电话	
小组		组长		岗位分工		组员	

任务目标

实施该工单的任务目标如下：

【知识目标】
(1) 掌握 DS6-K5B 型计算机联锁机柜开启方法。
(2) 掌握 DS6-K5B 型计算机联锁机柜根据"故障-安全"原则采取的两重系结构设计。
(3) 掌握联锁机与电子终端连接收发光缆的作用。
(4) 掌握 FSIO 板故障后的故障现象，学会判断故障。
(5) 掌握电子终端两重结构设计，以及故障判别方法。
(6) 掌握逻辑电源和接口电源与联锁机柜的关系。
(7) 掌握 PIO 背板的接口和拔出后的影响。

【能力目标】
(1) 会正确开启 DS6-K5B 型计算机联锁机柜。
(2) 能够辨识联锁机柜中各板卡及其他组成部分。
(3) 能够分析并处理 FSIO 板故障、电子终端故障等其他与联锁机柜相关的故障。

【素养含思政目标】
(1) 能够严格按照文中的职业规范要求进行工单实施。
(2) 培养学生自学、分析解决实际问题的能力。
(3) 培养学生的团队合作意识和沟通能力。

任务介绍

1. 任务描述：
(1) 完成 DS6-K5B 型计算机联锁机柜认知和开机操作。
(2) 完成 DS6-K5B 型计算机联锁机柜故障分析与处理。

2. 任务要求：
(1) 实训前，对 DS6-K5B 型计算机联锁系统理论知识点进行复习和梳理。
(2) 按照规范流程对 DS6-K5B 型计算机联锁机柜进行上电。
(3) 实训操作时注意安全，及时记录实训期间的故障现象和测试数据。
(4) 按要求完成本任务的实训内容，掌握实训方法；组内成员均需独立完成。

任务资讯（20 分）

(5 分) 1. 简述 DS6-K5B 型计算机联锁机柜的整体结构，并画出结构简图。

（3分）2. 简述DS6-K5B型计算机联锁两重系结构的原理。

（3分）3. 联锁机与电子终端如何实现连接？

（3分）4. FSIO板的作用是什么？

（3分）5. 如何理解电子终端两重系结构？

（3分）6. 请简述逻辑电源和接口电源与联锁机柜的关系。

任务规划(20分)

（5分）1. 说明 DS6-K5B 型计算机联锁机柜的组成部分和作用，正确开启 DS6-K5B 型计算机联锁机柜。

（15分）2. 按照规范流程，分析 FSIO 板故障、电子终端故障等其他与联锁机柜相关的故障。

实施步骤规划：
(1) DS6-K5B 型计算机联锁机柜上电；
(2) 检查联锁机柜各板卡指示灯的状态及光缆电缆的连接情况；
(3) 人为设置故障或拔下板卡，根据故障现象进行故障分析，判断是板卡故障还是其他类型的故障并记录；
(4) 根据查找的结果判断故障位置并恢复故障。

任务实施(40分)

（5分）1. 逻辑 24 V 电源加电；接口 24 V 电源加电；联锁双系分别插入 IC 卡，加电启动；顺序将 ET-LINE 板和 PIO 背板的开关拉起加电。

（6分）2. 单系 F486 CPU 板异常，观察机柜和上位机现象；双系 F486 CPU 板异常，观察机柜和上位机现象。

（5分）3. 识别光分路器；识别光纤接口类型；在机柜中指出光纤传输路径。

（6分）4. 单系 FSIO 板故障或双系 FSIO 板故障时，分别观察本系、对系、电务维修机、控显机的状态变化。

（6分）5. 单系或双系 LINE 板异常，观察机柜、上位机、电务维修机的现象；单系或双系 PIO 背板异常，观察机柜、上位机、电务维修机的现象。

(6分)6. 在灭灯状态下,关闭接口24 V电源,观察电务维修机、继电器和控显机的现象;关闭逻辑24 V电源,观察电务维修机、控显机的变化。

(6分)7. 拔掉J1,观察电务维修机、控显机的现象;拔掉J2,观察电务维修机、组合柜和控显机的现象;拔掉J3,观察电务维修机、控显机的现象。

工作日志(5分)

实施工单过程中填写如下日志。

工作日志表

日期	工作内容	问题及解决方式

总结反思(10 分)

请编写完成本任务的工作总结。

思政收获(5 分)

请勾选完成本任务后的思政收获。
☐ 厚植爱国情怀
☐ 培养安全意识
☐ 树立强烈的民族自豪感
☐ 培养科学精神和敬业精神
☐ 激发强烈的创新意识
☐ 激发学生的安全责任意识

质量监控单元(教师完成)

工单实施栏目评分表

评分项	分值	作答要求	评审规定	得分
任务资讯	20	问题回答清晰准确,能够紧扣主题,没有明显错误项	参照标准答案,错误一项扣5分,扣完为止	
任务规划	20	规划优秀可实施,没有任何细节错误	参照标准答案,错误一项扣2分,扣完为止	
任务实施	40	实施过程规范,质量符合工程标准	A类错误点一次扣3分,B类错误点一次扣2分,C类错误点一次扣1分	
其他	20	日志和问题项目填写详细,思政收获丰富深入,能够反映实际工作过程	没有填或者填写太过简单每项扣2分	
合计得分				

职业能力评分表

评分项	等级	作答要求	等级
知识评价	A/B/C	A:能够完整准确地回答任务资讯的所有问题,准确率在90%以上。 C:对基础知识掌握得非常差,任务资讯和答辩的准确率在50%以下	
能力评价	A/B/C	A:熟悉各个环节的实施步骤,完全独立地完成任务,并有能力辅助其他同学完成规定的工作任务,工作实施快速,准确率高(任务规划和任务实施准确率在85%以上)。 C:未完成任务或只完成部分任务,有问题没有积极向老师和其他同学请教,工作实施拖拉、不积极,各个部分的准确率在50%以下	
态度素养评价	A/B/C	A:不迟到、不早退,对人有礼貌,善于帮助他人,积极主动地完成规定的工作任务,工作台整洁有序,能准确回答老师提出的问题。 C:经常迟到、早退,态度不认真,未完成任务或只完成了部分任务,有问题没有积极向老师和其他同学请教,工作实施拖拉、不积极,不能准确回答老师提出的问题	

注:作答结果介于A、C之间的,等级评定为B。

教师评语栏

学习资源集

一、任务资讯

（一）DS6-K5B型计算机联锁机柜的结构

DS6-K5B型计算机联锁系统的内部结构如图2.5.1所示。DS6-K5B型计算机联锁机柜由逻辑24 V电源和接口24 V电源分别向机柜和驱动继电器供电。

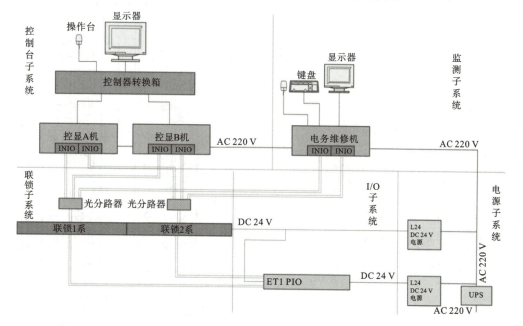

图2.5.1 DS6-K5B型计算机联锁系统的内部结构

联锁逻辑部IPU6板负责将逻辑24 V转换为5 V，以供联锁逻辑部板卡使用。

电子终端由 LINE2 板内部的电源模块把输入的逻辑 24 V 转换为 5 V,供自己的光电转换电路和 PIO2-LOG 板的总线传输使用。PIO2-LOG 板的遮光板内的开关可以控制单个 PIO2-LOG 板的开关。

(二)联锁机两重系

联锁机由两重系组成,以主从方式并行运行。每一系采用故障-安全的双 CPU 处理器,两系之间通过并行接口(FIFO)建立的高速通道交换信息,实现两重系的同步和切换。

联锁机每一系通过 FSIO 板各用一对光缆经过光分路器与两台控显机相连,使联锁机的每一系都能够分别与两台控显机通信。联锁机每一系用一对光缆分别与监测机的两个光通信接口相连,联锁机每一系的维护信息分别送到电务维修机。

联锁主机在每个处理周期的起始时刻向从系发出同步信号,令从系与主系保持周期同步。联锁机主从系交换处理结果,从系取与主系一致的结果输出。

(三)联锁机与电子终端之间的连接

联锁机与电子终端之间的连接如图 2.5.2 所示。

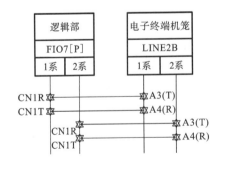

(a)连接

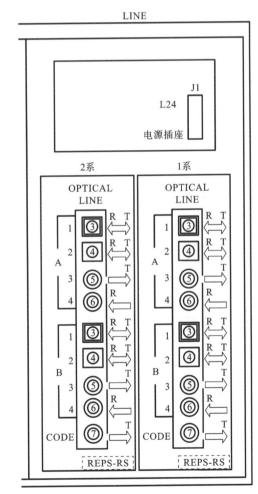

(b)电子终端

图 2.5.2 联锁机与电子终端之间的连接

第一层的 LINE2 板的 A3 为发送光纤接口插座，A4 为接收光纤接口插座，分别与各系的 FIO7[P] 板的 CN1R 和 CN1T 连接。在 FIO7[P] 板的发送光缆或 LINE2 板的接收光缆被拔出后，电子终端的 LINE2 板接收不到来自 CPU 板运算产生的输出命令，所以也无法采集继电器状态通过 FSIO 板还给 CPU 板。在 FIO7[P] 板的接收光缆或 LINE2 板的发送光缆被拔出后，LINE2 板能收到 CPU 板的输出命令，能驱动和采集继电器，但 FSIO 板收不到该状态信息，CPU 板认为所有继电器都处于落下状态。

（四）FSIO 板

FSIO 板工作原理图如图 2.5.3 所示。

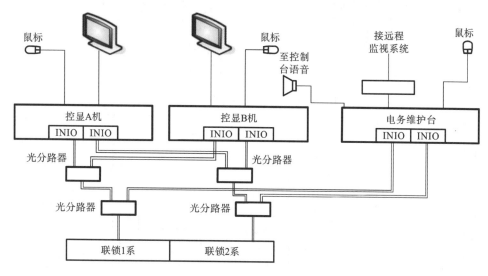

图 2.5.3　FSIO 板工作原理图

FSIO 板是联锁逻辑部与电子终端及控显机、电务维修机之间的通信板，通过光分路器将控制显示软件包、监测软件包、通信软件包分别发给控显机和电务维修机。

（五）电子终端两重系结构

电子终端也是两重系结构，安装在 ET 机笼内。每个 ET 机笼内安装一对 ET-LINE 板（通信模块），并用两根两芯光缆与联锁 2 系的 FIO7[P] 板接口的一个 ET-NET 线路连接。

联锁机两重系的输出均发送给电子终端，电子终端每一系的输入都发送给联锁机的二重系。这种冗余的连接方式保证任何一部分的单系发生故障，系统都能正常运行。

（六）逻辑、接口电源与联锁机柜的关系

逻辑、接口电源与联锁机柜的关系如图 2.5.4 所示。

逻辑 24 V 电源分别为联锁机和电子终端供电，接口 24 V 电源给 PIO 背板提供驱动继电器电源。

（七）PIO 背板接口

PIO 背板接口如图 2.5.5 所示。

在图 2.5.5 中，J1 为采集电缆插座；J2 为驱动电缆插座；J3 为接口 24 V 电源插座，通过 PIO 背板的输出端口驱动继电器或通过 PIO 背板的采集端口采集设备状态；J4、J5 为机笼内部地板的跨接线接口，与外部无关。

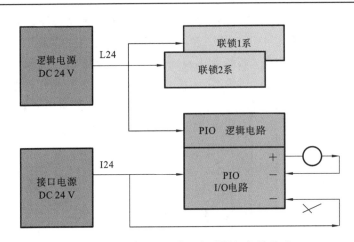

图 2.5.4 逻辑、接口电源与联锁机柜的关系

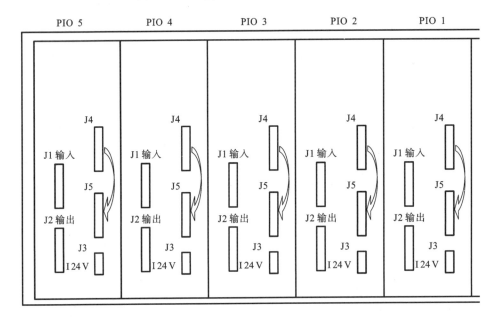

图 2.5.5 PIO 背板接口

二、方案设计

(1) DS6-K5B 型计算机联锁机柜上电;

(2) 联锁机两重系故障分析;

(3) FSIO 板故障分析;

(4) 电子终端故障分析;

(5) 联锁机柜断电故障分析;

(6) PIO 背板故障分析。

三、任务实施

(一) DS6-K5B 型计算机联锁机柜上电

DS6-K5B 型计算机联锁机柜上电任务实训如表 2.5.1 所示。

表 2.5.1 DS6-K5B 型计算机联锁机柜上电任务实训

序号	实训内容	填写内容	状态变化 变化前	状态变化 变化后	操作步骤
1	逻辑 24 V 电源加电	输出电压	无显示	有电压显示	将逻辑 24 V 电源的电源开关闭合
1	逻辑 24 V 电源加电	输出电流	无显示	有电流显示	将逻辑 24 V 电源的电源开关闭合
1	逻辑 24 V 电源加电	上电指示灯	灭	绿色	将逻辑 24 V 电源的电源开关闭合
1	逻辑 24 V 电源加电	工作指示灯	灭	绿色	将逻辑 24 V 电源的电源开关闭合
1	逻辑 24 V 电源加电	故障指示灯	灭	灭	将逻辑 24 V 电源的电源开关闭合
2	接口 24 V 电源加电	输出电压	无显示	有电压显示	将接口 24 V 电源的电源开关闭合
2	接口 24 V 电源加电	输出电流	无显示	有电流显示	将接口 24 V 电源的电源开关闭合
2	接口 24 V 电源加电	工作指示灯	灭	绿色	将接口 24 V 电源的电源开关闭合
2	接口 24 V 电源加电	故障指示灯	灭	灭	将接口 24 V 电源的电源开关闭合
2	接口 24 V 电源加电	输入指示灯	灭	绿色	将接口 24 V 电源的电源开关闭合
3	联锁逻辑部加电	IPU6 板	电源指示灯:灭	电源指示灯:绿色	将联锁逻辑部 IPU6 板开关闭合
3	联锁逻辑部加电	F486 CPU 板	所有指示灯:灭	指示灯正常最终状态:D7,灭;D0,亮是联锁 1 系,灭是联锁 2 系;D1,亮是主系,灭是备系;D2,亮表示两系不同步,灭表示两系同步;D3,亮;D4,闪;D5,闪;D6,灭;D7,灭;WT,闪;BO,灭;FLH,亮;FLL,亮;BER,灭;MI,灭;DC,灭;WR,灭;IM,灭;VM,灭;II,灭;VI,灭	将联锁逻辑部 IPU6 板开关闭合
3	联锁逻辑部加电	FSIO 板	所有指示灯:灭	指示灯正常最终状态:D0,闪;D1,灭;D2,闪;D3,闪;D4,亮;D5,亮;D6,灭;D7,灭;T1,闪;R1 左,闪说明本系有接收,灭说明本系无接收;R1 右,闪说明对系有接收,灭说明对系无接收;T2,闪;R2 左,灭;R2 右,灭;T3,闪;R3 左,灭;R3 右,灭	将联锁逻辑部 IPU6 板开关闭合
3	联锁逻辑部加电	Z2ETH 板	所有指示灯:灭	指示灯正常最终状态:D0,灭;D1,灭;D2,灭;D3,灭;D4,灭;D5,灭;D6,灭;D7,闪;WT,灭	将联锁逻辑部 IPU6 板开关闭合
4	电子终端加电	ET-LINE 板	所有指示灯:灭	指示灯正常最终状态:NORMAL,亮;RXD,闪;TXD,闪	

续表

序号	实训内容	填写内容	状态变化		操作步骤
			变化前	变化后	
4	电子终端加电	第一对PIO背板	所有指示灯:灭	指示灯正常最终状态:SYSTEM,亮;NORMAL,亮;TXD,闪。U:D0,灭;D1,闪;D2,灭;D3,亮;D4,灭;D5,亮;D6,亮;D7,灭。V:D0,灭;D1,闪;D2,灭;D3,灭;D4,亮;D5,灭;D6,灭;D7,灭	ET-LINE板和PIO背板加电
		第二对PIO背板	所有指示灯:灭	指示灯正常最终状态:SYSTEM,亮;NORMAL,亮;TXD,闪。U:D0,灭;D1,闪;D2,灭;D3,亮;D4,灭;D5,亮;D6,亮;D7,灭。V:D0,灭;D1,闪;D2,灭;D3,灭;D4,亮;D5,灭;D6,灭;D7,灭	
		第三对PIO背板	所有指示灯:灭	指示灯正常最终状态:SYSTEM,亮;NORMAL,亮;TXD,闪。U:D0,灭;D1,闪;D2,灭;D3,亮;D4,灭;D5,亮;D6,亮;D7,灭。V:D0,灭;D1,闪;D2,灭;D3,灭;D4,亮;D5,灭;D6,灭;D7,灭	
		第四对PIO背板	所有指示灯:灭	指示灯正常最终状态:SYSTEM,亮;NORMAL,亮;TXD,闪。U:D0,灭;D1,闪;D2,灭;D3,亮;D4,灭;D5,亮;D6,亮;D7,灭。V:D0,灭;D1,闪;D2,灭;D3,灭;D4,亮;D5,灭;D6,灭;D7,灭	

(二)联锁机两重系故障

联锁机两重系故障任务实训如表2.5.2所示。

表2.5.2 联锁机两重系故障任务实训

序号	实训内容	填写内容	状态变化		操作步骤
			变化前	变化后	
1	单系CPU板故障	该CPU板	指示灯:正常	指示灯:灭	在SES中设置联锁1系CPU板异常
		本系FSIO板	D0,闪;D1,灭;D2,闪;D3,闪;D4,亮;D5,亮;D6,闪;D7,灭;T1,闪;R1左,闪;R1右,闪;T2,闪;R2左,灭;R2右,灭;T3,闪;R3左,灭;R3右,灭	D0,闪;D1,灭;D2,灭;D3,灭;D4,灭;D5,灭;D6,灭;D7,灭;T1,灭;R1左,闪;R1右,闪;T2,灭;R2左,灭;R2右,灭;T3,灭;R3左,灭;R3右,灭	

续表

序号	实训内容	填写内容	状态变化 变化前	状态变化 变化后	操作步骤
1	单系CPU板故障	对系FSIO板	D0,闪;D1,灭;D2,闪;D3,闪;D4,亮;D5,亮;D6,闪;D7,灭;T1,闪;R1左,闪;R1右,闪;T2,闪;R2左,灭;R2右,灭;T3,闪;R3左,灭;R3右,灭	D0,闪;D1,灭;D2,闪;D3,灭;D4,亮;D5,亮;D6,闪;D7,灭;T1,闪;R1左,闪;R1右,灭;T2,闪;R2左,灭;R2右,灭;T3,闪;R3左,灭;R3右,灭	在SES中设置联锁1系CPU板异常
		本系ET-LINE板	NORMAL,亮;RXD,闪;TXD,闪	NORMAL,灭;RXD,亮;TXD,灭	
		本系PIO背板	指示灯:正常	SYSTEM,亮;NORMAL,灭;TXD,灭。U:D0,灭;D1,灭;D2,灭;D3,灭;D4,亮;D5,灭;D6,灭;D7,灭。V:D0,灭;D1,灭;D2,灭;D3,灭;D4,亮;D5,灭;D6,灭;D7,灭	
2	双系CPU板故障	该CPU板	指示灯:正常	指示灯:灭	在SES中设置两系CPU板异常
		上位机	联锁正常态	联锁故障态,需要重新上电解锁	

(三) FSIO板故障

FSIO板故障任务实训如表2.5.3所示。

表2.5.3　FSIO板故障任务实训

序号	实训内容	填写内容	状态变化 变化前	状态变化 变化后	操作步骤
1	单系FSIO板故障	本系FSIO板	指示灯:正常	指示灯:灭	在SES中设置联锁1系FSIO板异常
		对系FSIO板	指示灯:正常	T1,闪;R1左,闪;R1右,灭	
		电务维修机	联锁1系,正常;联锁2系,正常	联锁1系,故障;联锁2系,正常	
		控显机	显示正常	显示正常	
2	双系FSIO板故障	本系FSIO板	指示灯:正常	指示灯:灭	在SES中设置两系FSIO板异常
		对系FSIO板	指示灯:正常	指示灯:灭	
		电务维修机	联锁1系:正常;联锁2系:正常	联锁1系:故障;联锁2系:故障	
		控显机	显示正常	显示故障	

（四）电子终端故障

电子终端故障任务实训如表 2.5.4 所示。

表 2.5.4 电子终端故障任务实训

序号	实训内容	填写内容	状态变化		操作步骤
			变化前	变化后	
1	单 LINE2 板故障	该 LINE2 板	指示灯:正常	指示灯:灭	在 SES 中设置联锁 1 系 LINE2 板异常
		该层该系 PIO 背板	指示灯:正常	SYSTEM,亮;NORMAL,灭;TXD,灭。U:D0,灭,D1,灭,D2,灭;D3,灭,D4,亮,D5,灭,D6,灭,D7,灭。V:D0,灭,D1,灭,D2,灭;D3,灭,D4,亮,D5,灭,D6,灭,D7,灭	
		电务维修机	该 ET 层元设备:联锁 1 系,正常;联锁 2 系,正常	该 ET 层元设备:联锁 1 系,故障;联锁 2 系,正常	
		控显机	显示正常	显示正常	
2	双 LINE2 板故障	两系 LINE2 板	指示灯:正常	指示灯:灭	在 SES 中设置两系 LINE2 板异常
		该层两系 PIO 背板	指示灯:正常	SYSTEM,亮;NORMAL,灭;TXD,灭。U:D0,灭,D1,灭,D2,灭;D3,灭,D4,亮,D5,灭,D6,灭,D7,灭。V:D0,灭,D1,灭,D2,灭;D3,灭,D4,亮,D5,灭,D6,灭,D7,灭	
		电务维修机	该 ET 层元设备:联锁 1 系,正常;联锁 2 系,正常	该 ET 层元设备:联锁 1 系,故障;联锁 2 系,故障	
		控显机	显示正常	该 ET 层的信号机出现断丝,道岔出现四开,轨道区段出现占用	
3	单 PIO 背板故障	该 PIO 背板	指示灯:正常	指示灯:灭	在 SES 中设置两系 LINE2 板异常
		电务维修机	能采集到该板卡对应信号设备正确的继电器值	该板卡采集到继电器状态为全部落下,对系采集到正确的继电器状态	
		上位机	显示正常	显示正常	

续表

序号	实训内容	填写内容	状态变化 变化前	状态变化 变化后	操作步骤
4	双 PIO 背板故障	该 PIO 背板	指示灯:正常	指示灯:灭	在 SES 中设置第一对两系 PIO 背板异常
		电务维修机	能采集到该板卡对应信号设备正确的继电器值	本系和对系板卡都无法采集到正确的继电器状态	
		上位机	显示正常	该板卡配置的信号机出现断丝,道岔出现四开,轨道区段出现占用	

(五) 联锁机柜断电故障

联锁机柜断电故障任务实训如表 2.5.5 所示。

表 2.5.5 联锁机柜断电故障任务实训

序号	实训内容	填写内容	状态变化 变化前	状态变化 变化后	操作步骤
1	在灭灯状态下,关闭接口 24 V 电源,观察电务维修机、继电器和控显机的现象	机柜	指示灯:正常	指示灯:正常	1. 保持控显机上关联的实体信号机处于灭灯状态,组合柜上信号机 DDJ 处于吸起状态。2. 关闭电源柜上的接口 24 V 电源
		电务维修机	信号机:采集,DJ 落;驱动,DDJ 驱动;道岔:采集,DBJ 或 FBJ 吸	信号机:采集,故障;驱动,故障	
		继电器组合柜	信号机:DJ 落,DDJ 吸。道岔:DBJ 或 FBJ 吸	信号机:DJ 吸,DDJ 落。道岔:DBJ 或 FBJ 吸	
		控显机	信号机灭灯	信号机出现断丝,道岔出现四开,轨道区段出现占用	
2	关闭逻辑 24 V 电源,观察电务维修机、控显机的变化	机柜	指示灯:正常	指示灯:灭	关闭电源柜上的逻辑 24 V 电源
		电务维修机	信号机:采集,正常;驱动,正常	信号机:采集,故障;驱动,故障	
		控显机	显示正常	显示故障	

(六) PIO 背板故障

PIO 背板故障任务实训如表 2.5.6 所示。

表 2.5.6 PIO 背板故障任务实训

序号	实训内容	填写内容	状态变化 变化前	状态变化 变化后	操作步骤
1	拔掉 J1,观察电务维修机、控显机的现象	电务维修机	该 PIO 背板:采集,正常;驱动,正常。转动道岔后:道岔有 SJ、DCJ 或 FCJ 表示,到位后有 DBJ 或 FBJ 表示	该 PIO 背板:采集,故障;驱动,正常。转动道岔后:道岔有 SJ、DCJ 或 FCJ 表示,但是没有 DBJ 或 FBJ 表示	1. 拔掉电子终端第一块 PIO 背板的 J1。2. 上位机操作转岔

续表

序号	实训内容	填写内容	状态变化 变化前	状态变化 变化后	操作步骤
1	拔掉J1，观察电务维修机、控显机的现象	组合柜	信号机：DJ落，DDJ吸。道岔转动后：SJ、DCJ或FCJ吸，到位后有DBJ或FBJ吸。	信号机：DJ落，DDJ吸。道岔转动后：SJ、DCJ或FCJ吸，到位后有DBJ或FBJ吸	1. 拔掉电子终端第一块PIO背板的J1。 2. 上位机操作转岔
1		控显机	显示正常	该PIO背板关联的信号机出现断丝，道岔出现四开，轨道区段出现占用	
2	拔掉J2，观察电务维修机、组合柜、控显机的现象	电务维修机	该PIO背板信号机：采集，DJ落；驱动，DDJ吸。转辙机：采集，DBJ或FBJ吸；驱动，正常	该PIO背板信号机：采集，DJ吸，驱动故障，DDJ落。收到转岔指令后转辙机：采集，维持DBJ或FBJ；驱动，故障，SJ、DCJ或FCJ无法吸起	1. 保持控显机上关联的实体信号机处于灭灯状态、组合柜上信号机DDJ处于吸起状态。 2. 拔掉电子终端第一块PIO背板的J2。 3. 上位机操作转岔
2		组合柜	信号机：DJ落，DDJ吸。转动定表道岔后：SJ、FCJ或DCJ吸起，道岔反表吸起	信号机：DJ吸，DDJ落。转动定表道岔后：SJ、FCJ或DCJ不吸起，道岔保持定表	
2		控显机	信号机灭灯。道岔能驱动	信号机亮红灯。道岔维持不变	
3	拔掉J3，观察电务维修机、控显机的现象	电务维修机	该PIO背板：采集，正常；驱动，正常	该PIO板：采集，故障；驱动，故障	拔掉电子终端第一块PIO背板的J3
3		控显机	显示正常	该PIO背板关联的信号机出现断丝，道岔出现四开，轨道区段出现占用	

四、职业规范要求

（1）认真分析工作任务，熟悉工作要求，在规定时间内完成交付的工作。

（2）遇到问题主动寻求解决问题的最优方法，及时向老师和同学请教。

（3）在任务实施之前，首先要根据任务要求详细分析工作内容，进行详细的工作任务规划。

（4）工作完成后要及时编写工作日志和总结反思。其中：工作日志要简单记录实施时间周期、完成的工作内容；总结反思则重点描写实施该工单的所学、所做、所想，特别是自己的收获和心得。

参考文献：南京铁信科技股份有限公司 DS6-K5B 型计算机联锁仿真系统维保实训指导书 V1.0。

项目 3　区间设备作业

项目内容：
1. ZPW-2000A 测试；
2. ZPW-2000A 调整；
3. ZPW-2000A 故障处理。

任务1　ZPW-2000A 测试

工单(NO. 3 QJ-ZHSX-01)

工作任务单			
工单编号	NO. 3 QJ-ZHSX-01	工单名称	ZPW-2000A 测试
面向专业	信号类专业	职业岗位	信号工
实施方式	实际操作	考核方式	结果与过程综合
工单难度	中等	前序工单	无
工单分值	100	完成时限	4 学时
单人/分组	分组	每组人数	2 人
考核点	CD96-3Z 型移频在线测试记录表(以下简称 CD96-3Z 移频表)的使用方法，ZPW-2000A(全称为 ZPW-2000A 型无绝缘轨道电路)室内、室外设备测试方法		
工单简介	在熟知 ZPW-2000A 室内、室外设备测试项目的前提下，使用 CD96-3Z 移频表对其进行测试		
设备环境	普速铁路 ZPW-2000A 设备		
教学方法	使用实操的教学方法，掌握 CD96-3Z 移频表的使用方法和 ZPW-2000A 室内、室外设备的测试方法		
用途说明	本工单可用于 ZPW-2000A 相关课程的实训教学		
实施人员信息			
姓名	班级	学号	电话
小组	组长	岗位分工	组员

任务目标

实施该工单的任务目标如下：

【知识目标】

(1) 掌握 CD96-3Z 移频表的正确使用方法。

(2) 熟知 ZPW-2000A 室内、室外设备的测试项目。

(3) 掌握 ZPW-2000A 室内、室外设备测试项目的测试方法。

【能力目标】

(1) 会正确使用测试仪表。

(2) 能够运用仪表完成 ZPW-2000A 室内、室外设备测试。

【素养含思政目标】

(1) 培养并提高学生的表达沟通能力和分工协调、团队合作的意识。

(2) 培养学生的职业道德和吃苦耐劳、遵章守纪的品质。

任务介绍

1. 任务描述：

完成 ZPW-2000A 室内、室外设备测试。

2. 任务要求：

(1) 准备测试工具 CD96-3Z 移频表。

(2) 明确室内、室外设备测试项目。

(3) 按要求完成本任务的测试内容，掌握测试方法。

(4) 测量时仔细观察，规范测试。

(5) 对测试数据进行记录。

任务资讯(20 分)

(2 分) 1. 准备测试工具 CD96-3Z 移频表。

(5 分) 2. ZPW-2000A 室内设备有哪些测试项目？

（5分）3. ZPW-2000A室外设备有哪些测试项目？

（8分）4. ZPW-2000A室内、室外设备各测试项目的测试方法是什么？

任务规划（20分）

（2分）1. 认识CD96-3Z移频表。

（18分）2. 实施步骤规划：
（1）掌握CD96-3Z移频表的使用方法。
（2）能够进行ZPW-2000A室内设备测试。
（3）能够进行ZPW-2000A室外设备测试。
（4）记录测试结果并估算是否符合标准。

任务实施(40 分)

(12 分) 1. 用 CD96-3Z 移频表对 ZPW-2000A 室内设备进行测试。

(12 分) 2. 用 CD96-3Z 移频表对 ZPW-2000A 室外设备进行测试。

(5 分) 3. 对测试数据进行记录。

(5 分) 4. 对测试数据进行结果分析。

(6 分) 5. 整理工具仪表,清洁操作台。

工作日志(5分)

实施工单过程中填写如下日志。

工作日志表

日期	工作内容	问题及解决方式

总结反思(10分)

请编写完成本任务的工作总结。

思政收获(5分)

请勾选完成本任务后的思政收获。
☐厚植爱国情怀
☐培养安全意识
☐树立强烈的民族自豪感
☐培养科学精神和敬业精神
☐激发强烈的创新意识
☐激发学生的安全责任意识

质量监控单元(教师完成)

工单实施栏目评分表

评分项	分值	作答要求	评审规定	得分
任务资讯	20	问题回答清晰准确,能够紧扣主题,没有明显错误项	参照标准答案,错误一项扣5分,扣完为止	
任务规划	20	规划优秀可实施,没有任何细节错误	参照标准答案,错误一项扣2分,扣完为止	
任务实施	40	实施过程规范,质量符合工程标准	A类错误点一次扣3分,B类错误点一次扣2分,C类错误点一次扣1分	
其他	20	日志和问题项目填写详细,思政收获丰富深入,能够反映实际工作过程	没有填或者填写太过简单每项扣2分	
合计得分				

职业能力评分表

评分项	等级	作答要求	等级
知识评价	A/B/C	A:能够完整准确地回答任务资讯的所有问题,准确率在90%以上。 C:对基础知识掌握得非常差,任务资讯和答辩的准确率在50%以下	
能力评价	A/B/C	A:熟悉各个环节的实施步骤,完全独立地完成任务,并有能力辅助其他同学完成规定的工作任务,工作实施快速,准确率高(任务规划和任务实施准确率在85%以上)。 C:未完成任务或只完成部分任务,有问题没有积极向老师和其他同学请教,工作实施拖拉、不积极,各个部分的准确率在50%以下	
态度素养评价	A/B/C	A:不迟到、不早退,对人有礼貌,善于帮助他人,积极主动地完成规定的工作任务,工作台整洁有序,能准确回答老师提出的问题。 C:经常迟到、早退,态度不认真,未完成任务或只完成了部分任务,有问题没有积极向老师和其他同学请教,工作实施拖拉、不积极,不能准确回答老师提出的问题	

注:作答结果介于A、C之间的,等级评定为B。

教师评语栏

学习资源集

一、任务资讯

（一）ZPW-2000A 室内设备测试

ZPW-2000A 室内设备测试内容如图 3.1.1 所示。

日期	天气	区段名称	电源电压		功出电压	发送电缆模拟网路			接收电缆模拟网路			室内				残压	GJ(Z)	GJ(B)	GJ	XG(Z)	XG(B)	XG	XGJ	测试人
												轨入		轨出										
			发送	接收	电压	设备	防雷	电缆	设备	防雷	电缆	主轨	小轨	主轨	小轨									
			V	V	mV	V	V	V	V	V	V	mV	mV	mV	mV	mV	V	V	V	V	V	V	V	
项目			1	2	3	4	5	6	7	8	9	10	11	12	13	14	15	16	17	18	19	20	21	

图 3.1.1 ZPW-2000A 室内设备测试数据记录样表

此表中轨道残压测试需要室内室外协同操作，故测试方法放在室外设备测试进行介绍。

（二）ZPW-2000A 室外设备测试

ZPW-2000A 室外设备测试内容如图 3.1.2 所示。

二、方案设计

(1) 测试 ZPW-2000A 室内设备，并学习测试方法。

(2) 测试 ZPW-2000A 室外设备，并学习测试方法。

(3) 记录测试数据，并标出异常数据。

三、任务实施

（一）室内设备测试方法

1. 发送电源、接收电源测试

发送电源、接收电源测试如图 3.1.3 所示。

车站

区段名称	载频(Hz)	发送端										接收端										入口电流		测试人	测试日期
		轨面端压	匹配变压器				调谐单元端压				空心线圈阻抗	轨面端压	匹配变压器				调谐单元端压				空心线圈阻抗				
			E1、E2端		V1、V2端		电压	电流	阻抗				E1、E2端		V1、V2端		电压	电流	阻抗			正向	反向		
			电压	阻抗	电压	阻抗							电压	阻抗	电压	阻抗									
		V	V	Ω	V	Ω	V	A	零	极	Ω	V	V	Ω	V	Ω	V	A	零	极	Ω	A	A		
项目	22	23	24	25	26	27	28	29	30	31	32	33	34	35	36	37	38	39	40	41	42	43	44		

图 3.1.2 ZPW-2000A 室外设备测试数据记录样表

- ◆ 准备 CD96-3Z 移频表。
- ◆ 选择直流电压挡,在衰耗器"发送电源""接收电源"塞孔上测试电压值。
- ◆ 标准:DC(24±0.5)V。

图 3.1.3 发送电源、接收电源测试

2. 发送功出电压及载频测试

发送功出电压及载频测试有以下三种方法:

方法 1:在移频柜发送器背后端子 S1 和 S2 上测。

方法 2:在移频柜相应的零层端子 2-1 和 2-2 上测。

方法 3:在移频柜衰耗器(又名衰耗盘)上的"发送功出"塞孔上测,如图 3.1.4 所示。

- ◆ CD96-3Z 移频表选择与该区段相同的频率挡,再选电压挡。
- ◆ 标准:电压,AC(75~170)V;载频偏差,±0.15 Hz;低频偏差,±0.03 Hz;频偏,±11 Hz。
- ◆ 测试位置:衰耗器"发送功出"塞孔。

图 3.1.4 在移频柜衰耗器上的"发送功出"塞孔上测发送功出电压及载频

发送功出电压的大小与所在区段工作的发送电平等级有关。

3. 发送和接收电缆模拟网络设备、防雷、电缆电压测试

测试发送和接收电缆模拟网络设备、防雷、电缆电压时,使用 CD96-3Z 移频表多载频电压挡,表笔分别在"设备""防雷""电缆"的塞孔测试,并读取其电压值,如图 3.1.5 所示。测试标准值如表 3.1.1 所示。

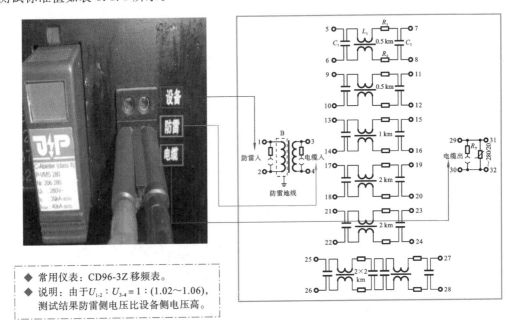

- ◆ 常用仪表：CD96-3Z 移频表。
- ◆ 说明：由于 $U_{1-2} : U_{3-4} = 1 : (1.02\sim1.06)$，测试结果防雷侧电压比设备侧电压高。

图 3.1.5 发送和接收电缆模拟网络设备、防雷、电缆电压测试

表 3.1.1 发送和接收电缆模拟网络设备、防雷、电缆电压测试

测试插孔	电压值	
	发送	接收
SK1"设备",防雷变压器室内侧	与发送功出电压同	数百毫伏
SK2"防雷",防雷变压器室外侧	略高于发送功出电压	高于 SK1 电压值
SK3"电缆",与电缆连接侧	经模拟网络衰减,低于发送功出电压	未经模拟网络衰减,高于 SK2 电压值

4. 轨入电压(主轨和小轨轨入电压)测试

轨入电压(主轨和小轨轨入电压)测试如图 3.1.6 所示。

轨入电压测试有两种电压,即主轨轨入电压和小轨轨入电压,主轨轨入电压高,小轨轨入电压低(通过载频频率区分)。

5. 轨出 1 电压测试

轨出 1 电压测试如图 3.1.7 所示。

- 用CD96-3Z移频表选择与该区段主轨或小轨相同的频率挡,再选择电压挡;
- 轨道电路处于调整状态下,在衰耗器"轨入"塞孔上分别测得主轨、小轨轨入电压;
- 主轨轨入电压符合调整表范围,小轨轨入电压大于42 mV。

调整状态下,衰耗器上"轨道"指示灯点绿灯

图 3.1.6　轨入电压(主轨和小轨轨入电压)测试

- 常用仪表:CD96-3Z移频表。
- 轨道电路处于调整状态下,在衰耗器"轨出1"塞孔上测得主轨电压。
- 标准:轨道电路在调整状态下时,"轨出1"电压应不小于240 mV。

调整状态下,衰耗器上"轨道"指示灯点绿灯

图 3.1.7　轨出 1 电压测试

轨出 1 电压即主轨道接收电压,是通过衰耗器调整后的接收电压,各种载频时均不小于 240 mV,实际使用时调整至 500～650 mV,这样既可以避免外界干扰或主轨道接收电压发生波动时造成故障,又不会造成分路残压超标。

6. 轨出 2 电压测试

轨出 2 电压测试如图 3.1.8 所示。

轨出 2 电压即小轨道接收电压,也是通过衰耗器调整后的接收电压,理论要求为 (110 ± 5) mV,在实际运用过程中应调整为 (135 ± 5) mV,这样比较可靠。

7. GJ(Z)、GJ(B)、GJ、XG(Z)、XG(B)、XG、XGJ 电压测试

GJ(Z)、GJ(B)、GJ、XG(Z)、XG(B)、XG、XGJ 电压测试如图 3.1.9 所示。

(二) ZPW-2000A 室外设备 I 级测试方法

1. 匹配变压器 E1、E2 和 V1、V2 电压测试

匹配变压器 E1、E2 和 V1、V2 电压测试如图 3.1.10 所示。

2. 匹配变压器 E1、E2 阻抗测试

匹配变压器 E1、E2 阻抗测试如图 3.1.11 所示。

- 常用仪表：CD96-3Z 移频表。
- 轨道电路处于调整状态下，在衰耗器"轨出2"塞孔上测得主轨电压。
- 标准：轨出2电压为 (135 ± 10) mV，小轨道断轨时，轨出2电压 $\leqslant 63$ mV。

调整状态下，衰耗器上"轨道"指示灯点绿灯

图 3.1.8 轨出 2 电压测试

- 用CD96-3Z 移频表直流电压挡。
- 分别在衰耗器"GJ(Z)""GJ(B)""GJ""XG(Z)""XG(B)""XG""XGJ"对应塞孔上测得相应电压。
- 标准：DC>20 V。

图 3.1.9　GJ(Z)、GJ(B)、GJ、XG(Z)、XG(B)、XG、XGJ 电压测试

用CD96-3Z 移频表选择与该区段相同的频率挡，再选电压挡，在E1、E2端子上测试电压。

用CD96-3Z 移频表选择与该区段相同的频率挡，再选电压挡，在V1、V2端子上测试电压。

图 3.1.10　匹配变压器 E1、E2 和 V1、V2 电压测试

3. 匹配变压器 V1、V2 阻抗测试

匹配变压器 V1、V2 阻抗测试如图 3.1.12 所示。

4. 调谐单元端电压测试

调谐单元端电压测试如图 3.1.13 所示。

- ◆ 用CD96-3Z移频表选择匹配变压器输入输出阻抗测项，将电压挡表棒放在 E1、E2 端子上，将电流卡钳卡在接在E1或E2的电缆上，即可测出E1、E2输入输出阻抗。
- ◆ 注意，双芯并用的必须卡在接在 E1 或 E2 的双芯电缆上。

图 3.1.11　匹配变压器 E1、E2 阻抗测试

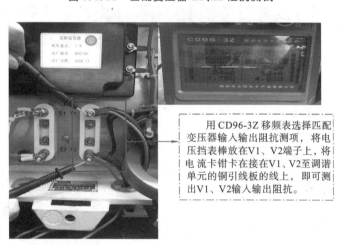

用CD96-3Z 移频表选择匹配变压器输入输出阻抗测项，将电压挡表棒放在V1、V2端子上，将电流卡钳卡在接在V1、V2至调谐单元的铜引线板的线上，即可测出V1、V2输入输出阻抗。

图 3.1.12　匹配变压器 V1、V2 阻抗测试

图 3.1.13　调谐单元端电压测试

用 CD96-3Z 移频表多载频电压挡,将红、黑表笔分别放在送端调谐单元引线板测试即可。

5. 调谐单元电流测试

调谐单元电流测试如图 3.1.14 所示。

图 3.1.14　调谐单元电流测试

用 CD96-3Z 移频表多载频电流挡卡在送端调谐单元引线板测试。

6. 调谐单元阻抗测试

调谐单元阻抗测试如图 3.1.15 所示。

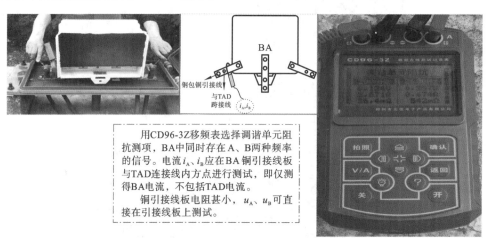

图 3.1.15　调谐单元阻抗测试

7. 电气绝缘节空芯线圈测试

电气绝缘节空芯线圈测试如图 3.1.16 所示。

8. 机械绝缘节空芯线圈测试

机械绝缘节空芯线圈测试如图 3.1.17 所示。

9. 机械绝缘节调谐单元阻抗测试

机械绝缘节调谐单元阻抗测试如图 3.1.18 所示。

用CD96-3Z移频表选择空心线圈阻抗测项，SVA中同时存在A、B两种频率的信号。电流i_A、i_B，电压u_A、u_B应在SVA铜引接线板上进行测试。在仪表指示稳定时，测量记数。当两钢轨牵引电流不平衡并流经中心线时，带内谐波将影响测试结果。

图 3.1.16　电气绝缘节空芯线圈测试

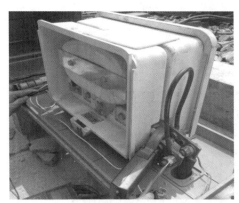
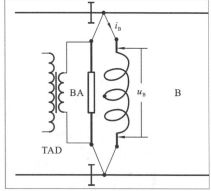

图 3.1.17　机械绝缘节空芯线圈测试

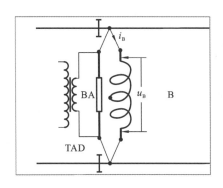

- 用CD96-3Z移频表选择调谐单元阻抗测项，BA中同时存在A、B两种频率的信号。
- 电流i_A、i_B应在BA铜引接线板与TAD连接线内方点进行测试，即仅测得BA电流，不包括TAD电流。
- 铜引接线板电阻甚小，u_A、u_B可直接在引接线板上测试。

图 3.1.18　机械绝缘节调谐单元阻抗测试

10. 发送、接收端轨面电压测试

发送、接收端轨面电压测试如图 3.1.19 所示。

图 3.1.19　发送、接收端轨面电压测试

11. 入口电流测试

轨道电路分路状态在最不利条件下,在轨道电路任意一点用 0.15 Ω 标准分路线分路时,短路电流应符合以下要求:1700 Hz,不小于 0.5 A;2000 Hz,不小于 0.5 A;2300 Hz,不小于 0.5 A;2600 Hz,不小于 0.45 A。

入口电流测试如图 3.1.20 所示。

图 3.1.20　入口电流测试

12. 分路残压测试

轨道电路分路状态在最不利条件下,在主轨道任意一点采用定压测试仪以 0.15 Ω 进行分路,轨出 1 电压残压应不大于 140 mV。

分路残压测试如图 3.1.21 所示。

补充:补偿电容测试,如图 3.1.22 所示。

CD96-3Z 移频表选补偿电容测试挡,先测试电容处轨面电压值,然后用钳形电流表测试通过电容的电流,CD96-3Z 移频表会自动给出电容的容量值,与标准值比较后判断好坏。常用 4 种电容容量标准为:1700 Hz,55 $\mu F \pm 5\%$;2000 Hz,50 $\mu F \pm 5\%$;2300 Hz,46 $\mu F \pm 5\%$;2600 Hz,40 $\mu F \pm 5\%$。

图 3.1.21　分路残压测试

图 3.1.22　补偿电容测试

四、职业规范要求

(1) 认真分析工作任务,熟悉工作要求,在规定时间内完成交付的工作。

(2) 遇到问题主动寻求解决问题的最优方法,及时向老师和同学请教。

(3) 工作完成后要及时编写工作日志和总结反思。其中:工作日志要简单记录实施时间周期、完成的工作内容;总结反思则重点描写实施该工单的所学、所做、所想,特别是自己的收获和心得。

参考文献:徐州电务段 DWBZ/XZ.2.4ZPW-2000A 轨道电路作业指导书。

任务 2　ZPW-2000A 调整

工单（NO.3 QJ-ZHSX-02）

工作任务单			
工单编号	NO.3 QJ-ZHSX-02	工单名称	ZPW-2000A 调整
面向专业	信号类专业	职业岗位	信号工
实施方式	实际操作	考核方式	结果与过程综合
工单难度	简单	前序工单	NO.3 QJ-ZHSX-01
工单分值	100	完成时限	2 学时
单人/分组	单人	每组人数	1 人
考核点	通过查询 ZPW-2000A 轨道电路调整表进行设备的相关设置		
工单简介	使用 ZPW-2000A 轨道电路调整表进行发送器电平的设置、防雷模拟网络盘的调整、主轨和小轨电平的调整以及补偿电容的设置		
设备环境	普速铁路 ZPW-2000A 设备		
教学方法	实操法		
用途说明	本工单可用于 ZPW-2000A 相关课程的实训教学		
实施人员信息			
姓名		班级		学号		电话	
小组		组长		岗位分工		组员	

任务目标
实施该工单的任务目标如下： 【知识目标】 (1) 熟悉发送器电平等级的调整及设置； (2) 熟悉防雷模拟网络盘的调整； (3) 熟悉衰耗器电平的调整； (4) 熟悉补偿电容的设置。 【能力目标】 (1) 会设置发送器电平； (2) 会调整模拟网络盘； (3) 会调整主轨、小轨电平； (4) 会设置补偿电容。 【素养含思政目标】 (1) 培养并提高学生发现问题、分析问题、解决问题的能力。 (2) 培养并提高学生的表达沟通能力和分工协调、团队合作的意识。 (3) 培养学生的职业道德，督促学生遵章守纪。

任务介绍
1. 任务描述： 对于一个闭塞分区，如何进行发送器电平的设置、防雷模拟网络盘的调整、主轨和小轨电平的调整、补偿电容的设置？ 2. 任务要求： (1) 准备一份 ZPW-2000A 轨道电路调整表； (2) 查表时要仔细，配线时要耐心； (3) 使用工具时注意安全。

任务资讯(20 分)
(2 分) 1. 熟悉剥线钳、电烙铁、万用表等工具的使用。

（4分）2. 请简要叙述发送器的作用和功能。

（4分）3. 请简要叙述防雷模拟网络盘的作用和功能。

（6分）4. 请简要叙述衰耗器的作用和功能。

（4分）5. 请简要叙述补偿电容的作用和功能。

任务规划（20分）

（2分）1. 准备 ZPW-2000A 轨道电路调整表。

（9分）2. 熟悉设备端子，从 ZPW-2000A 轨道电路调整表中明确案例中端子的连接方式。

（9分）3. 连接相关端子。

任务实施(40分)

（8分）1. 按照案例要求进行发送器载频和电平等级的连接。

（6分）2. 按照案例要求进行防雷模拟网络盘的连接。

（12分）3. 按照案例要求进行衰耗器电平的调整。

（8分）4. 按照案例要求进行补偿电容的设置。

（6分）5. 整理工具，清理实验台。

工作日志(5分)

实施工单过程中填写如下日志。

工作日志表

日期	工作内容	问题及解决方式

总结反思(10分)

请编写完成本任务的工作总结。

思政收获(5分)

请勾选完成本任务后的思政收获。
☐厚植爱国情怀
☐培养安全意识
☐树立强烈的民族自豪感
☐培养科学精神和敬业精神
☐激发强烈的创新意识
☐激发学生的安全责任意识

质量监控单元(教师完成)

工单实施栏目评分表

评分项	分值	作答要求	评审规定	得分
任务资讯	20	问题回答清晰准确,能够紧扣主题,没有明显错误项	参照标准答案,错误一项扣5分,扣完为止	
任务规划	20	规划优秀可实施,没有任何细节错误	参照标准答案,错误一项扣2分,扣完为止	
任务实施	40	实施过程规范,质量符合工程标准	A类错误点一次扣3分,B类错误点一次扣2分,C类错误点一次扣1分	
其他	20	日志和问题项目填写详细,思政收获丰富深入,能够反映实际工作过程	没有填或者填写太过简单每项扣2分	
合计得分				

职业能力评分表

评分项	等级	作答要求	等级
知识评价	A/B/C	A:能够完整准确地回答任务资讯的所有问题,准确率在90%以上。 C:对基础知识掌握得非常差,任务资讯和答辩的准确率在50%以下	
能力评价	A/B/C	A:熟悉各个环节的实施步骤,完全独立地完成任务,并有能力辅助其他同学完成规定的工作任务,工作实施快速,准确率高(任务规划和任务实施准确率在85%以上)。 C:未完成任务或只完成部分任务,有问题没有积极向老师和其他同学请教,工作实施拖拉、不积极,各个部分的准确率在50%以下	
态度素养评价	A/B/C	A:不迟到、不早退,对人有礼貌,善于帮助他人,积极主动地完成规定的工作任务,工作台整洁有序,能准确回答老师提出的问题。 C:经常迟到、早退,态度不认真,未完成任务或只完成了部分任务,有问题没有积极向老师和其他同学请教,工作实施拖拉、不积极,不能准确回答老师提出的问题	

注:作答结果介于A、C之间的,等级评定为B。

教师评语栏

学习资源集

一、任务资讯

（一）发送器的作用和功能

(1) 产生相应的移频信号；

(2) 实现十个电平等级的调整；

(3) 功率放大；

(4) 自检并实现故障报警。

（二）防雷模拟网络盘的作用和功能

电缆补偿：通过 0.5 km、0.5 km、1 km、2 km、2 km、4 km 六节电缆模拟网络单元，补偿实际电缆，使补偿电缆和实际电缆的总长度为 10 km，使所有轨道电路不需要根据所在位置和运行方向改变配置。

（三）衰耗器的作用和功能

(1) 对轨道电路的接收端主轨轨入电平进行调整；

(2) 对轨道电路的小轨轨入电平进行调整（正反方向）；

(3) 形成有关电压的测试条件（共 12 个）；

(4) 形成发送、接收故障报警和轨道占用等指示灯的点灯控制；

(5) N+1 冗余运用中实现接收器故障转换时主轨道继电器和小轨道继电器的落下延时。

（四）补偿电容的作用和功能

在 ZPW-2000 轨道电路中，钢轨中传输的是高频信号，60 kg、1435 mm 轨距的钢轨电感为 $1.4\ \mu H/m$，同时每米有几皮法的电容，对于 1700～2600 Hz 的移频信号呈现较高的感抗值，该值大大高于道碴电阻时，使得移频信号在轨道传输中衰耗大、信息传得不远。

为了保证轨道电路的传输距离,ZPW-2000A 轨道电路均采用分段加装补偿电容的方法,以减弱钢轨电感的影响。

二、方案设计

(1) 准备 ZPW-2000A 轨道电路调整表。

(2) 熟悉设备端子,从 ZPW-2000A 轨道电路调整表中明确案例中端子的连接方式。

①发送器载频和电平等级的连接。

②防雷模拟网络盘的连接。

③衰耗器电平的调整。

④补偿电容的设置。

(3) 连接相关端子。

使用工具,进行设备配线。

三、任务实施

(一)发送器端子连接

发送器及其结构如图 3.2.1 所示。

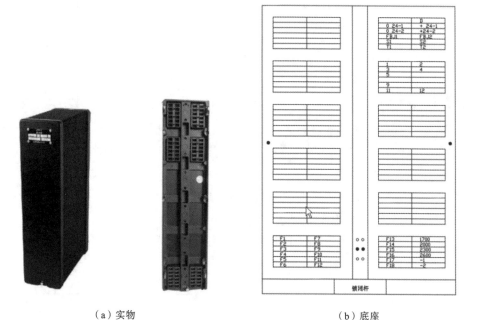

(a)实物　　　　　　　　(b)底座

图 3.2.1　发送器及其结构

案例:某轨道电路载频为 2600 Hz-2、轨长为 1220 m,发送器电平等级如何确定?

1. 发送器载频调整表

发送器载频调整表如表 3.2.1 所示。

从表 3.2.1 中可以看出,要使发送器载频为 2600 Hz-2,则发送器端子＋24-1 端子与 2600 端子相连接,然后 2600 端子与-2 端子相连接。

2. 发送器带载输出电平等级调整表

2600 Hz 轨道电路调整表(部分)如图 3.2.2 所示。

表 3.2.1 发送器载频调整表

载频/Hz	型号	底座连接端子
1700	1	+24-1,1700,-1
1700	2	+24-1,1700,-2
2000	1	+24-1,2000,-1
2000	2	+24-1,2000,-2
2300	1	+24-1,2300,-1
2300	2	+24-1,2300,-2
2600	1	+24-1,2600,-1
2600	2	+24-1,2600,-2

载频频率/Hz									2600									
序号	r_d /($\Omega \cdot km$)	C /μF	L_v/m		D_c/m		N_c	KRV	接收各点电压/V						发送各点电压电流/(V/A)			
									U_{R1-R2}		U_{V1-V2}		轨面		轨面		功出电压	
			min	max	min	max			min	max	min	max	min	max	min	max	min	max
1	0.25	40	300	350	90.3	107	3	39	0.240	0.774	0.713	2.302	0.523	1.688	1.733	1.948	105.037	114.916
2	0.28	40	351	400	80.2	92.8	4	40	0.240	0.764	0.697	2.217	0.511	1.625	1.744	1.855	105.023	114.919
3	0.3	40	401	450	61.8	70.2	6	57	0.242	0.730	0.492	1.485	0.361	1.089	1.195	1.333	74.330	81.306
4	0.4	40	451	500	70.1	78.5	6	52	0.242	0.653	0.539	1.457	0.395	1.068	1.213	1.370	74.328	81.295
5	0.4	40	501	550	78.5	86.9	6	43	0.241	0.748	0.650	2.017	0.476	1.479	1.730	1.933	104.986	114.914
6	0.5	40	551	600	74.4	81.5	7	39	0.244	0.653	0.724	1.941	0.531	1.423	1.726	1.841	104.98	114.910
7	0.5	40	601	650	81.5	88.8	7	44	0.240	0.722	0.633	1.903	0.646	1.871	1.757	1.877	114.93	
8	0.6	40	651	700	77.6	83.9	8	41	0.243	0.648	0.686	1.834	0.503	1.345	1.751	1.916	104.968	114.944
9	0.6	40	701	750	83.8	90.2	8	46	0.242	0.712	0.610	1.797	0.447	1.317	1.760	1.951	104.972	114.935
10	0.6	40	751	800	80.1	85.7	9	50	0.243	0.746	0.563	1.730	0.413	1.269	1.740	1.914	104.971	114.914
11	0.7	40	801	850	85.6	91.3	9	48	0.242	0.701	0.585	1.695	0.429	1.242	1.750	1.911	104.972	114.921
12	0.7	40	851	900	91.2	96.8	9	43	0.243	0.762	0.654	2.057	0.480	1.508	2.212	2.389	130.552	142.516
13	0.8	40	901	950	87.1	92.1	10	50	0.241	0.689	0.559	1.599	0.410	1.172	1.775	1.936	104.976	114.939
14	0.8	40	951	1000	92.1	97.1	10	45	0.245	0.753	0.631	1.940	0.462	1.423	2.218	2.433	130.536	142.528
15	0.8	40	1001	1050	88.2	92.9	11	48	0.244	0.774	0.590	1.870	0.432	1.371	2.198	2.410	130.531	142.504
16	0.9	40	1051	1100	92.8	97.4	11	46	0.240	0.726	0.605	1.830	0.443	1.342	2.213	2.410	130.534	142.507
17	0.9	40	1101	1150	89.2	93.5	12	49	0.240	0.745	0.568	1.765	0.416	1.294	2.208	2.388	130.531	142.528
18	1.0	40	1151	1200	80.0	83.7	14	49	0.253	0.687	0.600	1.627	0.440	1.193	2.175	2.324	130.508	138.499
19	1.0	40	1201	1250	78.0	81.4	15	52	0.252	0.703	0.562	1.567	0.412	1.149	2.161	2.289	130.507	138.475
20	1.0	40	1251	1300	76.3	79.5	16	48	0.253	0.722	0.610	1.745	0.447	1.279	2.497	2.608	151.045	160.033
21	1.0	40	1301	1350	63.5	66.1	20	48	0.242	0.662	0.584	1.601	0.428	1.174	2.414	2.557	151.007	159.980
22	1.0	40	1351	1400	66.0	68.6	20	52	0.244	0.703	0.544	1.567	0.399	1.149	2.431	2.548	151.045	159.989

(续表:功出电流/(V/A) min, max | KEM | 功出电平范围)

序号	功出电流 min	max	KEM	范围
1	0.253	0.280	4	105~115
2	0.254	0.278	4	105~115
3	0.190	0.197	5	74.5~81.5
4	0.180	0.198	5	74.5~81.5
5	0.254	0.280	4	105~115
6	0.254	0.278	4	105~115
7	0.255	0.279	4	105~115
8	0.255	0.279	4	105~115
9	0.255	0.280	4	105~115
10	0.255	0.279	4	105~115
11	0.255	0.279	4	105~115
12	0.318	0.347	3	130~142
13	0.255	0.280	4	105~115
14	0.318	0.348	3	130~142
15	0.317	0.347	3	130~142
16	0.318	0.347	3	130~142
17	0.318	0.347	3	130~142
18	0.317	0.337	3	130~138
19	0.317	0.336	3	130~138
20	0.366	0.388	2	150~159
21	0.365	0.387	2	150~159
22	0.365	0.386	2	150~159

图 3.2.2 2600 Hz 轨道电路调整表(部分)(一)

从表 3.2.2 中可以看出,电平等级选 3 级。

表 3.2.2 发送器带载输出电平等级调整表

发送电平(KEM)	输出端子连接		电压(S1、S2)/V
	12	11	
1	9	1	170
2	9	2	156
3	9	3	135
4	9	4	110
5	9	5	77
6	4	1	62
7	5	3	58
8	4	2	46
9	3	1	35
10	5	4	33

要使发送器发送的电平为 3 级,需将发送器 9、12 端子相连接,将发送器 3、11 端子相连接。

（二）防雷模拟网络盘连接

防雷模拟网络盘实物图及其端子如图 3.2.3 所示。

（a）实物

（b）背面及其端子

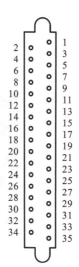

图 3.2.3　防雷模拟网络盘实物图及其端子

案例：信号点离信号楼距离为 6580 m，说明实际电缆长度为 6580 m，查表 3.2.3 可知，应补偿 3000 m 模拟电缆，因此具体端子连接为：防雷模拟网路盘 3 与 13 相连接、4 与 14 相连接、15 与 17 相连接、16 与 18 相连接、19 与 29 相连接、20 与 30 相连接。

表 3.2.3　防雷模拟网络盘连接表

实际电缆长度 L/m	模拟网络长度/m	端子封线
9500<L<10000	0	3-29,4-30
9000<L<9500	500	3-5,4-6,7-29,8-30
8500<L<9000	1000	3-13,4-14,15-29,16-30
8000<L<8500	1500	3-5,4-6,7-13,8-14,15-29,16-30
7500<L<8000	2000	3-17,4-18,19-29,20-30
7000<L<7500	2500	3-5,4-6,7-17,8-18,19-29,20-30
6500<L<7000	3000	3-13,4-14,15-17,16-18,19-29,20-30
6000<L<6500	3500	3-5,4-6,7-13,8-14,15-17,16-18,19-29,20-30
5500<L<6000	4000	3-25,4-26,27-29,28-30
5000<L<5500	4500	3-5,4-6,7-25,8-26,27-29,28-30
4500<L<5000	5000	3-13,4-14,15-25,16-26,27-29,28-30
4000<L<4500	5500	3-5,4-6,7-13,8-14,15-25,16-26,27-29,28-30
3500<L<4000	6000	3-17,4-18,19-25,20-26,27-29,28-30
3000<L<3500	6500	3-5,4-6,7-17,8-18,19-25,20-26,27-29,28-30
2500<L<3000	7000	3-13,4-14,15-17,16-18,19-25,20-26,27-29,28-30
2000<L<2500	7500	3-5,4-6,7-13,8-14,15-17,16-18,19-25,20-26,27-29,28-30
1500<L<2000	8000	3-17,4-18,19-21,20-22,23-25,24-26,27-29,28-30
1000<L<1500	8500	3-5,4-6,7-17,8-18,19-21,20-22,23-25,24-26,27-29,28-30
500<L<1000	9000	3-13,4-14,15-17,16-18,19-21,20-22,23-25,24-26,27-29,28-30
L<500	9500	3-5,4-6,7-13,8-14,15-17,16-18,19-21,20-22,23-25,24-26,27-29,28-30
L=0	10 000	3-5,4-6,7-9,8-10,11-13,12-14,15-17,16-18,19-21,20-22,23-24,24-26,27-29,28-30

(三) 衰耗器主轨、小轨调整

衰耗器实物图和原理图分别如图 3.2.4 和图 3.2.5 所示。

图 3.2.4 衰耗器实物图

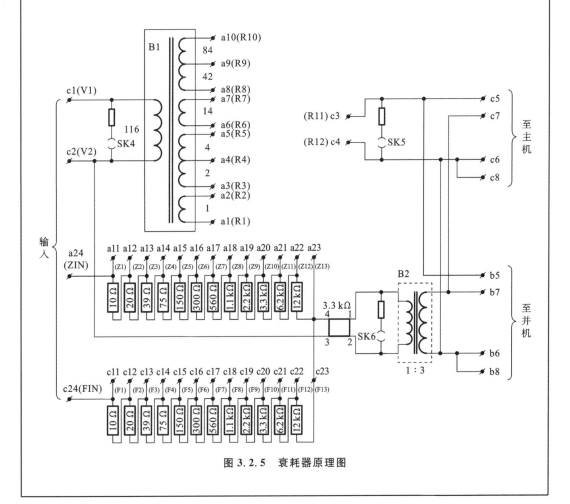

图 3.2.5 衰耗器原理图

1. 主轨道电路的调整

主轨道电路的调整是通过按照主轨接收电平等级调整表,在衰耗器后的96芯插座上进行跨线实现的。

案例:某轨道电路载频为2600 Hz、轨长为1220 m,根据"2600 Hz轨道电路调整表"第19行(见图3.2.6)可知接收等级为52。完整的"2600 Hz轨道电路调整表"见附表A.1.4。

12	0.7	40	851	900	91.2	96.8	9	43	0.243	0.762	0.654	2.057	0.480	1.508	2.212	2.389	130.552	142.516	0.318	0.347	3	130~142
13	0.8	40	901	950	87.1	92.1	10	50	0.241	0.689	0.559	1.599	0.410	1.172	1.775	1.936	104.976	114.939	0.255	0.280	4	105~115
14	0.8	40	951	1000	92.1	97.1	10	45	0.245	0.753	0.631	1.940	0.462	1.423	2.218	2.433	130.536	142.528	0.318	0.348	3	130~142
15	0.8	40	1001	1050	88.2	92.9	11	48	0.244	0.774	0.590	1.870	0.432	1.371	2.198	2.410	130.531	142.504	0.318	0.347	3	130~142
16	0.9	40	1051	1100	92.8	97.4	11	46	0.240	0.726	0.605	1.830	0.443	1.342	2.213	2.410	130.534	142.507	0.318	0.347	3	130~142
17	0.9	40	1101	1150	89.2	93.5	12	49	0.240	0.745	0.568	1.765	0.416	1.294	2.208	2.383	130.531	142.520	0.318	0.347	3	130~142
18	1.0	40	1151	1200	80.0	83.7	14	49	0.253	0.687	0.600	1.627	0.440	1.193	2.175	2.324	130.508	138.499	0.317	0.337	3	130~138
19	1.0	40	1201	1250	78.0	81.4	15	52	0.252	0.703	0.562	1.567	0.412	1.149	2.161	2.289	130.507	138.475	0.317	0.336	3	130~138
20	1.0	40	1251	1300	76.3	79.5	16	48	0.253	0.722	0.610	1.745	0.447	1.279	2.497	2.608	151.045	160.033	0.366	0.388	2	150~159
21	1.0	40	1301	1350	63.5	66.1	20	48	0.242	0.657	0.584	1.601	0.428	1.177	2.414	2.557	151.007	159.980	0.365	0.387	2	150~159
22	1.0	40	1351	1400	66.0	68.6	20	52	0.244	0.703	0.544	1.567	0.399	1.149	2.431	2.548	151.017	159.989	0.365	0.386	2	150~159
23	1.0	40	1401	1430	68.5	70.1	20	48	0.241	0.709	0.581	1.714	0.426	1.257	2.726	2.855	168.614	178.611	0.408	0.432	1	167~177
24	1.0	40	1431	1450	66.7	67.7	21	49	0.240	0.704	0.568	1.666	0.417	1.222	2.715	2.867	168.608	178.651	0.407	0.432	1	167~177

图3.2.6 2600 Hz轨道电路调整表(部分)(二)

再根据"接收器电平等级调整表"第52项(见图3.2.7)可知R4连R11、R8连R12。完整的"接收器电平等级调整表"见附表A.4.2。

接收电平等级	R11至	R12至	连接端子	接收电平等级	R11至	R12至	连接端子
1	R1	R2		37	R4	R8	R1-R5,R2-R9
2	R3	R4		38	R4	R8	R5-R9
3	R3	R2	R1-R4	39	R3	R8	R1-R4,R2-R9
4	R4	R5		40	R3	R8	R4-R9
5	R2	R4	R1-R5	41	R1	R8	R2-R9
6	R3	R5		42	R8	R9	
7	R2	R3	R1-R5	43	R2	R8	R1-R9
8	R3	R3	R5-R7	44	R4	R8	R3-R9
9	R4	R6	R2-R7,R1-R5	45	R2	R8	R3-R9,R1-R4
10	R4	R6	R5-R7	46	R5	R8	R4-R9
11	R3	R6	R1-R4,R2-R7	47	R5	R8	R4-R9,R1-R5
12	R3	R6	R4-R7	48	R5	R8	R3-R9
13	R1	R6	R2-R7	49	R2	R8	R1-R5,R3-R9
14	R6	R7		50	R3	R8	R5-R7,R6-R9
15	R2	R6	R1-R7	51	R4	R8	R1-R5,R2-R7,R6-R9
16	R4	R6	R3-R7	52	R4	R8	R5-R7,R6-R9
17	R2	R6	R1-R4,R3-R7	53	R3	R8	R1-R4,R2-R7,R6-R9

图3.2.7 接收器电平等级调整表(部分)

2. 小轨道电路的调整

案例:若正向时测出的小轨道信号为46 mV,则对照"不同长度的小轨道的电平等级调整表"正向端子连接(见图3.2.8)在衰耗器后的96芯插座上进行跨线,将a11与a13、a14与a17、a18与a23相连接。

若反向时测出的小轨道信号为50 mV,则对照"不同长度的小轨道的电平等级调整表"反向端子连接(见图3.2.9)在衰耗器后的96芯插座上进行跨线,将c11与c13、c14与c16、c18与c23相连接。

(四)补偿电容

补偿电容实物图如图3.2.10所示。

案例:若某轨道电路载频为2300 Hz,长度为1220 m,则电容容量、补偿电容个数、电容补偿步长分别为多少?

序号	$U_入$/mV	R^*/Ω	正向端子连接	反向端子连接
1	33~38	0	a11-a23	c11-c23
2	39	75	a11-a14,a15-a23	c11-c14,c15-c23
3	40	150	a11-a15,a16-a23	c11-c15,c16-c23
4	41	225	a11-a14,a16-a23	c11-c14,c16-c23
5	42	294	a16-a23	c16-c23
6	43	375	a11-a14,a15-a16,a17-a23	c11-c14,c15-c16,c17-c23
7	44	450	a11-a15,a17-a23	c11-c15,c17-c23
8	45	525	a11-a14,a17-a23	c11-c14,c17-c23
9	46	599	a11-a13,a14-a17,a18-a23	c11-c13,c14-c17,c18-c23
10	47	674	a11-a13,a15-a17,a18-a23	c11-c13,c15-c17,c18-c23
11	48	749	a11-a13,a14-a15,a16-a17,a18-a23	c11-c13,c14-c15,c16-c17,c18-c23
12	49	824	a11-a13,a16-a17,a18-a23	c11-c13,c16-c17,c18-c23

图 3.2.8 不同长度的小轨道的电平等级调整表(部分)(一)

序号	$U_入$/mV	R^*/Ω	正向端子连接	反向端子连接
1	33~38	0	a11-a23	c11-c23
2	39	75	a11-a14,a15-a23	c11-c14,c15-c23
3	40	150	a11-a15,a16-a23	c11-c15,c16-c23
4	41	225	a11-a14,a16-a23	c11-c14,c16-c23
5	42	294	a16-a23	c16-c23
6	43	375	a11-a14,a15-a16,a17-a23	c11-c14,c15-c16,c17-c23
7	44	450	a11-a15,a17-a23	c11-c15,c17-c23
8	45	525	a11-a14,a17-a23	c11-c14,c17-c23
9	46	599	a11-a13,a14-a17,a18-a23	c11-c13,c14-c17,c18-c23
10	47	674	a11-a13,a15-a17,a18-a23	c11-c13,c15-c17,c18-c23
11	48	749	a11-a13,a14-a15,a16-a17,a18-a23	c11-c13,c14-c15,c16-c17,c18-c23
12	49	824	a11-a13,a16-a17,a18-a23	c11-c13,c16-c17,c18-c23
13	50	899	a11-a13,a14-a16,a18-a23	c11-c13 c14-c16,c18-c23
14	51	974	a11-a13,a15-a16,a18-a23	c11-c13,c15-c16,c18-c23
15	52	1049	a11-a13,a14-a15,a18-a23	c11-c13,c14-c15,c18-c23

图 3.2.9 不同长度的小轨道的电平等级调整表(部分)(二)

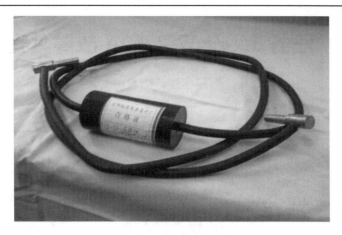

图 3.2.10 补偿电容实物图

由"2300 Hz 轨道电路调整表"(见图 3.2.11)可知,电容容量为 46 μF,补偿电容个数为 13 个,电容补偿步长为 90～94 m。完整的"2300 Hz 轨道电路调整表"见附表 A.1.3。补偿电容设置图如图 3.2.12 所示。

17	0.9	46	1051	1100	92.8	97.4	11	54	0.24	0.682	0.515	1.464	0.457	1.299	2.068	2.278	129.311	141.208	0.289	0.317	3	130～142
18	0.9	46	1101	1150	89.2	93.5	12	58	0.243	0.706	0.486	1.412	0.432	1.253	2.051	2.235	129.307	141.183	0.288	0.316	3	130～142
19	1.0	46	1151	1200	93.4	97.6	12	57	0.242	0.68	0.493	1.384	0.438	1.228	2.068	2.238	129.311	141.192	0.289	0.316	3	130～142
20	1.0	46	1201	1250	90.0	94.0	13	60	0.24	0.69	0.465	1.334	0.412	1.184	2.063	2.23	129.308	141.207	0.289	0.315	3	130～142
21	1.0	46	1251	1300	76.3	79.5	16	63	0.243	0.676	0.448	1.244	0.398	1.104	2.001	2.19	129.281	141.166	0.288	0.315	3	130～142
22	1.0	46	1301	1350	70.6	73.4	18	66	0.242	0.651	0.424	1.145	0.377	1.016	1.979	2.061	129.276	137.200	0.287	0.304	3	130～138

图 3.2.11 2300 Hz 轨道电路调整表(部分)

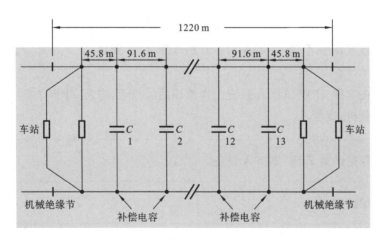

图 3.2.12 补偿电容设置图

四、职业规范要求

(1)认真分析工作任务,熟悉工作要求,在规定时间内完成交付的工作。

(2)遇到问题主动寻求解决问题的最优方法,及时向老师和同学请教。

(3)工作完成后要及时编写工作日志和总结反思。其中:工作日志要简单记录实施时间周期、完成的工作内容;总结反思则重点描写实施该工单的所学、所做、所想,特别是自己的收获和心得。

任务 3　ZPW-2000A 故障处理

工单（NO.3 QJ-ZHSX-03）

工作任务单			
工单编号	NO.3 QJ-ZHSX-03	工单名称	ZPW-2000A 故障处理
面向专业	信号类专业	职业岗位	信号工
实施方式	实际操作	考核方式	结果与过程综合
工单难度	中等	前序工单	NO.3 QJ-ZHSX-02
工单分值	100	完成时限	8 学时
单人/分组	分组	每组人数	2 人
考核点	普速铁路 ZPW-2000A 简单开路故障分析、处理		
工单简介	在掌握 ZPW-2000A 系统工作原理的前提下，进行 ZPW-2000A 简单开路故障分析、处理		
设备环境	普速铁路 ZPW-2000A 设备		
教学方法	实操法		
用途说明	本工单可用于 ZPW-2000A 相关课程的实训教学		
实施人员信息			
姓名	班级	学号	电话
小组	组长	岗位分工	组员

任务目标

实施该工单的任务目标如下：

【知识目标】

(1) 熟悉发送器开路故障的处理方法；

(2) 熟悉接收器开路故障的处理方法；

(3) 熟悉发送通道开路故障的处理方法；

(4) 熟悉接收通道开路故障的处理方法；

(5) 熟悉衰耗器相关电路开路故障的处理方法；

(6) 熟悉信号控制电路开路故障的处理方法。

【能力目标】

(1) 会测试检查发送器的正常工作条件；

(2) 会测试检查接收器的正常工作条件；

(3) 会处理发送通道的开路故障；

(4) 会处理接收通道的开路故障；

(5) 会处理衰耗器相关电路的开路故障；

(6) 会处理信号控制电路的开路故障。

【素养含思政目标】

(1) 培养并提高学生发现问题、分析问题、解决问题的能力。

(2) 培养并提高学生的表达沟通能力和分工协调、团队合作的意识。

任务介绍

1. 任务描述：

某 ZPW-2000A 闭塞分区，在轨道电路调整状态下，GJ 落下，出现故障，需要排除故障。

2. 任务要求：

(1) 准备好处理故障时需要的 CD96-3Z 移频表；

(2) 能熟练安全运用仪表完成本次任务，保证人身及设备仪表的安全；

(3) 故障处理时操作要小心、测量要耐心、观察要仔细。

任务资讯(20 分)

(4 分) 1. 请画出 ZPW-2000A 系统整体框图。

(4分) 2. 请简要叙述 ZPW-2000A 系统的工作原理。

(3分) 3. 请简要叙述 ZPW-2000A 发送通道的组成。

(3分) 4. 请简要叙述 ZPW-2000A 接收通道的组成。

(3分) 5. 请简要叙述 ZPW-2000A 室外设备的组成。

(3分) 6. 请简要叙述 ZPW-2000A 衰耗器指示灯的含义。

任务规划(20分)

(5分)1. 观察故障现象。

(5分)2. 分析故障现象。

(10分)3. 进行故障查找。

任务实施(40分)

(6分)1. 对 ZPW-2000A 发送器开路故障进行处理。

(6分)2. 对 ZPW-2000A 接收器开路故障进行处理。

（6分）3．对 ZPW-2000A 发送通道开路故障进行处理。

（6分）4．对 ZPW-2000A 接收通道开路故障进行处理。

（6分）5．对 ZPW-2000A 衰耗器相关电路开路故障进行处理。

（6分）6．对 ZPW-2000A 信号控制电路开路故障进行处理。

（4分）7．整理工具仪表，清理实验台。

工作日志(5分)

实施工单过程中填写如下日志。

工作日志表

日期	工作内容	问题及解决方式

总结反思(10分)

请编写完成本任务的工作总结。

思政收获(5分)

请勾选完成本任务后的思政收获。
☐ 厚植爱国情怀
☐ 培养安全意识
☐ 树立强烈的民族自豪感
☐ 培养科学精神和敬业精神
☐ 激发强烈的创新意识
☐ 激发学生的安全责任意识

质量监控单元(教师完成)

工单实施栏目评分表

评分项	分值	作答要求	评审规定	得分
任务资讯	20	问题回答清晰准确,能够紧扣主题,没有明显错误项	参照标准答案,错误一项扣5分,扣完为止	
任务规划	20	规划优秀可实施,没有任何细节错误	参照标准答案,错误一项扣2分,扣完为止	
任务实施	40	实施过程规范,质量符合工程标准	A类错误点一次扣3分,B类错误点一次扣2分,C类错误点一次扣1分	
其他	20	日志和问题项目填写详细,思政收获丰富深入,能够反映实际工作过程	没有填或者填写太过简单每项扣2分	
合计得分				

职业能力评分表

评分项	等级	作答要求	等级
知识评价	A/B/C	A:能够完整准确地回答任务资讯的所有问题,准确率在90%以上。 C:对基础知识掌握得非常差,任务资讯和答辩的准确率在50%以下	
能力评价	A/B/C	A:熟悉各个环节的实施步骤,完全独立地完成任务,并有能力辅助其他同学完成规定的工作任务,工作实施快速,准确率高(任务规划和任务实施准确率在85%以上)。 C:未完成任务或只完成部分任务,有问题没有积极向老师和其他同学请教,工作实施拖拉、不积极,各个部分的准确率在50%以下	
态度素养评价	A/B/C	A:不迟到、不早退,对人有礼貌,善于帮助他人,积极主动地完成规定的工作任务,工作台整洁有序,能准确回答老师提出的问题。 C:经常迟到、早退,态度不认真,未完成任务或只完成了部分任务,有问题没有积极向老师和其他同学请教,工作实施拖拉、不积极,不能准确回答老师提出的问题	

注:作答结果介于A、C之间的,等级评定为B。

教师评语栏

学习资源集

一、任务资讯

（一）ZPW-2000A 系统框图

ZPW-2000A 系统结构组成如图 3.3.1 所示，ZPW-2000A 型无绝缘移频自动闭塞系统框图如图 3.3.2 所示。

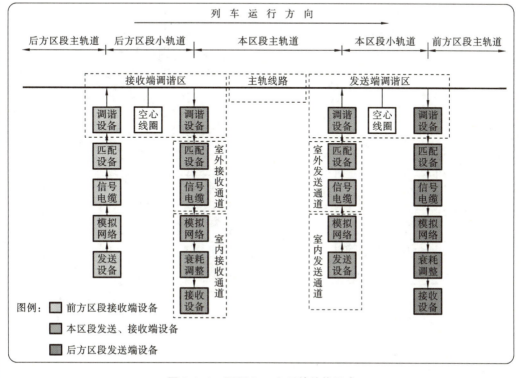

图 3.3.1　ZPW-2000A 系统结构组成

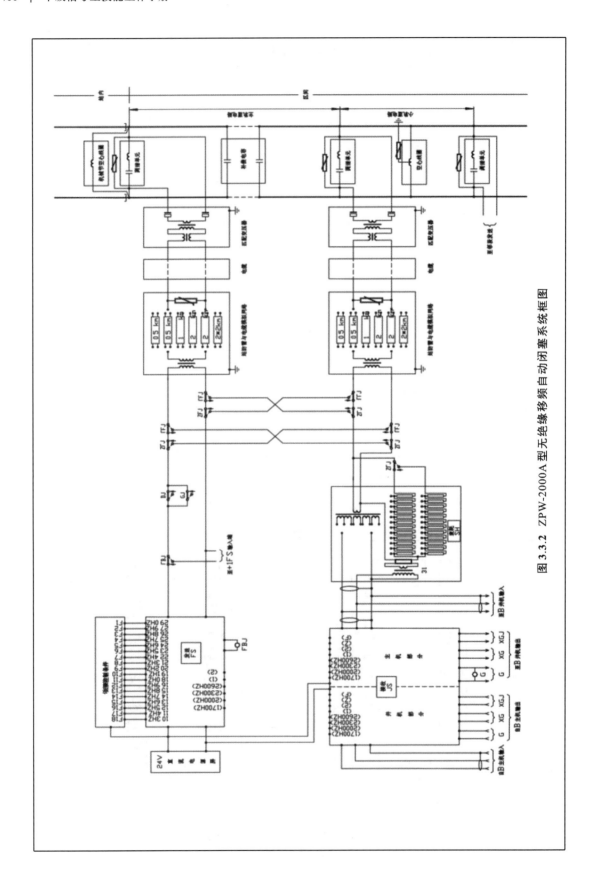

图 3.3.2　ZPW-2000A 型无绝缘移频自动闭塞系统框图

（二）ZPW-2000A 型无绝缘轨道电路的原理

ZPW-2000A 型无绝缘轨道电路采用电气绝缘节实现相邻轨道电路区段的隔离。电气绝缘节也称为调谐区，由调谐单元、空心线圈和 29 m 长的钢轨构成。调谐区对于本区段频率信号呈现极阻抗，利于本区段信号的传输及接收；对于相邻区段频率信号呈现零阻抗，有效地短路相邻区段信号，防止越区传输，实现相邻区段信号的电气绝缘。

ZPW-2000A 型无绝缘轨道电路由主轨道和小轨道两个部分组成。一般将 29 m 调谐区视为列车运行前方主轨道电路的所属"延续段"，即小轨道。

主轨道电路的发送器由编码条件控制产生表示不同含义的低频调制的移频信号。该信号经电缆通道（由实际电缆和模拟电缆组成）传给送端匹配变压器和调谐单元，因为钢轨是无绝缘的，所以该信号既能向主轨道传送，也能向小轨道传送。主轨道信号经钢轨送到本区段轨道电路受电端，然后经受电端调谐单元、匹配变压器、电缆通道，传到室内衰耗器、接收器。小轨道信号经调谐区衰耗后，由运行前方相邻轨道区段接收器处理，并将处理结果形成小轨道执行条件。

在小轨道参与联锁的线路上，本区段接收器需同时接收到主轨道移频信号及前方区段送来的本区段小轨道电路继电器执行条件，判决无误后方可驱动轨道电路继电器（GJ）吸起，并由此来判断区段的空闲与占用情况；在小轨道不参与联锁的线路上，小轨道执行条件仅供报警用，本区段接收器只需接收到符合条件的主轨道移频信号即可驱动 GJ 吸起。

本任务中 ZPW-2000A 轨道电路中小轨道参与联锁。

（三）ZPW-2000A 室外设备

ZPW-2000A 室外设备由电气绝缘节、匹配变压器、补偿电容等组成。其中，电气绝缘节包括 2 个调谐单元、1 个空心线圈和 29 m 钢轨，如图 3.3.3 所示。

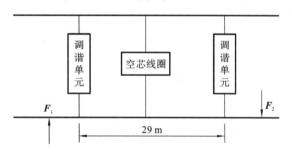

图 3.3.3 电气绝缘节的结构

（四）衰耗器指示灯的含义

（1）发送工作灯：为绿色，亮灯表示发送盒工作正常（即"发送功出"正常），灭灯表示无"发送功出"。

（2）接收工作灯：为绿色，亮灯表示接收盒工作正常，灭灯表示接收盒有故障。

（3）轨道占用灯：

①正常反映轨道电路空闲时亮绿灯。此时，主、小轨均正常，"GJ"有大于或等于 20 V 电压输出。

②列车占用时亮红灯。此时，主、小轨至少有一个不正常，"GJ"无正常电压输出。

（4）正方向表示灯：为黄色，亮灯表示处于此运行方向，灭灯表示不处于此运行方向。

(5) 反方向表示灯：为黄色，亮灯表示处于此运行方向，灭灯表示不处于此运行方向。

二、方案设计

(1) 通过故障现象，学习发送器故障分析查找方法。

(2) 通过故障现象，学习接收器故障分析查找方法。

(3) 通过故障现象，学习发送通道故障分析查找方法。

(4) 通过故障现象，学习接收通道故障分析查找方法。

(5) 通过故障现象，学习衰耗器电路故障分析查找方法。

(6) 通过故障现象，学习信号控制电路故障分析查找方法。

三、任务实施

（一）发送器开路故障

发送器工作电路如图 3.3.4 所示。

故障现象：发送器亮红灯，本区段呈红光带。

故障分析：发送器故障。

故障查找：

(1) 发送器正常工作应具备的条件。

① 有 24 V 直流工作电源且极性正确；

② 有且只有一个"-1""-2"选择条件；

③ 有且只有一路低频编码条件；

④ 有且只有一路载频条件；

⑤ 功出负载不能短路。

(2) 发送器的正常工作条件检测。

① 检查电源：测量发送器＋24/024V 工作电源，确认极性正确、幅值达标。不满足上述条件时，顺序查找对应的零层端子 02-17、02-18 以及熔断器和 4 柱端子，直至电源屏。

② 检查载频选择：在发送器上将黑表笔放在 024V 端子上，将红表笔在 1700、2000、2300、2600 四个载频选择端子上测量，有且只有一个有＋24 V。

③ 检查-1、-2 型式选择：在发送器上将黑表笔放在 024V 端子上，将红表笔在"-1""-2"端子上测量，有且只有一个有＋24 V。

④ 检查低频：在发送器上将黑表笔放在 024V 端子上，将红表笔在 F1~F18 底座端子上测量，低频条件下应该有且只有一个底座端子有＋24 V。满足正常工作条件时，发送器工作，FBJ 吸起，衰耗器发送工作灯亮灯。

⑤ 检查完上述条件后发送器还不正常工作，在发送器后部甩开发送功出线 S1 或 S2，观察发送器是否工作。若工作，则说明发送功出电路短路，按照发送功出电路，顺序甩线，直至确认故障点。对于短路故障，本任务不赘述，仅供了解。

当判断出发送器上述 5 个工作条件都具备，却仍不工作时，说明发送器内部电路有故障。此时，可与备用发送器调换位置，以此判断发送器是否有故障。

（二）发送通道电路故障

发送通道电路如图 3.3.5 所示。

故障现象：无车时，轨道占用灯亮红灯。

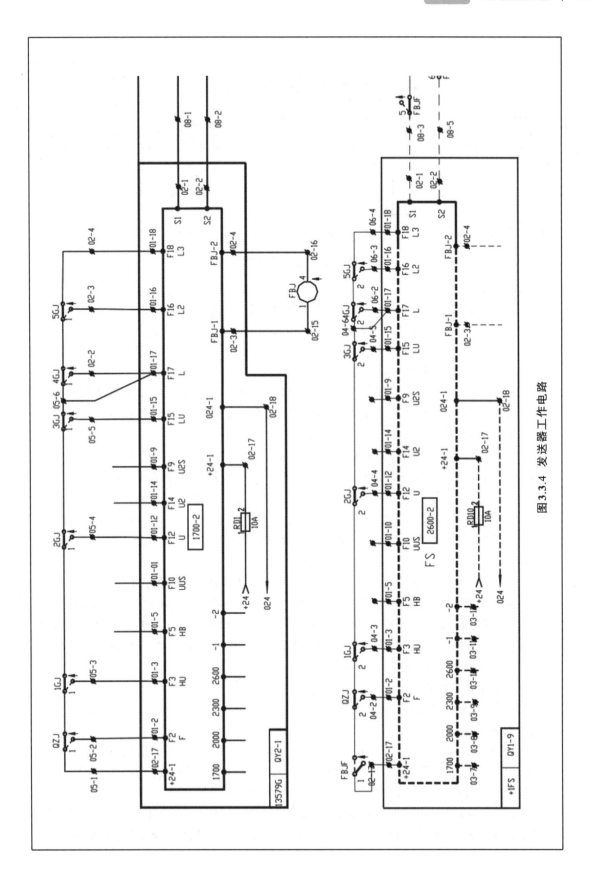

图 3.3.4 发送器工作电路

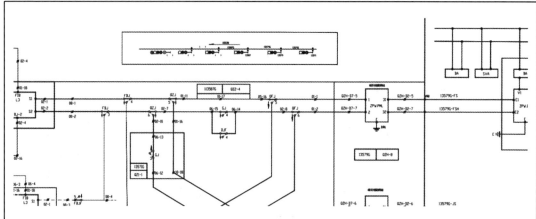

图 3.3.5　发送通道电路

故障查找：

(1) 假如测量发送器发送功出线 S1、S2 结果为有电压，测量发送端电缆模拟网络盘"设备侧"结果为无电压，那么可以判断出发送器与发送端电缆模拟网络盘间有故障。

按"发送功出 S1、S2—侧面端子 02-1、02-2—侧面端子 08-1、08-2—FBJ 第 3、4 组前接点—QZJ 第 5、6 组前接点—运行方向下一个区段的 GJ 与 DJF 并联前接点（红灯转移用）—侧面端子 05-16、02-8—QFJ 第 5、6 组后接点—侧面端子 01-1、01-2—FS 电缆模拟网络的 1、2 电压"这一顺序进行测量，结合观察继电器状态查找故障点，各点电压与发送电平一致时良好，变化时可确定开路点。

假如 08-1 与 FBJ_{42} 之间开路，测量侧面端子 08-1、08-2 时有电压，测量 FBJ_{32}、FBJ_{42} 时无电压，那么将表笔放在 08-2 上不动，将另一表笔放在 08-2 上有电，放在 FBJ_{42} 上无电，此时可确定开路点。

(2) 假如测量发送端电缆模拟网络盘"设备侧"与"电缆侧"电压，如果"设备侧"正常，"电缆侧"无电压，则先检查电缆模拟网络盘配线；如果配线正常，则更换发送端电缆模拟网络盘。

(3) 假如测量发送端电缆模拟网络盘"设备侧"与"电缆侧"电压，结果正常，那么说明是室外故障。此时，依次测量发送端 E1E2 和 V1V2、送端空心线圈、调谐单元、送端轨面、补偿电容、受端轨面、受端空心线圈、调谐单元、接收端 V1V2 和 E1E2 的电压和电流。如果不正常，则检查相关设备配线或电缆。如果相关设备配线或电缆正常，则更换设备。

（三）接收通道电路故障

接收通道电路如图 3.3.6 所示。

故障现象：无车时，轨道占用灯亮红灯。

故障查找：

(1) 按"侧面端子 01-3、01-4—QFJ 第 7、8 组后接点—QZJ 第 7、8 组前接点—侧面端子 02-11、02-12—侧面端子 03-1、03-2—衰耗器'轨入'塞孔"的顺序测量。不正常时，交叉测量查找，确定开路点，方法参见"发送通道电路故障"。

(2) 假如测量接收端电缆模拟网络盘"设备侧"与"电缆侧"电压，如果"电缆侧"正常，"设备侧"无电压，则先检查模拟网络盘配线，如果配线正常，则更换接收端电缆模拟网络盘。

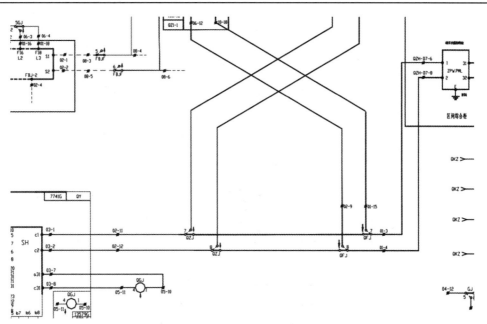

图 3.3.6 接收通道电路

(四)接收器电路故障

接收器工作电路如图 3.3.7 所示。

故障现象:无车时,轨道占用灯亮红灯。

(1)接收器正常工作应具备的条件。

① 有 24 V 直流工作电源且极性正确;

② 主、并机同时有且只有一个载频选择条件(包括选型条件);

③ 主、并机同时有且只有一个-1、-2 型;

④ 主、并机同时有且只有一个小轨选型条件。

(2)接收器的正常工作条件检测。

① 检查电源:测量接收器+24/024V 工作电源,确认极性正确、幅值达标。不满足上述条件时,顺序查找对应的零层端子 03-17、03-18 以及熔断器和 4 柱端子,直至电源屏。

② 检查载频选择:在接收器上将黑表笔放在 024V 端子上,将红表笔在 1700、2000、2300、2600 四个载频选择端子上测量,有且仅有一个有+24 V。

③ 检查-1、-2 型式选择:-1、-2 端子中有且仅有一个底座端子有+24 V。

④ 检查小轨道选型:X1、X2 端子中有且仅有一个底座端子有+24 V。

满足上述条件,接收器正常工作时向衰耗器发出 JB+、JB-条件(24 V 直流电压,衰耗器上点亮接收工作灯并构通 YBJ 的励磁条件。若上述条件缺其一,则衰耗器上接收工作灯灭灯,同时控制台移频报警)。接收器自身故障也会使接收工作灯灭灯、移频报警,不过主、并机备用不会造成无输出而出现红光带。

对于轨道电路来讲,要使得 GJ 吸起,还需满足以下条件:

① 延续区段的 XGJ(+)、XGJH(-)之间应有直流 24 V 电压。

② 轨出 1 电压不小于 240 mV。

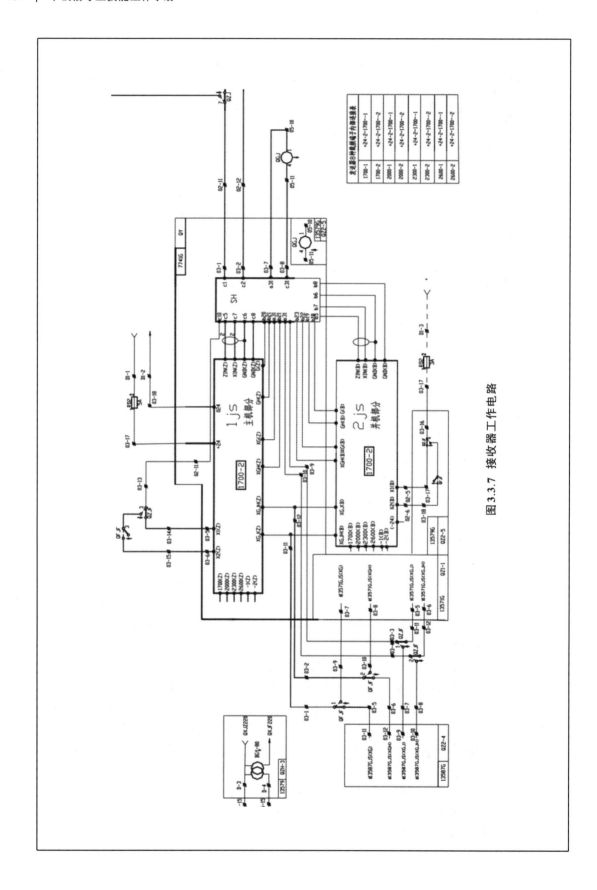

图 3.3.7 接收器工作电路

(五)衰耗器电路故障判断处理

衰耗器工作电路如图 3.3.8 所示。

故障现象:无车时,轨道占用灯亮红灯。

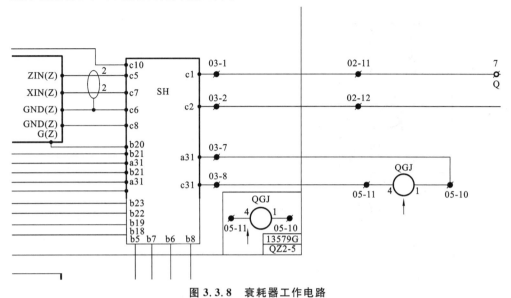

图 3.3.8　衰耗器工作电路

(1) 轨出 1 故障查找:测量结果为衰耗器轨入(C1、C2)主轨道频率幅值正常、轨出 1 频率幅值不正常时,查找接收器与衰耗器间的连线以及主轨接收电平等级调整配线等。如果配线正常,则更换衰耗器。

(2) 轨出 2 故障查找:测量结果为衰耗器轨入(C1、C2)小轨道频率幅值正常、轨出 2 频率幅值不正常时,如果本区段衰耗器轨出 1 频率幅值正常,则说明通道良好,是相邻区段送端出了问题,而如果本区段衰耗器轨出 1 频率幅值不正常,则说明本接收端出了问题;如果相邻区段的 JS 器正常,则相邻区段的发送端良好,是调谐区出了问题。

如果轨出 2 频率幅值正常,查找接收器和衰耗器间 XG/XGH 间配线(包括 Z 和 B),若配线好则更换衰耗器。

(3) 小轨道检查 XGJ 故障查找:"XGJ"塞孔上有大于或等于 20 V 的直流电压时,按轨出 1 故障处理。

不满足时,测量运行方向下一个区段的 XG/XGH(直流),有电说明本区段和下一个区段之间断线,交叉测量查找确定故障点。

如果衰耗器"XGJ"塞孔上无电,按照运行方向下一个区段的轨出 2 故障处理。

(4) 轨出 1 和小轨道检查 XGJ 条件均满足时,测量 G/GH(Z)时有电,并机正常时 G/GH(B)也有电,与主机并联输出。当主机或并机有一个正常工作都能使 G/GH 有电时,测量 QGJ 线圈电压,有电说明工作正常。没电时,查找 SH 器 a30 与 c30 至区间组合 (QZ)的配线或更换 QGJ。

(六)信号机控制电路

信号机控制电路如图 3.3.9 所示。区间通过信号机各个灯位的点灯原理如表 3.3.1 所示。

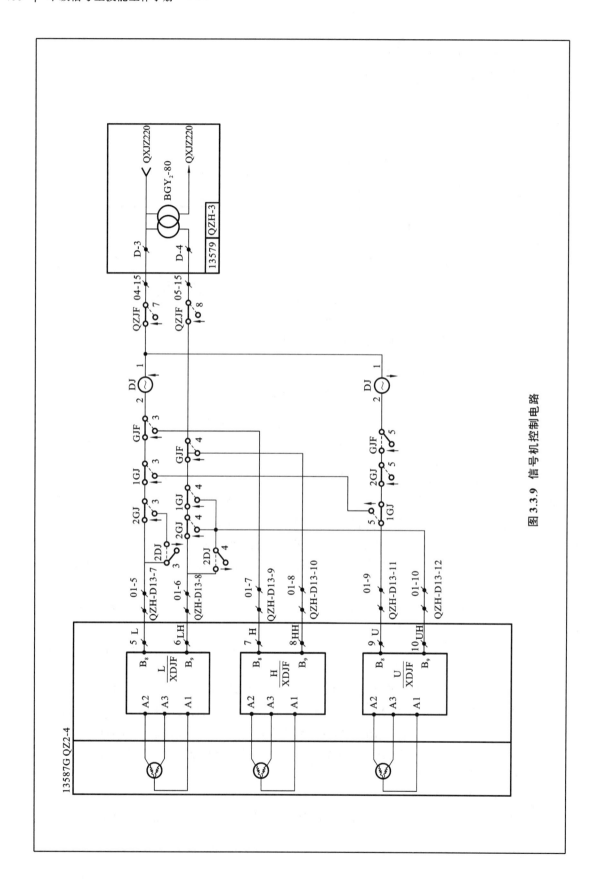

图 3.3.9 信号机控制电路

表 3.3.1 继电器状态与信号机点灯关系表

信号机点灯		QZJF	GJF	1GJ	2GJ	DJ	2DJ
H		↑	↓				
U		↑	↑	↓			
先点 U 灯,2DJ 吸起 再点 L 灯	U	↑	↑		↓		↑
	L	↑	↑	↑		↑	↑
L		↑	↑	↑		↑	

将万用表打到交流 500 V 挡,将红表笔放在"QXJZ"塞孔上,将黑表笔按信号机控制电路顺序移动,电压从有到无变化处为故障点。

四、职业规范要求

（1）认真分析工作任务,熟悉工作要求,在规定时间内完成交付的工作。

（2）遇到问题主动寻求解决问题的最优方法,及时向老师和同学请教。

（3）工作完成后要及时编写工作日志和总结反思。其中:工作日志要简单记录实施时间周期、完成的工作内容;总结反思则重点描写实施该工单的所学、所做、所想,特别是自己的收获和心得。

参考文献:《信号集中监测分析指南》,2015-7-6 武汉电务段。

项目 4　CTC 设备作业

项目内容：
1. CTC 车站子系统设备认知；
2. 车站自律机更换。

任务 1　CTC 车站子系统设备认知

工单(NO. 4 CTC-ZHSX-01)

工作任务单			
工单编号	NO. 4 CTC-ZHSX-01	工单名称	CTC 车站子系统设备认知
面向专业	铁道信号自动控制	职业岗位	信号工
实施方式	实际操作	考核方式	结果与过程综合
工单难度	适中	前序工单	无
工单分值	100	完成时限	4 学时
单人/分组	分组	每组人数	3 人
考核点	分散自律 CTC(调度集中)系统的结构,CTC 车站子系统设备的组成,CTC 机柜设备布置框图		
工单简介	参观 CTC 车站子系统,熟悉设备的布置和安装情况,绘制 CTC 机柜设备布置框图		
设备环境	CTC 车站子系统,信号机械室,工控机柜,采集控制机柜		
教学方法	在常规课程工单制教学当中采用实际操作演示的方式,引导学生学习和认知 CTC 车站子系统设备		
用途说明	本工单可用于调度集中系统-车站子系统课程内容教学实训,对应的职业能力训练等级为中级		
实施人员信息			
姓名	班级	学号	电话
小组	组长	岗位分工	组员

任务目标

实施该工单的任务目标如下：

【知识目标】
(1) 熟悉 CTC 车站子系统硬件结构的组成。
(2) 掌握 CTC 车站子系统设备的布置。
(3) 学习 CTC 车站子系统各设备的功能。

【能力目标】
(1) 能掌握 CTC 系统各设备的功能。
(2) 能绘制出 CTC 机柜设备布置框图。

【素养含思政目标】
(1) 培养学生自主学习和探索的能力。
(2) 培养学生良好的沟通表达能力。

任务介绍

1. 任务描述：
参观 CTC 车站子系统，熟悉 CTC 车站子系统设备的布置和安装情况，绘制 CTC 机柜设备布置框图。

2. 任务要求：
(1) 清楚 CTC 车站子系统设备的布置情况。
(2) 掌握 CTC 机柜内设备的布置和功能。
(3) 能够简单绘制 CTC 机柜设备布置框图。

任务资讯(20分)

(5分) 1. CTC 系统的功能、组成是怎样的？

(5分) 2. CTC 车站子系统的功能、硬件组成是怎样的？

（10分）3. CTC 机柜有哪些？CTC 机柜内放置的设备有哪些？它们的作用分别是什么？

任务规划(20分)

（5分）1. 清楚 CTC 车站子系统的硬件组成、在信号楼的位置。

（8分）2. 熟悉信号机械室内 CTC 机柜的类型及其所包含的设备。

（7分）3. 学习 CTC 机柜各设备的功能以及安装特点。

任务实施(40分)

(10分) 1. 前往信号楼,确定CTC车站子系统相关设备的放置位置。

(15分) 2. 确定信号机械室内CTC机柜的类型,以及不同CTC机柜内设备的放置情况。

(15分) 3. 规划设备布置,绘制CTC机柜设备布置框图。

工作日志(5分)

实施工单过程中填写如下日志。

工作日志表

日期	工作内容	问题及解决方式

总结反思(10分)
请编写完成本任务的工作总结。

思政收获(5分)
请勾选完成本任务后的思政收获。 ☐厚植爱国情怀 ☐增强自主学习意识 ☐树立强烈的民族自豪感 ☐培养科学精神和敬业精神 ☐培养学生的团队合作意识

质量监控单元（教师完成）

工单实施栏目评分表

评分项	分值	作答要求	评审规定	得分
任务资讯	20	问题回答清晰准确，能够紧扣主题，没有明显错误项	参照标准答案，错误一项扣5分，扣完为止	
任务规划	20	规划优秀可实施，没有任何细节错误	参照标准答案，错误一项扣2分，扣完为止	
任务实施	40	实施过程规范，质量符合工程标准	A类错误点一次扣3分，B类错误点一次扣2分，C类错误点一次扣1分	
其他	20	日志和问题项目填写详细，思政收获丰富深入，能够反映实际工作过程	没有填或者填写太过简单每项扣2分	
合计得分				

职业能力评分表

评分项	等级	作答要求	等级
知识评价	A/B/C	A：能够完整准确地回答任务资讯的所有问题，准确率在90%以上。 C：对基础知识掌握得非常差，任务资讯和答辩的准确率在50%以下	
能力评价	A/B/C	A：熟悉各个环节的实施步骤，完全独立地完成任务，并有能力辅助其他同学完成规定的工作任务，工作实施快速，准确率高（任务规划和任务实施准确率在85%以上）。 C：未完成任务或只完成部分任务，有问题没有积极向老师和其他同学请教，工作实施拖拉、不积极，各个部分的准确率在50%以下	
态度素养评价	A/B/C	A：不迟到、不早退，对人有礼貌，善于帮助他人，积极主动地完成规定的工作任务，工作台整洁有序，能准确回答老师提出的问题。 C：经常迟到、早退，态度不认真，未完成任务或只完成了部分任务，有问题没有积极向老师和其他同学请教，工作实施拖拉、不积极，不能准确回答老师提出的问题	

注：作答结果介于A、C之间的，等级评定为B。

教师评语栏

学习资源集

一、任务资讯

1. 分散自律 CTC 系统概述

CTC 是 centralized traffic control 的缩写,是调度集中的意思。CTC 系统指的是铁路运输调度集中系统,是现调度中心对某一区段内的信号设备进行远程集中控制,对列车运行直接进行指挥、管理的技术装备;分散自律 CTC 系统则指应用了分散自律技术的新型调度集中系统,是一种近年来在我国得到大力推广应用的行车调度自动控制设备。2003年,为了适应铁路运输跨越式发展的需要和科学技术的进步,赶上世界铁路运输自动化水平,铁道部(于 2013 年被撤销)创造性地提出了不同于传统 CTC 系统的新一代 CTC 系统,即分自律 CTC 系统,并于 2004 年制定了《分散自律调度集中系统技术条件(暂行)》,确定了技术框架和主要技术内核。

我国传统 CTC 系统一直没有得到推广应用的首要原因是不具备调车进路的远程控制和智能化控制的功能;而分散自律 CTC 系统综合运用计算机技术、网络通信技术和现代控制技术,采用智能化分散自律设计原则,以列车运行调整计划控制为中心,兼顾了列车与调车作业,是一个符合我国国情、路情的高度自动化的调度指挥系统。

分散自律 CTC 系统实现以国家铁路局为中心的集中控制,从网络构成角度看,可以分为 CTC 调度中心子系统、CTC 网络子系统、CTC 车站子系统三大部分。分散自律 CTC 系统总结构如图 4.1.1 所示。

2. CTC 车站子系统

(1) 系统结构。

CTC 车站子系统是分散自律 CTC 系统的重要组成部分,是整个网络系统的基本功能节点。调度中心将行车计划下达至车站,CTC 车站子系统根据列车运行调整计划完成进

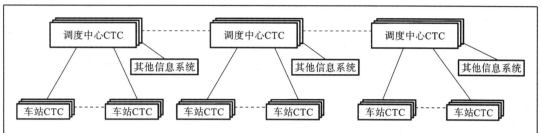

图 4.1.1 分散自律 CTC 系统总结构

路选排、冲突检测、控制输出等核心功能。同时,CTC 车站子系统还可以实现调车作业计划单编制及调车作业进路控制功能。

CTC 车站子系统的设备分别安装在行车运转室和信号机械室。CTC 车站子系统的硬件设备包括信息采样输出控制接口、车站自律机、数据传输网络和操作终端,以及电源和防雷设备等,各部分均采用冗余设计。客专线路 CTC 车站子系统的结构如图 4.1.2 所示。

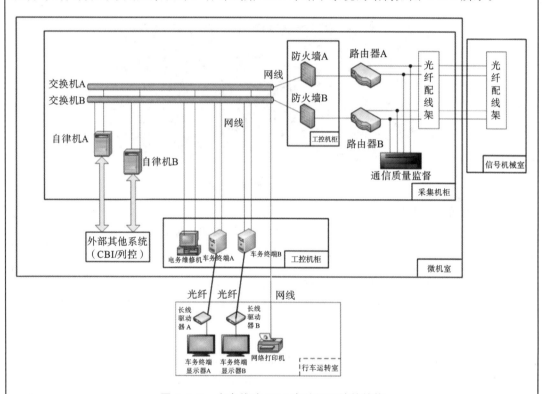

图 4.1.2 客专线路 CTC 车站子系统的结构

在车站值班员工作台上安装两台显示器和一台打印机。其中一台显示器显示车站控制台画面,另一台显示器显示车站行车日志画面,两台显示器均安装了车站语音系统。

在信号机械室内安装两个 CTC 机柜。两个 CTC 机柜中:一个为采集机柜,安装双套自律机及双机切换装置、网络通信设备、电源设备等;另一个为工控机柜,安装车站值班员工控机及电务维护工控机。

CTC 车站子系统的连接线主要由三类构成,一类是电源线,一类是网络线,还有一类是信号线。

(2) CTC 机柜安装及布置。

CTC 车站子系统的设备一般安装在两个 CTC 机柜,即采集机柜和工控机柜中。两个 CTC 机柜都采用欧洲标准,尺寸为 600 mm×800 mm×2000 mm(宽×深×高)。

采集机柜中安装的设备主要包括(从上到下):C0 控制面板、交换机、自律机、采集设备、路由器、传输电路质量监督单元、ODF 架、UPS、ATS 切换器。

工控机柜中安装的设备主要包括(从上到下):信号员工控机、电务维修机、防火墙、长线驱动器、三合一控制台、值班员工控机。

二、任务实施

根据以下信息,画出采集机柜和工控机柜的设备布置框图。

(1) C0 控制面板。

在采集机柜和工控机柜前面板上分别有 2 个电源指示灯——A 系电源和 B 系电源,如图 4.1.3 所示。

图 4.1.3 采集机柜面板电源指示灯

CTC 机柜面板电源指示灯的含义如表 4.1.1 所示。

表 4.1.1 CTC 机柜面板电源指示灯的含义

编号	名称	含义	正常状态显示	异常状态显示	备注
1	A 系电源	电源指示灯	绿灯	灭灯	绿灯亮表示 A 系输入电源正常
2	B 系电源	电源指示灯	绿灯	灭灯	绿灯亮表示 B 系输入电源正常

(2) 自律机。

LiRC-2 新型自律机系统包含两套主机系统(A 系统和 B 系统)及一套切换单元。该系统采用双机冗余的方式与外部装置连接协同工作,在正常情况下两套计算机系统同时运行,完成相同的任务,处理相同的数据,切换单元会指定其中一台计算机作为主机。当其中一台计算机发生故障时,切换单元会给出切换信号,通知无故障的计算机切换为主机,以此保证系统正常运行。

如图 4.1.4 所示,左边为 A 系统,右边为 B 系统,两个系统之间为切换模块。A、B 系均由电源部分、CPU 部分和串口部分组成。

(3) 值班员终端。

值班员终端为双机冗余系统,不分主备机,双机并行同时工作。双机之间互相交换最新的数据以保持同步。主机一般设置于系统工控机柜内,输出显示设备则安装在行车运转室。

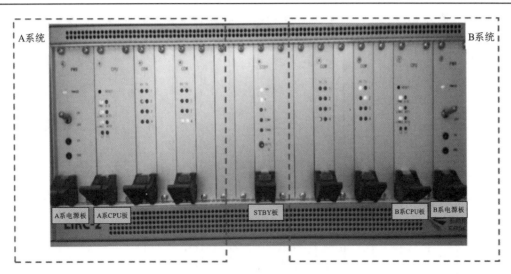

图 4.1.4　LiRC-2 新型自律机

值班员终端主机标准配置为工控机设备。图 4.1.5 为研华工控机柜外观。

图 4.1.5　研华工控机柜外观

(4) 信号员终端。

信号员终端为双机冗余系统，不分主备机，双机并行同时工作。双机之间互相交换最新的数据以保持同步。主机一般设置于系统工控机柜内，输出显示设备则安装在行车运转室。信号员终端的功能主要是：在 CTC 控制模式下，辅助值班员控制车站信号设备，办理列车或调车作业，监督列车进路序列的正确性。信号员终端主机与值班员终端主机保持一致，一般配置为工控机设备。

(5) 电务维护终端。

电务维护终端主机一般设置于系统工控机柜内，与安装在机柜内的 LCD 三合一控制设备或显示器、键盘鼠标一体化设备配套使用。

(6) 采集设备。

采集设备一般由电源板、DIB 采集板和 DIB 母板组成。采集设备前视图如图 4.1.6 所示。

(7) 交换机。

交换机(见图 4.1.7)是 CTC 车站子系统中的设备交互信息的核心网络设备，CTC 车站子系统中的设备通过交换机的 RJ45 端口实现信息交互。交换机的故障将直接影响到 CTC

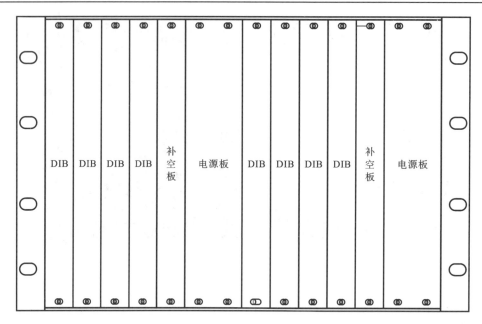

图 4.1.6　采集设备前视图

图 4.1.7　交换机

车站子系统中设备之间的信息交互。每个车站的采集机柜中设置两台交换机。

(8) 路由器。

路由器(见图 4.1.8)是 CTC 车站子系统与其相邻 CTC 车站子系统、CTC 调度中心子系统交互信息的核心网络处理单元。根据实际通道条件,路由器可通过 G.703 2M 同轴接口或光纤 FE 接口实现车站与车站、车站与调度中心之间的信息交互功能。路由器的故

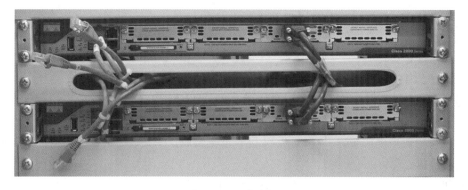

图 4.1.8　路由器

障将直接影响到车站与车站、车站与调度中心之间的信息交互。每个车站的采集机柜中设置两台路由器。

(9) 传输电路质量监督单元(DLMU100)。

传输电路质量监督单元 DLMU100 分布于各个车站,能够实时监测 4 个 2M 传输通道的通信质量,并将结果反馈至 CTC 系统维护中心。DLMU100 设备按照接口的不同分为 DLMU100-G.703 设备和 DLMU100-V.35 设备。这两种设备均可应用于通信接口为 2M 同轴接口的车站。设备标准配置 1 个 LCD 显示屏、4 块采集板。对于配置采集板,上侧为 DTE 接口,用于与协议转换器接口;下侧为 DCE 接口,用于与路由器网络通信模块接口,如图 4.1.9 所示。

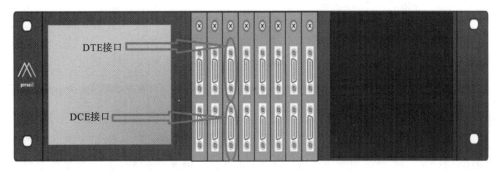

图 4.1.9　DLMU100-V.35 前面板示意图

(10) 三合一控制台。

三合一控制台(见图 4.1.10)采用可抽拉、折叠设计,集 19 寸(0.3 寸=1 厘米)液晶显示器、触控鼠标、键盘功能于一体,并与电务维修工控主机匹配使用,作为维护人员的输入设备。三合一控制台各部分的功能或操作描述如表 4.1.2 所示。

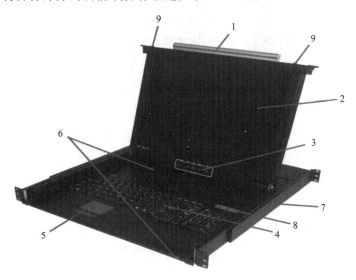

图 4.1.10　三合一控制台

1—手柄;2—显示屏;3—控制按钮;4—键盘;5—触控板;6—LED;7—机架支架;8—Lock 指示灯;9—锁扣

表 4.1.2　三合一控制台各部分的说明

编号	部件名称	功能或操作描述
1	手柄	拉动此手柄,将 KVM 模组拉出;推动此手柄,将 KVM 模组推回
2	显示屏	信号输出显示
3	控制按钮	开关按钮、控制屏幕位置和图像设置的按钮
4	键盘	字符文字输入
5	触控板	移动光标
6	LED	电源指示灯
7	机架支架	位于设备两侧,设备底盘固定在其上
8	Lock 指示灯	分别为 Num Lock、Caps Lock 和 Scroll Lock 的指示灯
9	锁扣	要在机架上自由抽拉三合一控制台,首先必须将此锁扣按到里面

(11) 光纤长线驱动器。

光纤长线驱动器成套设置,包含一个近端设备和一个远端设备,且两设备分别安装于工控机柜中和行车运转室控制台上。光纤长线驱动器利用光纤传输,可以将主机上的键盘和鼠标、视频信号延长 800 m,接口显示可以优化到最高分辨率 WUXGA(1920×1200)/Full HD(1920×1080)。

近端设备和远端设备连接接口示意图分别如图 4.1.11 和图 4.1.12 所示。

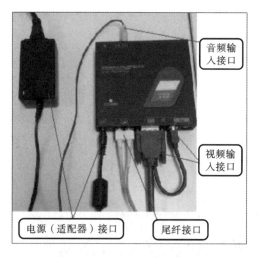

图 4.1.11　光纤长线驱动器近端设备连接接口示意图

近端设备面板指示灯在近端设备上电时显示为"绿色"灯光,在近端设备与远端设备建立通信后则显示"蓝色"灯光。

远端设备面板指示灯在远端设备上电时显示为"绿色"灯光,在远端设备与近端设备建立通信后则显示"蓝色"灯光。

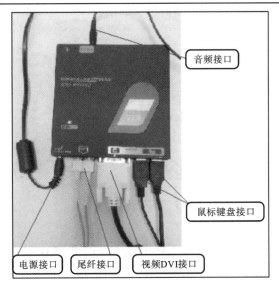

图 4.1.12　光纤长线驱动器远端设备连接接口示意图

(12) 网络型长线驱动器。

网络型长线驱动器成套设置,包含一个近端设备和一个远端设备,且两设备分别安装于工控机柜对应工控主机设备中和行车运转室控制台上。网络型长线驱动器利用网线传输,可以将主机上的键盘和鼠标、视频信号延长 70 m。

近端设备连接接口示意图如图 4.1.13 所示,设备具体连接如图 4.1.14 和图 4.1.15 所示。

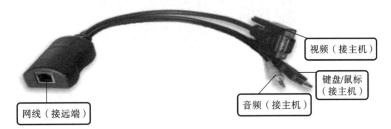

图 4.1.13　网络型长线驱动器近端设备连接接口示意图

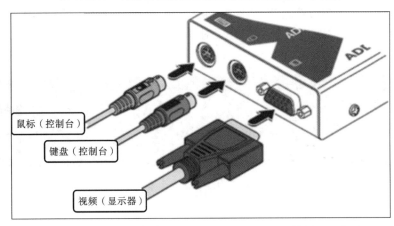

图 4.1.14　网络型长线驱动器近端设备(右侧)连接接口示意图

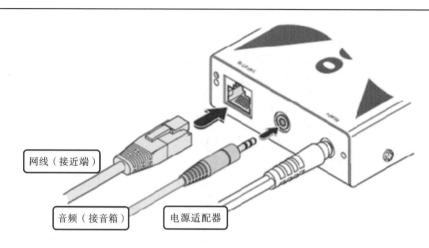

图 4.1.15　网络型长线驱动器远端设备(左侧)连接接口示意图

(13) 显示器。

显示器通常也被称为监视器,一般与工控主机匹配使用,作为输入/输出设备。显示器一般设置安装在行车运转室终端控制台上。液晶显示器如图 4.1.16 所示。

图 4.1.16　液晶显示器

(14) 网络安全设备。

CTC 车站子系统中的网络安全设备包含安全网关系统和安全加固软件。安全网关系统(见图 4.1.17)是采用协议过滤、访问控制等机制,保证 TDCS/CTC 系统内不同区域间信息安全的设备。安全加固软件从系统层对计算环境内服务器和终端进行加固,使系统具备主动防御能力。

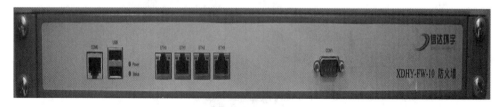

图 4.1.17　安全网关系统

三、职业规范要求

(1) 认真分析工作任务,熟悉工作要求,在规定时间内完成交付的工作。

（2）遇到问题主动寻求解决问题的最优方法，及时向老师和同学请教。

（3）在任务实施之前，首先要根据任务要求详细分析工作内容要求，进行详细的工作任务规划，能够熟悉使用工具和仪表，操作规范。

（4）能够准确选定相关设备，完成机柜设计。

（5）工作完成后要及时编写工作日志和总结反思。其中：工作日志要简单记录实施时间周期、完成的工作内容；总结反思则重点描写实施该工单的所学、所做、所想，特别是自己的收获和心得。

任务 2　车站自律机更换

工单(NO. 4 CTC-ZHSX-02)

工作任务单			
工单编号	NO. 4 CTC-ZHSX-02	工单名称	车站自律机更换
面向专业	铁道信号自动控制	职业岗位	信号工
实施方式	实际操作	考核方式	结果与过程综合
工单难度	适中	前序工单	NO. 4 CTC-ZHSX-01
工单分值	100	完成时限	4 学时
单人/分组	分组	每组人数	2 人
考核点	车站 CTC 机柜设备组成，LiRC-2 新型自律机的功能，自律机的结构特点，自律机的拆除和安装		
工单简介	某车站需更换自律机设备，对自律机设备进行拆除、安装		
设备环境	信号机械室，CTC 车站子系统采集机柜，LiRC-2 新型自律机系统		
教学方法	在常规课程工单制教学当中采用实际操作演示的方式，引导学生学习和熟练进行车站自律机系统设备的更换		
用途说明	本工单可用于调度集中系统车站自律机课程内容教学实训，对应的职业能力训练等级为中级		
实施人员信息			
姓名		班级		学号		电话	
小组		组长		岗位分工		组员	

任务目标

实施该工单的任务目标如下：

【知识目标】
(1) 掌握 CTC 车站子系统机柜内设备的放置、功能。
(2) 掌握自律机的结构和功能。
(3) 清楚自律机设备的更换注意事项，完成拆除和安装。

【能力目标】
(1) 能够掌握自律机中每个板卡的功能。
(2) 能够掌握自律机设备拆除和安装等技能操作。
(3) 能够熟练规范操作。

【素养含思政目标】
(1) 培养学生自主学习和探索的能力。
(2) 提升学生的技能操作水平，增强学生分工协调、团队合作的意识。

任务介绍

1. 任务描述：
某车站需更换自律机，对自律机设备进行拆除、安装。
2. 任务要求：
(1) 清楚车站自律机的功能和结构组成。
(2) 清楚车站自律机设备的更换注意事项。
(3) 按照规范操作，完成车站自律机系统的更换安装。

任务资讯(20分)

(5分) 1. FZ-CTC 系统分散自律功能的含义是什么？

(5分) 2. CTC 车站子系统采集机柜的组成是怎样的？

（5分）3. 请简要叙述 LiRC-2 新型自律机系统的组成和结构特点。

（5分）4. 自律机的拆除和安装分别有哪些注意事项？

任务规划（20分）

（5分）1. 掌握 CTC 车站子系统设备的放置位置、CTC 机柜设备的放置情况。

（5分）2. 明确自律机在 CTC 机柜中的位置。

（5分）3. 掌握 LiRC-2 新型自律机系统的结构特征，清楚更换板卡的注意事项。

(5分)4. 掌握自律机中板卡拆除和安装的方法。

任务实施(40分)

(10分)1. 规划CTC车站子系统中自律机在采集机柜中的放置情况,挑选好适当的仪表及工具。

(15分)2. 查看设备状况,完成自律机旧板卡的拆除。

(15分)3. 完成车站自律机系统新板卡的安装。

工作日志(5分)

实施工单过程中填写如下日志。

工作日志表

日期	工作内容	问题及解决方式

总结反思(10分)

请编写完成本任务的工作总结。

思政收获(5分)

请勾选完成本任务后的思政收获。
☐厚植爱国情怀
☐增强自主学习意识
☐培养科学精神和敬业精神
☐激发强烈的创新意识
☐激发学生的安全责任意识
☐培养学生的团队合作意识

质量监控单元(教师完成)

工单实施栏目评分表

评分项	分值	作答要求	评审规定	得分
任务资讯	20	问题回答清晰准确,能够紧扣主题,没有明显错误项	参照标准答案,错误一项扣5分,扣完为止	
任务规划	20	规划优秀可实施,没有任何细节错误	参照标准答案,错误一项扣2分,扣完为止	
任务实施	40	实施过程规范,质量符合工程标准	A类错误点一次扣3分,B类错误点一次扣2分,C类错误点一次扣1分	
其他	20	日志和问题项目填写详细,思政收获丰富深入,能够反映实际工作过程	没有填或者填写太过简单每项扣2分	
合计得分				

职业能力评分表

评分项	等级	作答要求	等级
知识评价	A/B/C	A:能够完整准确地回答任务资讯的所有问题,准确率在90%以上。 C:对基础知识掌握得非常差,任务资讯和答辩的准确率在50%以下	
能力评价	A/B/C	A:熟悉各个环节的实施步骤,完全独立地完成任务,并有能力辅助其他同学完成规定的工作任务,工作实施快速,准确率高(任务规划和任务实施准确率在85%以上)。 C:未完成任务或只完成部分任务,有问题没有积极向老师和其他同学请教,工作实施拖拉、不积极,各个部分的准确率在50%以下	
态度素养评价	A/B/C	A:不迟到、不早退,对人有礼貌,善于帮助他人,积极主动地完成规定的工作任务,工作台整洁有序,能准确回答老师提出的问题。 C:经常迟到、早退,态度不认真,未完成任务或只完成了部分任务,有问题没有积极向老师和其他同学请教,工作实施拖拉、不积极,不能准确回答老师提出的问题	

注:作答结果介于A、C之间的,等级评定为B。

教师评语栏

学习资源集

一、任务资讯

1. 分散自律 CTC 系统简介

分散自律 CTC 系统是综合了计算机技术、网络通信技术和现代控制技术,在 TDCS 的平台上采用智能化分散自律设计原则,以列车运行调整计划控制为中心,兼顾列车与调车作业的高度自动化的调度指挥系统。

其中,分散是相对于调度集中控制而言的,将过去由调度中心集中控制所有车站的列车作业的方式改变为由各个车站独立地控制各自的列车和调车作业的方式。自律指依据各站的特点,系统按照《铁路技术管理规程》(简称《技规》)、《铁路行车组织规则》(《行规》)、《铁路运输调度规则》(简称《调规》)、《铁路行车工作细则》(简称《站细》)等规则自动协调列车作业和调车作业的矛盾,控制列车进路和调车进路。处理矛盾的基本原则是:列车作业优于调车作业,调车作业不得干扰列车作业。

2. 车站自律机的功能

CTC 车站子系统是分散自律 CTC 系统的重要组成部分,是整个网络系统的基本功能节点。调度中心将行车计划下达至车站,CTC 车站子系统根据列车运行调整计划完成进路选排、冲突检测、控制输出等核心功能。同时,CTC 车站子系统还可以实现调车作业计划单编制及调车作业进路控制功能。自律机作为 CTC 车站子系统的重要设备,具有以下功能:

(1) 接收调度中心的列车运行计划,适时生成进路序列,并根据计划指示、列车位置等条件自动触发驱动联锁系统执行;

(2) 接收调车作业计划,适时生成进路序列,并根据调车组的无线申请和车列位置自动触发驱动联锁系统执行;

（3）接收调度中心和车站值班员的进路序列操作指令，对已形成的待执行的进路序列进行修改；

（4）接收调度中心和车站值班员的直接控制操作指令（按钮命令），经与列车计划以及联锁关系检查后，确认无冲突后驱动联锁系统执行；

（5）对信号设备的表示信息进行分析，跟踪进路的状态，确认进路的完整性和信号的正确性，并对不正常情况进行处理和报警；

（6）车次跟踪，无线车次校核，人工车次确认处理；

（7）和相邻车站自律机交换站场实时信息、车次号信息、列车的计划和实际到发信息，并自动调整本站的车次号以及到发情况预计；

（8）接收调度中心或车站值班员下发的调度命令、路票、行车凭证等，并在适当时候通过无线接口转送给机车司机，随后转发司机的签收信息；

（9）无线进路自动预告等。

3. 自律机的结构

以 LiRC-2 新型自律机系统为例，它包含两套主机系统（A 系统和 B 系统）及一套切换单元（STBY）。该系统采用双机冗余的方式与外部装置连接协同工作，在正常情况下两套计算机系统同时运行，完成相同的任务，处理相同的数据，切换单元会指定其中一台计算机作为主机。当其中一台计算机发生故障时，切换单元会给出切换信号，通知无故障的计算机切换为主机，以此保证系统正常运行。

如图 4.2.1 所示，左边为 A 系统，右边为 B 系统，两个系统之间为切换模块。A、B 系统均由电源部分、CPU 部分和串口部分组成。LiRC-2 新型自律机面板示意图如图 4.2.2 所示，各组成部分的功能描述和所占槽位数如表 4.2.1 所示。

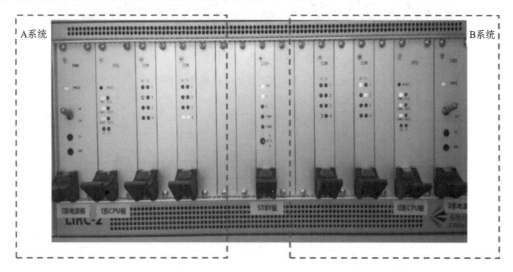

图 4.2.1　LiRC-2 新型自律机

LiRC-2 新型自律机是一款 19 英寸（1 英寸＝2.54 厘米）上架安装、4 U（1 U＝4.445 cm）高机箱，内部模块采用 CPCI 接口方式，实现板卡之间无线缆连接。LiRC-2 新型自律机系统中的两套计算机系统均为 3 U CPCI 计算机系统。

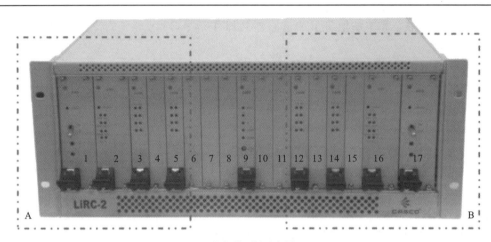

（a）前面板示意图

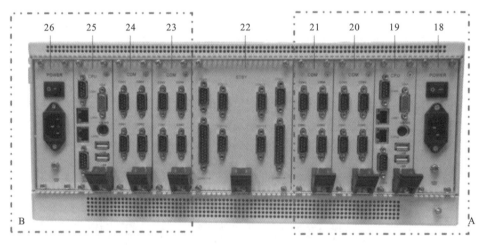

（b）后面板示意图

图 4.2.2 LiRC-2 新型自律机面板示意图

1,17,18,26—CDM-1353；2,16—CPCI-3030；3,5,12,14—CDM-1356；
4,6~8,10,11,13,15—空挡板；9—CDM-1358；19,25—CDM-1380；
20,21,23,24—CDM-1357；22—CDM-1359

表 4.2.1 LiRC-2 新型自律机各组成部分的功能描述和所占槽位数

序号	模块	功能描述	所占槽位数
1	CDM-1353	A 系统电源模块（PWR）	2
2	CPCI-3030	A 系统 CPU 模块（CPU）	2
3	CDM-1356	A 系统串口模块（COM）	1
5	CDM-1356	A 系统串口模块（COM）	1
9	CDM-1358	切换模块前插板（STBY）	1
12	CDM-1356	B 系统串口模块（COM）	1
14	CDM-1356	B 系统串口模块（COM）	1

续表

序号	模块	功能描述	所占槽位数
16	CPCI-3030	B 系统 CPU 模块(CPU)	2
17	CDM-1353	B 系统电源模块(PWR)	2
18	CDM-1353	A 系统电源模块后输入面板(PWR)	2
19	CDM-1380	A 系统 CPU 模块扩展板(CPU)	2
20	CDM-1357	A 系统串口模块后 I/O 板(COM)	2
21	CDM-1357	A 系统串口模块后 I/O 板(COM)	2
22	CDM-1359	切换模块后 I/O 板(STBY)	5
23	CDM-1357	B 系统串口模块后 I/O 板(COM)	2
24	CDM-1357	B 系统串口模块后 I/O 板(COM)	2
25	CDM-1380	B 系统 CPU 模块扩展板(CPU)	2
26	CDM-1353	B 系统电源模块后输入面板(PWR)	2
4、6～8、10、11、13、15		空挡板	各占 1 槽位

在 LiRC-2 新型自律机中,A、B 两个系统分别由各自的电源模块供电,而位于两系统之间的 STBY 切换模块则由 B 系统供电。机箱背板示意图和背板的 CPCI 槽结构图如图 4.2.3 所示。

4. 更换自律机注意事项

(1) 机箱安装入机柜后应在机箱上下各保留 1 U 的空间,用于机箱通风散热。

(2) 对机箱进行操作前,应仔细阅读注意事项和安装使用说明。

(3) 对机箱及板卡进行任何操作时必须有防静电措施,如戴防静电手套、防静电手环等。若没有防静电手套,先用手触摸一下金属导电物,确保身体不带静电。

(4) 对机箱各模块进行插拔时,要确保电源处于断开状态。针对本机箱而言,一定要确保电源板后面板开关处于断开状态。

(5) 在机箱工作期间不得对机箱模块进行插拔操作。

(6) 关机后至少要等待 30 s 后再开机,频繁开关机会对设备造成损坏。

(7) 在运输过程中要在机箱周围添加海绵等阻隔物,尤其是拐角位置,以防碰撞对机箱表面造成损伤。

(8) 使用时若发现模块有明显损伤,勿接通电源。

(9) 勿将机箱放置在容易摇晃的地方。

二、任务实施

安装顺序:每个模块可以单独进行安装和拆除,因此无先后顺序。A、B 系统及切换模块的背板固定在机箱中,不能直接拆除,若背板发生故障,则需和机箱一起发回公司进行售后维修,不可随意拆卸背板。

模块拆除和安装以 CPU 模块为例进行介绍。

（a）机箱背板示意图

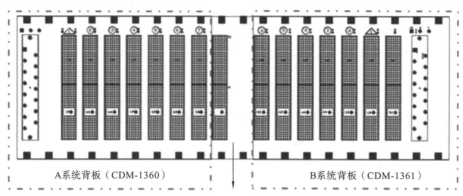

（b）背板的CPCI槽结构图

图 4.2.3　机箱背板示意图和背板的 CPCI 槽结构图

1. 模块拆除

第一步：用螺丝刀将固定模块的螺钉（图 4.2.4 中圆圈圈住的螺钉）拧开。需要特别注意的是，图 4.2.4 中箭头所指圆圈处的螺钉，一定要记得拧开，若此处螺钉未拧开而强行向外拉出模块，则会损坏板卡和模块助拔器。

第二步：待螺钉拧开后，用手指用力按下模块下端的黑色模块助拔器的红色按钮，直到红色按钮不再弹起，如图 4.2.5 示。

第三步：此时（见图 4.2.6）用另一只手按压黑色模块助拔器的边缘（见图 4.2.7），当听到"咔"的一声时，模块与箱体以及背板脱离，此时模块助拔器也被按压到极限位置。

第四步：两只手缓慢地将模块沿导轨移出，如图 4.2.8 所示。

图 4.2.4 CPU 模块拆除第一步

图 4.2.5 CPU 模块拆除第二步

图 4.2.6 CPU 模块拆除第三步(一)

图 4.2.7 CPU 模块拆除第三步(二)

图 4.2.8 CPU 模块拆除第四步

注意:水平拉出模块时,必须用两只手,一定要缓慢。另外,模块上有些元器件有一定的高度,在向外拉出模块时,为避免器件与旁边固定挡板发生碰撞造成损坏,要将欲移出模块偏移微小角度(但不可偏离导轨)移出,如图 4.2.9 所示。

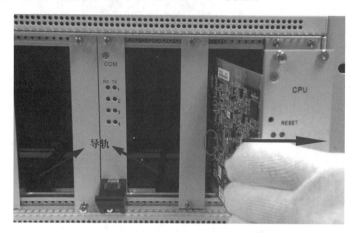

图 4.2.9 将 CPU 模块偏移微小角度移出

2. 模块安装

安装前查看背板插槽中插针是否正常,排除插针弯曲和偏移的状况,才可继续安装。若插针有弯曲或偏移状况,应与公司售后联系。

第一步:将模块缓慢地沿导轨推入相应槽位,在推入过程中,若模块上有部分器件高于面板,要注意将模块稍倾斜(但不可偏离导轨),如图 4.2.10 所示。

第二步:将模块沿导轨推入,直至感觉力量受阻,此时模块面板大致与机箱齐平,如图 4.2.11 所示。

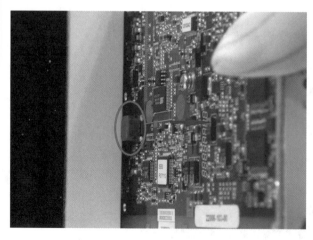

图 4.2.10 将 CPU 模块稍倾斜

图 4.2.11 CPU 模块安装第二步

第三步:继续缓慢推入模块(请注意:此时模块的 CPCI 接口与背板插针接触),若发现用力仍无法推入,则背板插针可能已弯曲,请拔出模块进行检查,若插针确实弯曲,则需与公司售后联系;若用力可以顺利推入,则推入的同时对模块助拔器边缘向上用力,如图 4.2.12 所示,使背板的 CPCI 插针与模块上的 CPCI 接口插座形成良好的接触。

图 4.2.12　在推入 CPU 模块的同时对模块助拔器边缘向上用力

第四步:对模块助拔器向上用力,使背板 CPCI 插针缓慢、平稳、准确地插入模块插座(此时模块面板与机箱面板完全齐平),会听到"咔"的一声,红色按钮弹起,模块被固定,如图 4.2.13 所示。

图 4.2.13　CPU 模块安装第四步

第五步:拧紧图 4.2.14 中用圆圈圈住的四个螺钉。

图 4.2.14　CPU 模块安装第五步

三、职业规范要求

(1) 认真分析工作任务,熟悉工作要求,在规定时间内完成交付的工作。

(2) 遇到问题主动寻求解决问题的最优方法,及时向老师和同学请教。

(3) 在任务实施之前,首先要根据任务要求详细分析工作内容要求,进行详细的工作任务规划,根据安装注意事项,操作规范。

(4) 能够准确选定相关设备,完成机柜设计。

(5) 工作完成后要及时编写工作日志和总结反思。其中:工作日志要简单记录实施时间周期、完成的工作内容;总结反思则重点描写实施该工单的所学、所做、所想,特别是自己的收获和心得。

项目 5　电源屏设备作业

项目内容：
1. 智能电源屏的巡检作业；
2. 智能电源屏的检修作业。

任务 1　智能电源屏的巡检作业

工单（NO.5 DYP-ZHSX-01）

工作任务单			
工单编号	NO.5 DYP-ZHSX-01	工单名称	智能电源屏的巡检作业
面向专业	信号类专业	职业岗位	信号工
实施方式	实际操作	考核方式	结果与过程综合
工单难度	中等	前序工单	无
工单分值	100	完成时限	8学时
单人/分组	分组	每组人数	6人
考核点	智能电源屏的测试、操作和维护（以国铁路阳DSG型智能电源屏为例）		
工单简介	某天窗点，需要对智能电源屏进行巡检作业		
设备环境	照明灯、螺丝刀、克丝钳、剥线钳、长嘴钳、扳手、电烙铁、联络工具、万用表、各种规格的万科端子、不同规格的螺丝若干等		
教学方法	在常规课程工单制教学当中采用实际操作演示的方式，引导学生学习和训练智能电源屏测试、操作与维护技能		
用途说明	本工单可用于铁路信号电源设备维护课程内容训练或者铁路信号电源工实训课程的教学实训，对应的职业能力训练等级为中级		
实施人员信息			
姓名	班级	学号	电话
小组	组长	岗位分工	组员

任务目标
实施该工单的任务目标如下： 【知识目标】 （1）了解智能电源屏的主要部件、结构原理和操作方法。 （2）掌握智能电源屏的操作、调试、测试方法。 （3）掌握智能电源屏相关指示灯的含义。 【能力目标】 （1）具备智能电源屏标准化巡检作业的能力。 （2）具备测试智能电源屏输入、输出电源的能力。 （3）具备操作智能电源屏的能力。 【素养含思政目标】 （1）能够严格按照文中的职业规范要求进行工单实施。 （2）培养学生的沟通表达能力和分工协作、团队合作意识。 （3）厚植爱国情怀。

任务介绍
1．任务描述： 某天窗点，完成对智能电源屏的巡检作业。智能电源屏为国铁路阳DSG型智能电源屏，现进行智能电源屏的巡检作业，完成对国铁路阳DSG型智能电源屏的巡检作业技术要求。 2．任务要求： （1）准备万用表1块、数字钳形电流表1块、兆欧表1块。 （2）确定电源屏标准化巡检作业流程。 （3）完成巡检作业过程中对相关指标的测试。

任务资讯（20分）
（5分）1．智能电源屏巡检作业工作内容有哪些？   （5分）2．智能电源屏巡检作业工具有哪些？

(5分)3.智能电源屏巡检作业流程是怎样的?

(5分)4.请简要叙述智能电源屏的结构、模块的作用和模块编号。

任务规划(20分)

(5分)1.天窗前作业。

(10分)2.天窗中作业(日常养护)。

(3分)3.天窗后作业。

(2分)4.班会总结。

任务实施(40分)

(5分)1. 通过微机监测系统、智能电源屏监控单元了解智能电源屏的运行情况,即完成对智能电源屏各个指标的监控识别、判断。

(5分)2. 标准化完成登记、销记,即正确填写"驻站防护控制表""行车设备施工登记簿"等。

(15分)3. 按照规定操作,完成智能电源屏的日常养护。

(15分)4. 完成智能电源巡检试验、测试。

工作日志(5分)

实施工单过程中填写如下日志。

工作日志表

日期	工作内容	问题及解决方式

总结反思(10分)
请编写完成本任务的工作总结。

思政收获(5分)
请勾选完成本任务后的思政收获。 □厚植爱国情怀 □培养安全意识 □树立强烈的民族自豪感 □培养科学精神和敬业精神 □激发强烈的创新意识 □激发学生的安全责任意识

质量监控单元（教师完成）

工单实施栏目评分表

评分项	分值	作答要求	评审规定	得分
任务资讯	20	问题回答清晰准确，能够紧扣主题，没有明显错误项	参照标准答案，错误一项扣5分，扣完为止	
任务规划	20	规划优秀可实施，没有任何细节错误	参照标准答案，错误一项扣2分，扣完为止	
任务实施	40	实施过程规范，质量符合工程标准	A类错误点一次扣3分，B类错误点一次扣2分，C类错误点一次扣1分	
其他	20	日志和问题项目填写详细，思政收获丰富深入，能够反映实际工作过程	没有填或者填写太过简单每项扣2分	
合计得分				

职业能力评分表

评分项	等级	作答要求	等级
知识评价	A/B/C	A：能够完整准确地回答任务资讯的所有问题，准确率在90%以上。 C：对基础知识掌握得非常差，任务资讯和答辩的准确率在50%以下	
能力评价	A/B/C	A：熟悉各个环节的实施步骤，完全独立地完成任务，并有能力辅助其他同学完成规定的工作任务，工作实施快速，准确率高（任务规划和任务实施准确率在85%以上）。 C：未完成任务或只完成部分任务，有问题没有积极向老师和其他同学请教，工作实施拖拉、不积极，各个部分的准确率在50%以下	
态度素养评价	A/B/C	A：不迟到、不早退，对人有礼貌，善于帮助他人，积极主动地完成规定的工作任务，工作台整洁有序，能准确回答老师提出的问题。 C：经常迟到、早退，态度不认真，未完成任务或只完成了部分任务，有问题没有积极向老师和其他同学请教，工作实施拖拉、不积极，不能准确回答老师提出的问题	

注：作答结果介于A、C之间的，等级评定为B。

教师评语栏

学习资源集

一、任务资讯

（一）准备工作说明

智能电源屏巡检作业是铁路信号系统维护工作的重要组成部分。智能电源屏工作的状态将直接影响铁路现场相关设备的正常工作，对智能电源屏定期进行巡检，可降低智能电源屏故障对现场的影响，保障铁路运输供电正常。学生应首先认识智能电源屏的作用、组成，然后掌握智能电源屏各个模块的作用、输入/输出的技术指标，最后能够根据智能电源屏的标准化巡检作业流程实施巡检作业。本任务以国铁路阳 DSG 型智能电源屏为例进行分析。

1. 智能电源屏的作用、组成

智能电源屏是指运用计算机技术，具有对铁路信号电源设备系统的运行状态、运行故障、参数进行实时监测、显示、记录、存储、故障报警和管理功能的电源屏。

铁路信号智能电源屏是专门为铁路信号设备供电的装置，信号负载电源类型主要有信号点灯电源、道岔表示电源、轨道电路电源、局部电源、直流转辙机电源、继电器电源、微机监测电源、交流转辙机电源、计算机联锁电源、闭塞电源/半自动闭塞电源、熔丝报警电源、灯丝报警电源、TDCS 电源、CTC 电源、表示灯电源、闪光灯电源、电码化电源等。

铁路信号智能电源屏主要包括配电、模块、防雷、监控等几部分。输入电源由汇流排进入 UPS，经 UPS 滤波、变化后输出稳定的交流电源，供给各个交直流配电单元。工频交流电源采用变压器隔离供电方式，直流电源模块采用"$N+M$"并联冗余工作方式。交流转辙机电源采用变压器隔离、电网直供工作方式。屏与屏之间由屏间连线跨接，以保证各屏可靠供电，闭合各隔离单元与模块的输入、输出断路器，电源屏对外正常供电。国铁路阳 DSG 型智能电源屏的工作原理框图如图 5.1.1 所示。

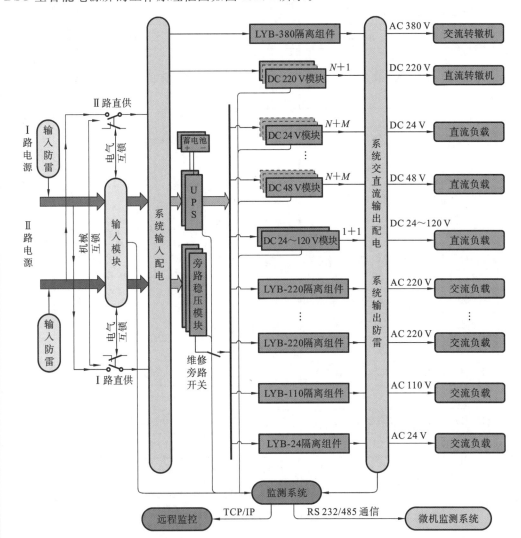

图 5.1.1　国铁路阳 DSG 型智能电源屏的工作原理框图

注：UPS 可按需要配置成单台；UPS 旁路稳压为可选项；可通过模块配置改变以满足不同供电需求。

2. 智能电源屏模块的作用

国铁路阳 DSG 型智能电源屏模块的电气参数如表 5.1.1 所示。

表 5.1.1 国铁路阳 DSG 型智能电源屏模块的电气参数

序号	模块名称	额定输出参数	负载类型	输出电压允许范围	绝缘电阻（DC 500 V）	备注
1	DSJL-1100/220G	AC 220 V/5 A	信号点灯、道岔表示、稳压备用、电码化、50 Hz 轨道电路等	AC(220±10)V	≥25 MΩ	
2	DSJL-1500/220G	AC 220 V/6 A			≥25 MΩ	
3	DSJL-2200/220G	AC 220 V/10 A			≥25 MΩ	
4	DSJL-3500/220G	AC 220 V/15 A			≥25 MΩ	
5	DSJL-5000/220G	AC 220 V	稳压器模块	AC(220±6.6)V	≥25 MΩ	
6	DSBS-20/24	AC 24 V/20 A+2 A	表示及闪光	AC(24±3)V	≥25 MΩ	闪光频率 90~120 次/min
7	DSBS-50/24	AC 24 V/50 A+4 A	表示及闪光	AC(24±3)V	≥25 MΩ	闪光频率 90~120 次/min
8	DSZSL-2/24	DC 24 V/2 A	直流闪光电源	AC 24 V	≥25 MΩ	闪光频率 90~120 次/min
9	DSZSL-2/110	AC 110 V/2 A	交流闪光电源	AC 110 V	≥25 MΩ	闪光频率 90~120 次/min
10	DSZL-20/24	DC 24 V/20 A	继电器、区间轨道、电码化	DC(24±0.5)V	≥25 MΩ	
11	DSZL-30/24	DC 24 V/30 A			≥25 MΩ	
12	DSZL-50/24	DC 24 V/50 A			≥25 MΩ	
13	DSZL-100/24	DC 24 V/100 A			≥25 MΩ	
14	DSZL-50/48	DC 48 V/50 A	ATP 电源	DC(48±0.5)V	≥25 MΩ	
15	DSZL-16/220	DC 220 V/16 A	直流转辙机	DC(220±10)V	≥25 MΩ	
16	DSFL-2000/25	AC 220 V/1200 VA	25 Hz 轨道电路	AC(220±6.6)V	≥25 MΩ	局部电源超前轨道电源90°
		AC 110 V/800 VA	25 Hz 局部电路	AC(110±3.3)V		
17	DSFL-4000/25	AC 220 V/2400 VA	25 Hz 轨道电路	AC(220±6.6)V	≥25 MΩ	
		AC 110 V/1600 VA	25 Hz 局部电路	AC(110±3.3)V		
18	DSJL-10K/380G	AC 380 V/10 kVA	交流转辙机	电网电压	≥25 MΩ	三相四线制
19	DSJL-15K/380G	AC 380 V/15 kVA	交流转辙机	电网电压	≥25 MΩ	
20	DSJL-30K/380G	AC 380 V/30 kVA	交流转辙机	电网电压	≥25 MΩ	
21	DSZL-2/24-120G	DC 24~120 V/2 A	闭塞电源	DC(24~120)±5 V	≥25 MΩ	

续表

序号	模块名称	额定输出参数	负载类型	输出电压允许范围	绝缘电阻(DC 500 V)	备注
22	DSDC-20/24/2S	DC 24 V/20 A/2 s	后备电源	2 s/20 A	≥25 MΩ	驼峰电源专用
23	DSBY-4000/25	AC 220 V/4000 kVA /25 Hz	25 Hz 测长电源	AC(220±6.6)V	≥25 MΩ	驼峰测长电源
24	DSBY-4000/175	AC 220 V/4000 kVA /175 Hz	25 Hz 测长电源	AC(220±6.6)V	≥25 MΩ	驼峰测长电源
25	DSBY-4000/175C	AC 220 V/4000 kVA /175 Hz	25 Hz 测长电源	AC(220±6.6)V	≥25 MΩ	驼峰测长电源

3. 标准化巡检作业流程

智能电源屏标准化巡检作业流程如图 5.1.2 所示。

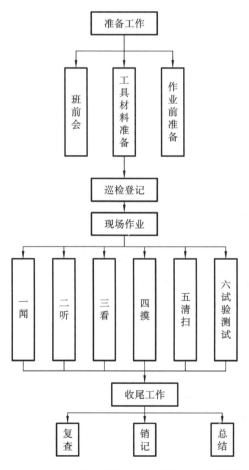

图 5.1.2　智能电源屏标准化巡检作业流程图

4. 智能电源屏巡检作业工具准备

智能电源屏巡检作业所使用的工具如下：照明灯、螺丝刀、克丝钳、剥线钳、长嘴钳、扳手、电烙铁、联络工具、万用表、各种规格的万科端子、不同规格的螺丝若干等。

5. 智能电源屏各项电气特性技术指标参数

国铁路阳 DSG 型智能电源屏各项电气特性技术指标参数如表 5.1.2 和表 5.1.3 所示。

表 5.1.2　国铁路阳 DSG 型智能电源屏输入电源允许偏差范围

序号	输入电源	允许偏差
1	电压	AC 220 V：-20%～+15%，即 176 V～253 V
2		AC 380 V：-20%～+15%，即 304 V～437 V
3	频率	(50±0.5)Hz

表 5.1.3　国铁路阳 DSG 型智能电源屏输出额定电压和额定电流

名称	电压	电压波动范围	电流			
			5 kV·A	10 kV·A	20 kV·A	30 kV·A
直流转辙机电源	DC 220 V	-10～+20 V	12.5 A	16 A	30 A	40 A
继电器电源	DC 24 V	-0.5～+3.5 V	16 A	16 A	40 A	50 A
信号机点灯电源	AC 220 V	±10 V	2.5 A×2	5 A×2	5 A×2	5 A×2
道岔表示电源	AC 220 V	±10 V	1 A	2 A	4 A	6.3 A
电码化电源	AC 220 V	±10 V	2.5 A	5 A	5 A×2	5 A×2
稳压备用电源	AC 220 V	±10 V	4 A	5 A	10 A	16 A
非稳压备用电源	AC 220 V	同外电网	5 A	5 A	10 A	20 A
表示灯电源	AC 24 V	±3 V	16 A	20 A	50 A	50 A
轨道电源	AC 220 V	±10 V	2 A×2	4 A×2	4 A×4	4 A×6
25 Hz 轨道电源	AC 220 V	±6.6 V	局部电源超前轨道电源 90°			
	AC 110 V	±3.3 V				
区间轨道电源	DC 24 V	-1～+4 V	60 A(100 A)			
站间联系电源	DC 48 V	±5 V	2 A			
区间信号点灯电源	AC 220 V	±10 V	3 A×2			
灯丝报警电源	DC 24～60 V	±5 V	2 A			

（二）准备工作内容

（1）团队分工。

（2）仪表工具和材料分类摆放整齐并携带。

（3）各部门之间的沟通联系。

二、方案设计

某天窗点，完成对智能电源屏的巡检作业。智能电源屏为国铁路阳 DSG 型智能电源屏，现进行智能电源屏的巡检作业，完成对国铁路阳 DSG 型智能电源屏的巡检作业技术要求。

三、任务实施

（一）天窗前作业

1. 了解设备情况

通过微机监测等手段，对被检站智能电源屏输入、输出电源的电压、电流曲线，输出电源对地漏流进行调阅分析，针对可能存在的问题，确定巡检重点。

国铁路阳 DSG 型智能电源屏外电网输入电压（微机监测）如图 5.1.3 所示，输出电压日报表（微机监测）如图 5.1.4 所示，监控单元主功能界面如图 5.1.5 所示。

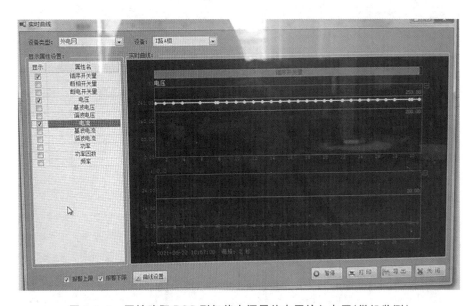

图 5.1.3　国铁路阳 DSG 型智能电源屏外电网输入电压（微机监测）

2. 召开碰头会

（1）作业负责人布置日常养护任务，明确作业地点、时间、任务及相关人员分工。

（2）作业负责人布置劳动安全和行车安全的具体措施并做好安全预想，作业人员复述作业内容，针对作业内容做好安全预想。

3. 防护用具检查

（1）通信联络工具互通试验：驻站联络员与室外防护员、各作业人员进行呼叫联络，确保通信畅通。

（2）按规定着装，佩戴（带）劳动防护用品。

4. 工具材料准备

（1）工具及仪表：照明灯、螺丝刀、克丝钳、剥线钳、长嘴钳、扳手、电烙铁、联络工具、万用表等。

（2）材料准备：毛巾、棉纱、焊锡丝、松香、各种规格的万科端子、不同规格的螺丝若干等。

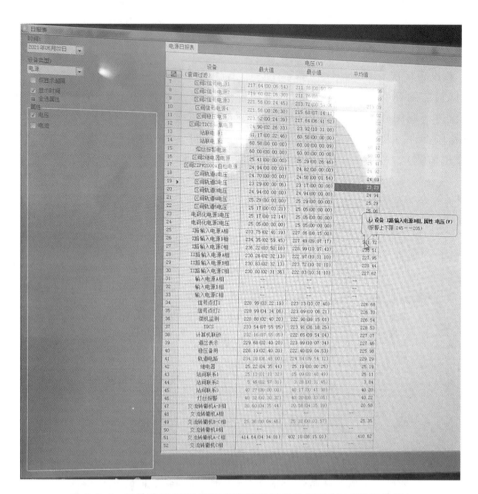

图 5.1.4　国铁路阳 DSG 型智能电源屏输出电压日报表（微机监测）

图 5.1.5　国铁路阳 DSG 型智能电源屏监控单元主功能界面

5. 登记

（1）驻站联络员需在作业计划时间的前40分钟（高铁提前60分钟）到车站信号楼，经车站值班员签认，双调度命令下达后开始工作；在值台联系过程中必须执行《驻站联络员作业标准》，密切监视列车运行情况，并填写"驻站防护控制表"。目前，部分单位采用录音笔（见图5.1.6）录音，不再使用"驻站防护控制表"。在录音过程中所需要使用的标准用语见附录B。

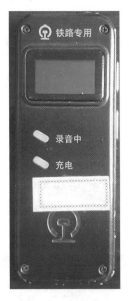

图 5.1.6　铁路专用录音笔

（2）驻站联络员必须按照《技规》《行规》《维规》中的有关要求和《电务部分作业在"运统-46"上登记、销记用语样板》，在"行车设备施工登记簿（运统-46施工）"内登记，如图5.1.7所示。

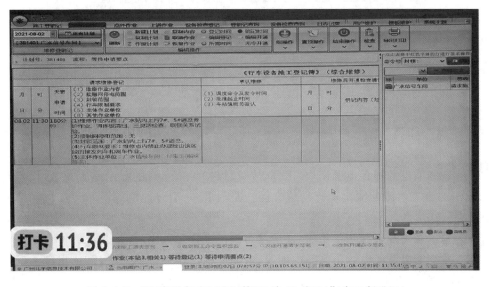

图 5.1.7　"行车设备施工登记簿（运统-46施工）"（电子版登记）

注意：驻站联络员到达车站信号楼后，先打开录音装置，再进行登记作业。

6. 作业联系

（1）驻站联络员在驻站过程中必须认真执行《驻站联络员作业标准》中的要求，密切监视列车运行情况，及时通知现场防护员。

（2）在作业过程中，现场防护员应将作业地点变动情况及时通知驻站联络员，并定时与驻站联络员联络，确保通信畅通。

注意：防护及作业联系须使用标准用语且需进行复诵。

（二）天窗中作业（日常养护）

1. 一闻

要闻一闻有无塑料、胶木等发热或烧焦的异味。

2. 二听

听交流接触器有无异响，各电源模块有无异响，风冷、风机有无异常。

3. 三看

"三看"主要包括以下四项内容。

（1）查看智能电源屏监控单元报警情况，如图 5.1.8 所示，记录检测到的输入、输出的电压、电流等数据（见图 5.1.9 至图 5.1.11）。

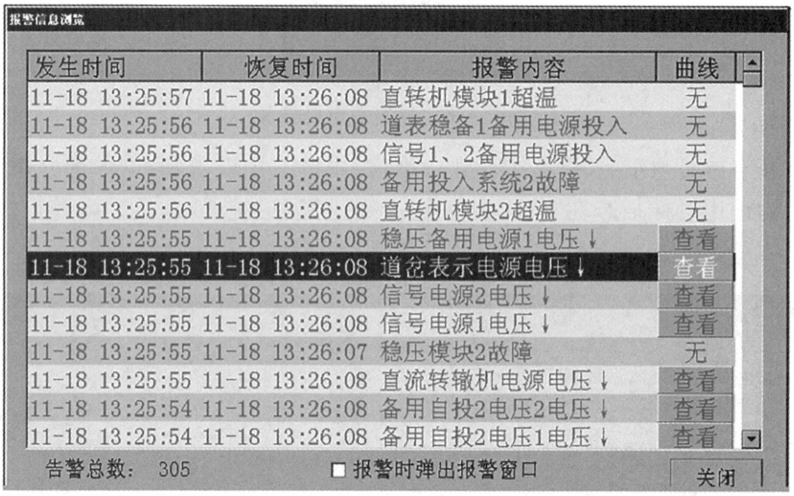

图 5.1.8　国铁路阳 DSG 型智能电源屏监控单元报警情况查看

↑—模拟量超限报警；↓—模拟量低限报警

（2）查看智能电源屏各电源模块、工作、故障、保护等指示灯的显示是否正常，以及并联融入输出的直流电源的输出电流均值。国铁路阳 DSG 型智能电源屏 25 Hz 电源屏模块如图 5.1.12 所示。

（3）查看电源屏及电源防雷箱输入、输出防雷模块有无劣化。

（4）查看智能电源屏电源防雷箱内配线、电源屏汇流排上配线、输入和输出端子配线及套管有无变色、老化。

名称	电压	电流	频率	相位
1路输入电源A	230.7	0.1	49.8	
1路输入电源B	231.3	0.1	49.8	
1路输入电源C	212.4	0.1	49.9	
2路输入电源A	230.0	1.6	50.0	
2路输入电源B	227.1	0.9	49.8	
2路输入电源C	211.4	1.8	49.8	
计算机联锁1	227.9	0.0		
计算机联锁2	228.0	0.0		
备用自投1	227.8			
1路输入电源AB				116.4
1路输入电源BC				124.6
2路输入电源AB				117.1
2路输入电源BC				123.3

图 5.1.9 国铁路阳 DSG 型智能电源屏监控单元模拟量查看

名称	主备	报警1	报警2	报警3	报警4
输入模块1	备用	断错相			
输入模块2	主用	断错相			
稳压模块1		故障	超温		
稳压模块2		故障	超温		
稳压模块3		故障	超温		
输入防雷开关Ⅰ		脱扣			
输入防雷开关Ⅱ		脱扣			
备用投入系统1		故障	故障		
计联1备用电源		投入			
计联2备用电源		投入			
25Hz模块1		故障			
25Hz模块2		故障			
备用投入系统2		故障			

图 5.1.10 国铁路阳 DSG 型智能电源屏监控单元模块状态查看

名称	值	单位	描述
2#输入电压A	230.0	V	
2#输入电压B	230.2	V	
2#输入电压C	226.9	V	
2#输出电压A	220.2	V	
2#输出电压B	0.0	V	
2#输出电压C	0.0	V	
2#输出电流A	0.4	A	
2#输出电流B	0.0	A	
2#输出电流C	0.0	A	
2#UPS电池电压	2.9	V	
2#输出频率	50.0	Hz	
2#交流输入线电压AB	399.2	V	
2#交流输入线电压BC	396.0	V	
2#交流输入线电压CA	396.0	V	

选择：○ UPS 1　● UPS 2
状态：UPS 1　UPS 2

图 5.1.11 国铁路阳 DSG 型智能电源屏监控单元 UPS 监测查看

图 5.1.12　国铁路阳 DSG 型智能电源屏 25 Hz 电源屏模块

另外,断路器(见图 5.1.13)的容量应符合设计要求。

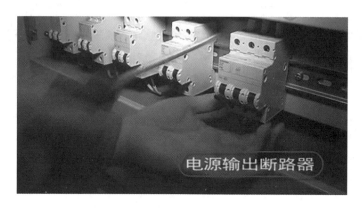

图 5.1.13　断路器

4. 四摸

"四摸"主要包括四项内容。

(1) 摸电源模块面板温升是否正常。

(2) 摸交流接触器及配线、输入和输出端子配线温升是否正常。

(3) 摸电源屏和电源防雷箱电源输入、输出断路器及模块输入断路器温升是否正常。

(4) 摸隔离变压器温升是否正常。

5. 五清扫

"五清扫"主要涉及以下三个方面。

(1) 清扫机柜表面、模块等设备上的灰尘及污物。

(2) 确保环境良好、空调工作正常。

(3) 模块外部、散热孔清洁,确保风扇工作良好。

6. 六试验测试

在天窗点内测试内容如下。

(1) 输入电源相位、相序检测:周期为每月一次,测量方法如图 5.1.14 所示。

如果 $U_{ⅠA\text{-}ⅡA} \approx U_{ⅠB\text{-}ⅡB} \approx U_{ⅠC\text{-}ⅡC}$,则两路电源相序一致。

如果 $U_{IA-IIA} \approx U_{IB-IIB} \neq U_{IC-IIC}$，或 $U_{IA-IIA} \neq U_{IB-IIB} \approx U_{IC-IIC}$，或 $U_{IA-IIA} \approx U_{IC-IIC} \neq U_{IB-IIB}$，则两路电源相序不一致。

如果 $U_{IA-IIA} \approx U_{IB-IIB} \approx U_{IC-IIC} < 100$ V，则两路电源相位基本一致。

图 5.1.14　国铁路阳 DSG 型智能电源屏输入电源相位、相序测量

（2）对两路交流输入电源切换功能进行检查：试验Ⅰ路和Ⅱ路输入电源应能正常切换，且不影响各输出分路电源；周期为每月一次，操作如图 5.1.15 所示。

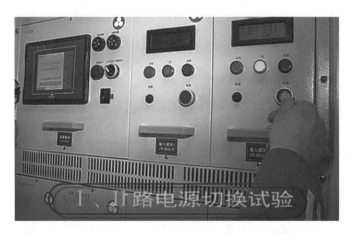

图 5.1.15　国铁路阳 DSG 型智能电源屏两路交流输入电源切换

（3）主备模块切换功能检查：关闭任一在用模块输入电源，应能自动切换至备用模块，恢复供电后，应自动切换回在用模块，切换过程中应不影响输出，同时试验监测单元报警；周期为每半年一次，操作如图 5.1.16 所示。

（4）1+1 互为备用的 25 Hz 轨道电源模块切换功能检查、倒换使用：关闭在用模块输入电源，应能自动切换至备用模块，恢复供电后，应自动切换回在用模块，切换过程中应不影响输出，同时试验监测单元报警；周期为每半年一次。

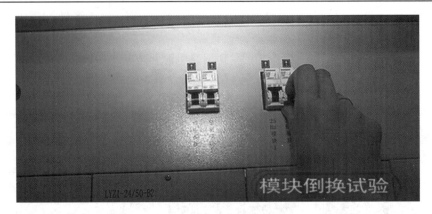

图 5.1.16　国铁路阳 DSG 型智能电源屏主备模块切换

(5) 输出电源对地漏流检测：直流输出电源漏流≤1 mA，交流输出电源不超过规定值。周期为：有微机监测的每月一次，实测每半年一次，无微机监测的每月实测一次。

(6) 输入、输出电源电压、电流测试，并记录（微机监测每日浏览一次）在表 5.1.4 和表 5.1.5 中。

7. 交付销记

复查完毕，作业人员联系驻站（所）联络员，由驻站（所）联络员会同车站值班员确认设备状态良好后，按标准用语销记。

(三) 天窗后作业

1. 巡检记录存档

将智能电源屏年检相关资料（含设备履历、故障处理情况、元器件更换记录、电特性测试记录等）存档。

2. 召开作业小结会

(1) 分析本次作业过程中存在哪些有待改进的问题。

(2) 对一时不能克服的设备缺点，记录在设备缺点待修记录本上，并向上级汇报，由上级安排解决。

(四) 班后总结

(1) 作业人员个人（分组）分别汇报计划任务完成情况。

(2) 作业负责人点评当日作业、安全情况。

(3) 作业负责人布置遗留问题的处置、盯控任务。

(4) 填写相关资料。

(5) 对结合部存在的问题须及时协调处理，无法及时克服的，按相关要求及时上报并填发"工作联系单"。

四、职业规范要求

作业流程框图是对作业顺序与需检查项目的分类汇总。实际作业过程中要统筹优化、有机结合，提高作业效率。在工作过程中，必须执行《技规》《行规》《维规》中的有关要求。

项目5 电源屏设备作业 | 251

表 5.1.4 电源屏日测试记录表（一）

QR4.9-4-7.5-6　　　No:_____站

内容\日期	电网输入电压							稳压器输出电压/电流/(V/A)			24 V 控制电源 电压 电流 /V /A		微机电源 电压 电流 /V /A		道岔表示电源 电压 电流 /V /A		直流转辙机电源 电压 电流 /V /A		信号点灯电源								应急盘电源 电压 电流 /V /A		表示灯电源 (24 V) 电压 电流 /V /A	
	I路输入			II路输入				A-B	B-C	C-A									Ⅰ		Ⅱ		Ⅲ		Ⅳ					
	A-B	B-C	C-A	A-B	B-C	C-A		Ia	Ib	Ic									电压/V	电流/A	电压/V	电流/A	电压/V	电流/A	电压/V	电流/A				
	1	2	3	4	5	6	7	8	9	10	11	12	13	14	15	16	17	18	19	20	21	22	23	24	25	26	27	28	29	30

本页所测项目：1. 单相电源屏只填写第 2、8 项；2. 非微机联锁站第 13、14、27、28 项不测；3. 中站电源屏第 23、24、25、26 项不测；4. 微机联锁站第 29、30 项不测。

表 5.1.5 电源屏日测试记录表（二）

日期\内容	提速分电源屏											25 Hz 屏输入电压/V	轨道电路电源										特殊记录	测试人
	I 路电源输入电压/V			II 路电源输入电压/V			输出电压/V			输出电流/A				轨道 1,2		轨道 3,4		局部 1		局部 2		127 V 电码化电源			
	A-B	B-C	C-A	A-B	B-C	C-A	A-B	B-C	C-A	Ia	Ib	Ic		电压/V	电流/A	电压/V	电流/A	电压/V	电流/A	电压/V	电流/A	电压/V	电流/A		
	32	33	34	35	36	37	38	39	40	41	42	43	44	45	46	47	48	49	50	51	52	53	54	55	56
31																									

本页所测项目：1. 没有提速电源屏的站第 32、33、34、35、36、37 项不测；2. 非 25 周轨道电路站第 44、49、50、51、52 项不测；3. 没有采用 127 V 轨道电码化电源的站第 53、54 项不测。

任务 2　智能电源屏的检修作业

工单(NO. 5 DYP-ZHSX-02)

工作任务单			
工单编号	NO. 5 DYP-ZHSX-02	工单名称	智能电源屏的检修作业
面向专业	信号类专业	职业岗位	信号工
实施方式	实际操作	考核方式	结果与过程综合
工单难度	中等	前序工单	无
工单分值	100	完成时限	8学时
单人/分组	分组	每组人数	6人
考核点	智能电源屏的测试、操作和维护(以鼎汉 PZ 系列智能电源屏为例)		
工单简介	某天窗点,需要对智能电源屏进行检修作业		
设备环境	照明灯、螺丝刀、克丝钳、剥线钳、长嘴钳、扳手、电烙铁、联络工具、万用表、各种规格的万科端子、不同规格的螺丝若干等		
教学方法	在常规课程工单制教学当中采用实际操作演示的方式,引导学生学习和训练智能电源屏测试、操作与维护技能		
用途说明	本工单可用于铁路信号电源设备维护课程内容训练或者铁路信号电源工实训课程的教学实训,对应的职业能力训练等级为中级		
实施人员信息			
姓名		班级		学号		电话	
小组		组长		岗位分工		组员	

任务目标
实施该工单的任务目标如下： 【知识目标】 (1) 了解智能电源屏的主要部件、结构原理和操作方法。 (2) 掌握智能电源屏的操作、调试、测试和检修方法。 (3) 掌握智能电源屏相关模块的更换方法。 【能力目标】 (1) 具备智能电源屏标准化检修作业的能力。 (2) 具备测试智能电源屏输入、输出电源的能力。 (3) 具备操作智能电源屏的能力。 【素养含思政目标】 (1) 能够严格按照文中的职业规范要求进行工单实施。 (2) 培养学生的沟通表达能力和分工协作、团队合作意识。 (3) 厚植爱国情怀。

任务介绍
1. 任务描述： 某天窗点，完成对智能电源屏的检修作业。智能电源屏为鼎汉智能电源屏，现进行智能电源屏的检修作业，完成对鼎汉智能电源屏的检修作业技术要求。 2. 任务要求： (1) 准备万用表1块、数字钳形电流表1块、兆欧表1块。 (2) 确定电源屏标准化检修作业流程。 (3) 完成检修作业过程中对相关指标的测试及数据记录。

任务资讯(20分)
(5分)1. 智能电源屏检修作业工作内容有哪些？
(5分)2. 智能电源屏检修作业工具有哪些？

（5分）3. 智能电源屏检修作业流程是怎样的？

（5分）4. 请简要叙述智能电源屏的结构、模块的作用和模块编号。

任务规划（20分）

（5分）1. 天窗前作业。

（10分）2. 天窗中作业。

（3分）3. 天窗后作业。

（2分）4. 班会总结。

任务实施（40分）

（5分）1. 通过微机监测系统，了解智能电源屏的运行情况，即完成对智能电源屏各个指标的监控识别、判断。

（5分）2. 标准化完成登记、销记，即正确填写"驻站防护控制表""行车设备施工登记簿"等。

（5分）3. 屏内外清扫检查整治。

（5分）4. 智能电源屏通电试验。

（10分）5. 设备功能检修试验，能够完成对Ⅰ和Ⅱ路输入电源切换、监控模块功能、各类指示灯、模块工作状态、直流模块切换、交流模块切换、通信告警功能、防雷、系统蜂鸣器告警、提速道岔电源屏、UPS及电池的检查。

（10分）6. 电特性测试记录。对于两路输入电源及各路输出电源的电压和电流、对地电压、对地电流，做好记录。将测试数据与智能电源屏显示数据进行校核。

工作日志(5分)

实施工单过程中填写如下日志。

工作日志表

日期	工作内容	问题及解决方式

总结反思(10分)
请编写完成本任务的工作总结。

思政收获(5分)
请勾选完成本任务后的思政收获。 □厚植爱国情怀 □培养安全意识 □树立强烈的民族自豪感 □培养科学精神和敬业精神 □激发强烈的创新意识 □激发学生的安全责任意识

质量监控单元(教师完成)

工单实施栏目评分表

评分项	分值	作答要求	评审规定	得分
任务资讯	20	问题回答清晰准确,能够紧扣主题,没有明显错误项	参照标准答案,错误一项扣5分,扣完为止	
任务规划	20	规划优秀可实施,没有任何细节错误	参照标准答案,错误一项扣2分,扣完为止	
任务实施	40	实施过程规范,质量符合工程标准	A类错误点一次扣3分,B类错误点一次扣2分,C类错误点一次扣1分	
其他	20	日志和问题项目填写详细,思政收获丰富深入,能够反映实际工作过程	没有填或者填写太过简单每项扣2分	
合计得分				

职业能力评分表

评分项	等级	作答要求	等级
知识评价	A/B/C	A:能够完整准确地回答任务资讯的所有问题,准确率在90%以上。 C:对基础知识掌握得非常差,任务资讯和答辩的准确率在50%以下	
能力评价	A/B/C	A:熟悉各个环节的实施步骤,完全独立地完成任务,并有能力辅助其他同学完成规定的工作任务,工作实施快速,准确率高(任务规划和任务实施准确率在85%以上)。 C:未完成任务或只完成部分任务,有问题没有积极向老师和其他同学请教,工作实施拖拉、不积极,各个部分的准确率在50%以下	
态度素养评价	A/B/C	A:不迟到、不早退,对人有礼貌,善于帮助他人,积极主动地完成规定的工作任务,工作台整洁有序,能准确回答老师提出的问题。 C:经常迟到、早退,态度不认真,未完成任务或只完成了部分任务,有问题没有积极向老师和其他同学请教,工作实施拖拉、不积极,不能准确回答老师提出的问题	

注:作答结果介于A、C之间的,等级评定为B。

教师评语栏

学习资源集

一、任务资讯

(一)准备工作说明

智能电源屏检修作业是铁路信号系统维护工作的重要组成部分。智能电源屏工作的状态将直接影响铁路现场相关设备的正常工作,对智能电源屏定期进行检修,可降低智能电源屏故障对现场的影响,保障铁路运输供电正常。学生应首先认识智能电源屏的作用、组成,然后掌握智能电源屏各个模块的作用、输入/输出的技术指标,最后能够根据智能电源屏的标准化检修作业流程实施检修作业。本任务以鼎汉智能电源屏为例进行分析。

1. 智能电源屏作用、组成

智能电源屏是指运用计算机技术,具有对铁路信号电源设备系统的运行状态、运行故障、参数进行实时监测、显示、记录、存储、故障报警和管理功能的电源屏。

铁路信号智能电源屏是专门为铁路信号设备供电的装置,信号负载电源类型主要有信号点灯电源、道岔表示电源、轨道电路电源、局部电源、直流转辙机电源、继电器电源、微机监测电源、交流转辙机电源、计算机联锁电源、闭塞电源/半自动闭塞电源、熔丝报警电源、灯丝报警电源、TDCS 电源、CTC 电源、表示灯电源、闪光灯电源、电码化电源等。

铁路信号智能电源屏主要包括配电、模块、防雷、监控等几部分。图 5.2.1 所示为 5 kVA 继电联锁系统原理图,可通过改变模块配置以满足不同供电需求。

2. 智能电源屏模块的作用

(1)鼎汉智能电源屏模块命名规则如图 5.2.2 所示。

(2)鼎汉智能电源屏模块介绍。

鼎汉 PZ 系列智能电源屏模块介绍如图 5.2.3 至图 5.2.8 所示。

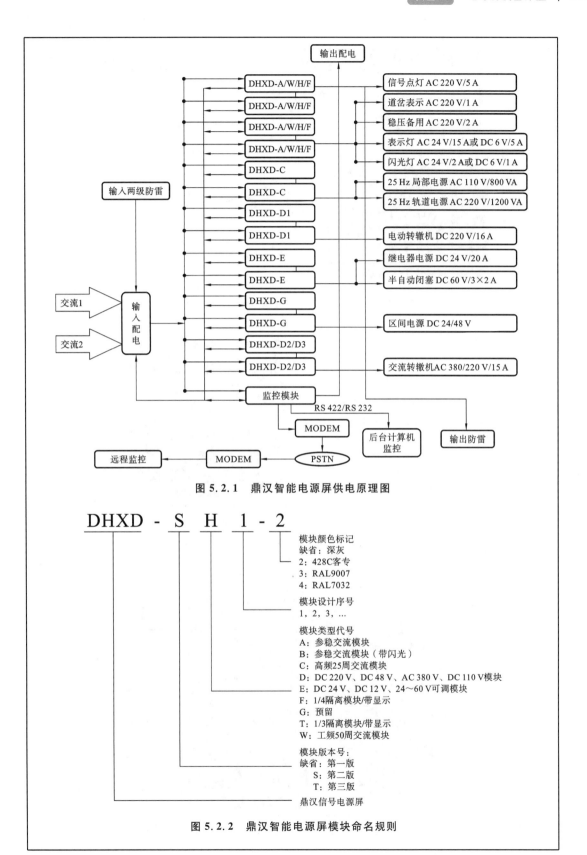

图 5.2.1 鼎汉智能电源屏供电原理图

图 5.2.2 鼎汉智能电源屏模块命名规则

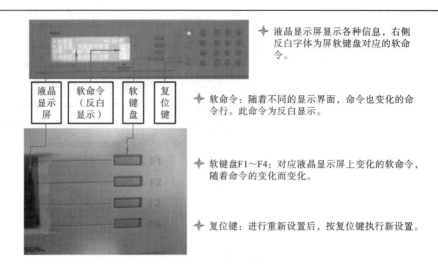

- 液晶显示屏显示各种信息，右侧反白字体为屏软键盘对应的软命令。
- 软命令：随着不同的显示界面，命令也变化的命令行。此命令为反白显示。
- 软键盘F1~F4：对应液晶显示屏上变化的软命令，随着命令的变化而变化。
- 复位键：进行重新设置后，按复位键执行新设置。

图 5.2.3　鼎汉 PZ 系列智能电源屏监控单元（一）

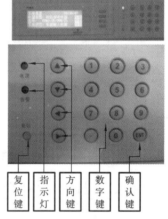

- 指示灯：电源指示灯显示监控单元电源情况；故障指示灯显示监控单元和系统工作状态。
- 方向键：在主屏幕时，左右键用来调整液晶显示屏的亮度。
- 数字键：用来设置数据和按数字选择。
- 确认键：单项数据设置完成后通过确认键来确认数据的更改。

图 5.2.4　鼎汉 PZ 系列智能电源屏监控单元（二）

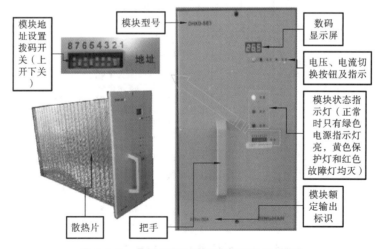

图 5.2.5　鼎汉 PZ 系列智能电源屏 SE 模块

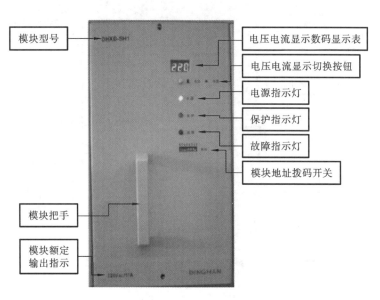

图 5.2.6　鼎汉 PZ 系列智能电源屏 SH 模块

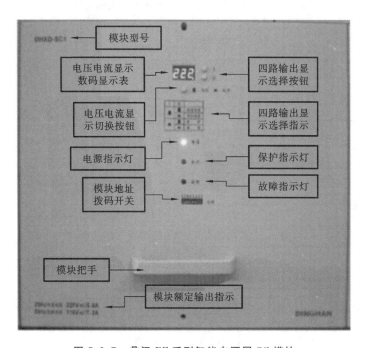

图 5.2.7　鼎汉 PZ 系列智能电源屏 SC 模块

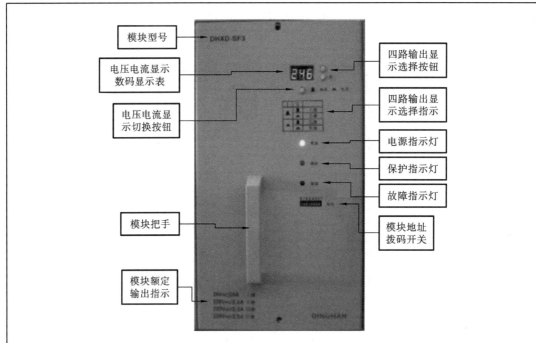

图 5.2.8 鼎汉 PZ 系列智能电源屏 SF 模块

(3) 鼎汉智能电源屏模块的电气参数如表 5.2.1 所示。

表 5.2.1 鼎汉 PZG 系列智能电源屏模块的电气参数

序号	模块名称	额定输出参数	负载类型	输出电压允许范围	绝缘电阻(DC 500 V)	备注
1	DHXD-A1	AC 220 V/5 A	信号点灯、稳压备用、电气化等	AC(220±10) V	≥25 MΩ	
	DHXD-A2	AC 220 V/5 A	50 Hz 轨道电路	AC(220±10) V	≥25 MΩ	
	DHXD-A3	AC 220 V/10 A	微机电源	AC(220±10) V	≥25 MΩ	只在计算机联锁电源系统出现
2	DHXD-B1	AC 220 V/2 A	道岔表示	AC(220±10) V	≥25 MΩ	只在电气集中电源系统出现
		AC 220 V/2 A	稳压备用	AC(220±10) V	≥25 MΩ	
		AC 220 V/20 A	表示灯	AC(220±3) V	≥25 MΩ	
		AC 220 V/2 A	闪光灯	AC(220±3) V	≥25 MΩ	
	DHXD-B3	AC 24 V/50 A	表示灯	AC(220±3) V	≥25 MΩ	
		AC 24 V/5 A	闪光灯	AC(220±3) V	≥25 MΩ	
3	DHXD-C	AC 220 V/1200 VA	25 Hz 轨道电路	AC(220±6.6) V (25±0.5) Hz	≥25 MΩ	输出相位差：局部电源超前轨道电源 90°
		AC 110 V/800 VA	25 Hz 轨道电路	AC(220±6.6) V (25±0.5) Hz	≥25 MΩ	

续表

序号	模块名称	额定输出参数	负载类型	输出电压允许范围	绝缘电阻(DC 500 V)	备注
4	DHXD-D1	DC 220 V/16 A	直流转辙机	DC (220±1.1) V	≥25 MΩ	
	DHXD-D2	AC 380 V/15 kVA	交流转辙机	电网电压	≥25 MΩ	三相四线制
5	DHXD-E	DC 24 V/20 A	继电器	DC (24±0.48) V	≥25 MΩ	
		DC 24~60 V/2 A	半自动闭塞1或站间继电器电源	DC (24~60) V ±0.6 V	≥25 MΩ	
		DC 24~60 V/2 A	半自动闭塞2或站间继电器电源	DC (24~60) V ±0.6 V	≥25 MΩ	
		DC 24~60 V/2 A	半自动闭塞3	DC (24~60) V ±0.6 V	≥25 MΩ	
6	DHXD-F1	AC 220 V/2 A	道岔表示	AC (220±10) V	≥25 MΩ	用于20 kVA计算机联锁电源系统
		AC 220 V/2 A	稳压备用	AC (220±10) V	≥25 MΩ	
		AC 220 V/1 A	电码化电源	AC (220±10) V	≥25 MΩ	
	DHXD-F2	DC 24~60 V/2 A	站内继电器电源	DC (24~60) V ±0.6 V	≥25 MΩ	
		DC 24~60 V/2 A	站间条件电源	DC (24~60) V ±0.6 V	≥25 MΩ	
7	DHXD-G1	DC 48 V/50 A	区间闭塞电源	DC (48±1) V	≥25 MΩ	
	DHXD-G2	DC 24 V/50 A		DC (24±0.6) V	≥25 MΩ	
8	DHXD-H	AC 220 V/6.5 A		AC (220±10) V	≥25 MΩ	

3．标准化检修作业流程

智能电源屏标准化检修作业流程如图5.2.9所示。

4．智能电源屏检修作业工具准备

智能电源屏检修作业所使用的工具如下：照明灯、螺丝刀、克丝钳、剥线钳、长嘴钳、扳手、电烙铁、联络工具、万用表、各种规格的万科端子、不同规格的螺丝若干等。

5．智能电源屏各项电气特性技术指标参数

鼎汉PZ系列智能电源屏输入电源允许偏差范围如表5.2.2所示，输出额定电压和额定电流如表5.2.3所示。

表5.2.2 鼎汉PZ系列智能电源屏输入电源允许偏差范围

序号	输入电源	允许偏差
1	电压	AC 220 V：－20%～+15%，即176 V～253 V
2		AC 380 V：－20%～+15%，即304 V～437 V
3	频率	(50±0.5) Hz

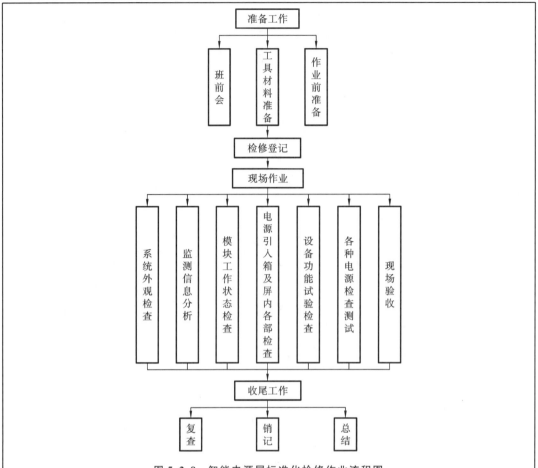

图 5.2.9 智能电源屏标准化检修作业流程图

表 5.2.3 鼎汉 PZ 系列智能电源屏输出额定电压和额定电流

名称	电压	电压波动范围	电流			
			5 kV·A	10 kV·A	20 kV·A	30 kV·A
直流转辙机电源	DC 220 V	−10~+20 V	12.5 A	16 A	30 A	40 A
继电器电源	DC 24 V	−0.5~+3.5 V	16 A	16 A	40 A	50 A
信号机点灯电源	AC 220 V	±10 V	2.5 A×2	5 A×2	5 A×2	5 A×2
道岔表示电源	AC 220 V	±10 V	1 A	2 A	4 A	6.3 A
电码化电源	AC 220 V	±10 V	2.5 A	5 A	5 A×2	5 A×2
稳压备用电源	AC 220 V	±10 V	4 A	5 A	10 A	16 A
非稳压备用电源	AC 220 V	同外电网	5 A	5 A	10 A	20 A
表示灯电源	AC 24 V	±3 V	16 A	20 A	50 A	50 A
轨道电源	AC 220 V	±10 V	2 A×2	4 A×2	4 A×4	4 A×6
25 Hz 轨道电源	AC 220 V	±6.6 V	局部电源超前轨道电源 90°			
	AC 110 V	±3.3 V				
区间轨道电源	DC 24 V	−1~+4 V	60 A(100 A)			
站间联系电源	DC 48 V	±5 V	2 A			
区间信号点灯电源	AC 220 V	±10 V	3 A×2			
灯丝报警电源	DC 24~60 V	±5 V	2 A			

(二)准备工作内容

(1) 团队分工。

(2) 仪表工具和材料分类摆放整齐并携带。

(3) 各部门之间的沟通联系。

二、方案设计

某天窗点,完成对智能电源屏的检修作业。智能电源屏为鼎汉 PZ 系列智能电源屏,现进行智能电源屏的检修作业,完成对鼎汉 PZ 系列智能电源屏的检修作业技术要求。

三、任务实施

(一)天窗前作业

1. 了解设备情况

(1) 通过微机监测等手段,对被检站智能电源屏输入、输出电源的电压、电流曲线,输出电源对地漏流等监测数据进行调阅分析,针对可能存在的问题,提出检修要求。鼎汉 PZ 系列智能电源屏外电网输入电压(微机监测)如图 5.2.10 所示,输出电压日报表(微机监测)如图 5.2.11 所示,监控单元如图 5.2.12 所示。

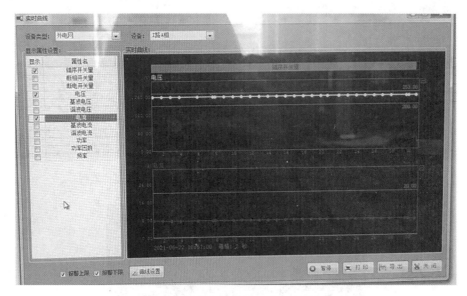

图 5.2.10 鼎汉 PZ 系列智能电源屏外电网输入电压(微机监测)

(2) 电话访问被检站智能电源屏所在工区智能电源屏的运行情况、存在的问题及需求。

2. 召开碰头会

施工负责人召集现场工区、专业工区作业人员,明确各检修作业组负责人,电源断、送电责任人,室内防护员,作业时间节点,检修要求和安全预想。

3. 防护用具检查

(1) 通信联络工具互通试验:驻站联络员与室外防护员、各作业人员进行呼叫联络,确保通信畅通。

(2) 按规定着装,佩戴(带)劳动防护用品。

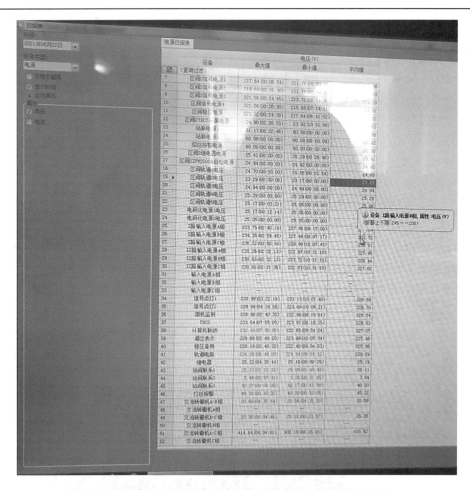

图 5.2.11　鼎汉 PZ 系列智能电源屏输出电压日报表（微机监测）

图 5.2.12　鼎汉 PZ 系列智能电源屏监控单元

4. 工具材料准备

（1）工具及仪表：照明灯、螺丝刀、克丝钳、剥线钳、长嘴钳、扳手、电烙铁、联络工具、万用表等。

（2）材料准备：毛巾、棉纱、焊锡丝、松香、各种规格的万科端子、不同规格的螺丝若干等。

5. 登记

(1) 驻站联络员需在作业计划时间的前 40 分钟(高铁提前 60 分钟)到车站信号楼,经车站值班员签认,双调度命令下达后开始工作;在值台联系过程中,必须执行《驻站联络员作业标准》,密切监视列车运行情况,并填写"驻站防护控制表"。目前,部分单位采用录音笔(见图 5.2.13)录音,不再使用"驻站防护控制表"。在录音过程中所需要使用的标准用语见附录 B。

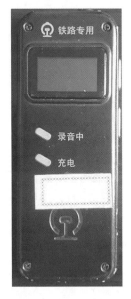

图 5.2.13 铁路专用录音笔

(2) 驻站联络员必须按照《技规》《行规》《维规》中的有关要求和《电务部分作业在"运统-46"上登记、销记用语样板》,在"行车设备施工登记簿(运统-46 施工)"内登记。目前部分单位采用电子版的"行车设备施工登记簿(运统-46 施工)",如图 5.2.14 所示。

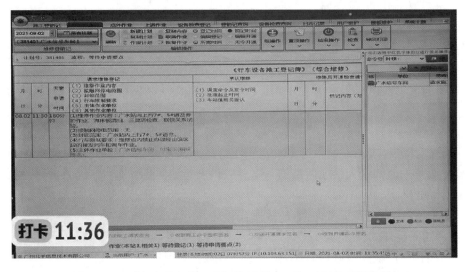

图 5.2.14 "行车设备施工登记簿(运统-46 施工)"(电子版登记)

注意：驻站联络员到达车站信号楼后，先打开录音装置，再进行登记作业。

6. 作业联系

（1）驻站联络员在驻站过程中必须认真执行《驻站联络员作业标准》中的要求，密切监视列车运行情况，及时通知现场防护员。

（2）在作业过程中，现场防护员应将作业地点变动情况及时通知驻站联络员，并定时与驻站联络员联络，确保通信畅通。

注意：防护及作业联系须使用标准用语且需进行复诵。

（二）天窗中作业

1. 信号设备退出使用状态

现场维修人员负责按规定操作，将计算机联锁系统、TCC 系统、TDCS/CTC 系统、STP 系统、信号集中监测等信号设备及相应的 UPS 关机。

2. 断电作业，设置防护

施工负责人指派专人负责断电作业防护，并在电源配电箱处悬挂停电检修作业警示牌。

3. 屏内外清扫检查整治

（1）外观检查。

外观标准如下。

① 智能电源屏外观无变形、划痕、污染。

② 盖板齐全，位置对应准确。

③ 配线不破皮、不老化、布线整齐入槽。

④ 各模块、元器件、继电器等无异常声音和过热现象。

⑤ 断路器容量符合设计要求。

（2）紧固部件检查。

① 所有断路器、交流接触器、交流输入转接端子、汇流排端子安装紧固。

② 变压器端子进、出线紧固。

③ 模块面板紧固。

（3）设备除尘。

① 机柜表面以及内部干净无尘。

② 模块表面以及内部干净无尘土，其中直流模块、25 Hz 模块，需用毛刷、吸尘器开盖除尘。

4. 通电试验

（1）接通电源。

由施工负责人通知专人接通两路输入电源。供电箱如图 5.2.15 所示。

（2）确认电源。

确认各输入、输出电源正常，若有故障则先排除。

5. 设备功能检修试验

设备功能检修试验和检修内容如表 5.2.4 所示。

图 5.2.15 供电箱

表 5.2.4 设备功能检修试验和检修内容

功能检修	检修内容
Ⅰ、Ⅱ路输入电源切换	Ⅰ、Ⅱ路输入电源应能够可靠切换、切换过程中模块不掉电
监控模块功能	能正常操作,按键流畅,LCD显示正常,各类菜单内容完整,告警、通信功能正常
各类指示灯	各类指示灯均能正常显示
模块工作状态	各个模块输出电源、电流显示数据正常
直流模块切换	直流模块切换、输出不中断,各类型任何一个模块单独工作,对应输出电源能够正常输出
交流模块切换	交流模块切换、输出不中断,主备任何一个模块工作,对应输出电源正常
通信告警功能	(1) 模块通信中断时,监控单元能发出声光告警。 (2) 输出空开断开时,监控单元能发出声光告警
防雷检查	防雷单元窗口无劣化显示
系统蜂鸣器告警	有故障时,蜂鸣器发出声音提醒
提速道岔电源屏	检查输入电源相序,两路电源应相序一致,断相保护功能良好,转换可靠,告警正常
UPS、电池检查	(1) UPS充电试验,带载试验。 (2) 检查电池外观有无漏液、容量是否合格

6. 电气特性测试记录

测试两路输入电源及各路输出电源的电压、电流、对地电压、对地电流,如图5.2.16至图5.2.27所示,做好记录,分别填写在表5.2.5和表5.2.6中。将测试数据与显示屏显示数据进行校核。

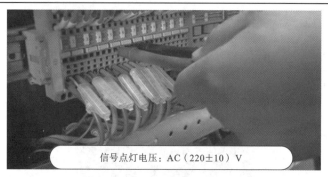

图 5.2.16　鼎汉 PZ 系列智能电源屏输出信号点灯电压

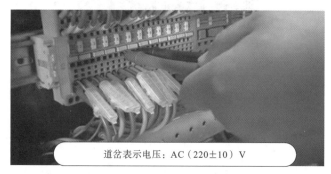

图 5.2.17　鼎汉 PZ 系列智能电源屏道岔表示电压

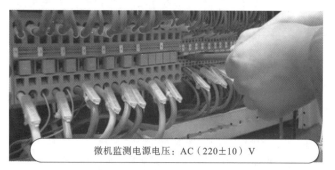

图 5.2.18　鼎汉 PZ 系列智能电源屏输出微机监测电源电压

图 5.2.19　鼎汉 PZ 系列智能电源屏输出稳压备用电源电压

图 5.2.20　鼎汉 PZ 系列智能电源屏输出 25 Hz 轨道电源电压

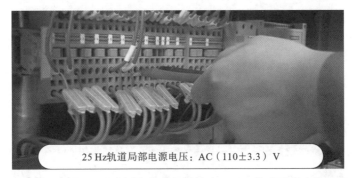

图 5.2.21　鼎汉 PZ 系列智能电源屏输出 25 Hz 轨道局部电源电压

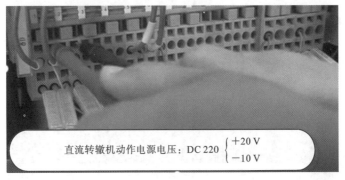

图 5.2.22　鼎汉 PZ 系列智能电源屏输出直流转辙机动作电源电压

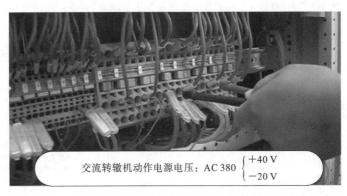

图 5.2.23　鼎汉 PZ 系列智能电源屏输出交流转辙机动作电源电压

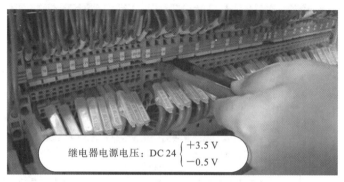

图 5.2.24 鼎汉 PZ 系列智能电源屏输出继电器电源电压

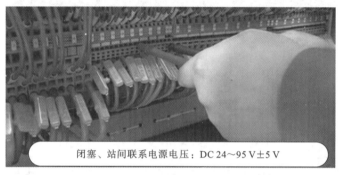

图 5.2.25 鼎汉 PZ 系列智能电源屏输出闭塞、站间联系电源电压

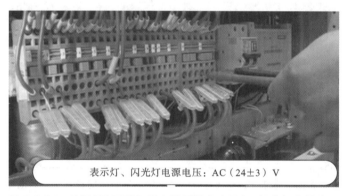

图 5.2.26 鼎汉 PZ 系列智能电源屏输出表示灯、闪光灯电源电压

图 5.2.27 鼎汉 PZ 系列智能电源屏输出电源对地绝缘、输出电流、输出电源对地电压测量

表 5.2.5　信号电源屏输入、输出测试记录表

站名：　　　　　　　　　　电源屏类型：　　　　　　　　　　信测-1-1

序号			1		2		3		4		5		6		7		8		9		10		测试人	验收人	备注
名称																									
日期		天气	V	A	V	A	V	A	V	A	V	A	V	A	V	A	V	A	V	A	V	A			
月	日	微机监测数据																								
		人工测试数据																								
月	日																									
月	日																									

序号			11		12		13		14		15		16		17		18		19		20		测试人	验收人	备注
名称																									
日期		天气	V	A	V	A	V	A	V	A	V	A	V	A	V	A	V	A	V	A	V	A			
月	日	微机监测数据																								
		人工测试数据																								
月	日																									
月	日																									

序号			21		22		23		24		25		26		27		28		29		30		测试人	验收人	备注
名称																									
日期		天气	V	A	V	A	V	A	V	A	V	A	V	A	V	A	V	A	V	A	V	A			
月	日	微机监测数据																								
		人工测试数据																								
月	日																									
月	日																									

表 5.2.6　信号电源屏对地漏泄测试记录表

站名：　　　　　　　　　　电源屏类型：　　　　　　　　　　信测-1-2

序号			1				2				3				4				5				6				7				8				测试人	包保干部	备注
名称																																					
电源端子			Z		F		Z		F		Z		F		Z		F		Z		F		Z		F		Z		F		Z		F				
日期		天气	V	mA	V	mA	V	mA	V	mA	V	mA	V	mA	V	mA	V	mA	V	mA	V	mA	V	mA	V	mA	V	mA	V	mA	V	mA	V	mA			
月	日	微机监测数据	△		△		△		△		△		△		△		△		△		△		△		△		△		△		△		△				
		人工测试数据																																				
月	日																																					
月	日																																					

序号			9				10				11				12				13				14				15				16				测试人	包保干部	备注
名称																																					
电源端子			Z		F		Z		F		Z		F		Z		F		Z		F		Z		F		Z		F		Z		F				
日期		天气	V	mA	V	mA	V	mA	V	mA	V	mA	V	mA	V	mA	V	mA	V	mA	V	mA	V	mA	V	mA	V	mA	V	mA	V	mA	V	mA			
月	日	微机监测数据	△		△		△		△		△		△		△		△		△		△		△		△		△		△		△		△				
		人工测试数据																																				
月	日																																					
月	日																																					

7. 试验信号设备

(1) 电源屏检修工作结束,通知施工负责人,电源屏设备良好。

(2) 现场维修人员负责按规定操作,将计算机联锁系统、TCC 系统、TDCS/CTC 系统、STP 系统、信号集中监测等信号设备恢复正常使用。

8. 复查销记

(1) 会同现场维修工区人员共同复查试验,核对测试数据,交付使用。

(2) 驻站联络员在"行车设备施工登记簿(运统-46 施工)"中按标准格式进行销记。

(三) 天窗后作业

1. 检修记录存档

将智能电源屏年检相关资料(含设备履历、故障处理情况、元器件更换记录、电特性测试记录等)存档。

2. 召开作业小结会

(1) 分析本次作业过程中存在哪些有待改进的问题。

(2) 对一时不能克服的设备缺点,记录在设备缺点待修记录本上,并向上级汇报,由上级安排解决。

(四) 班会总结

(1) 作业人员个人(分组)分别汇报计划任务完成情况。

(2) 作业负责人点评当日作业、安全情况。

(3) 作业负责人布置遗留问题的处置、盯控任务。

(4) 填写相关资料。

(5) 对结合部存在的问题须及时协调处理,无法及时克服的,按相关要求及时上报并填发"工作联系单"。

四、职业规范要求

作业流程框图是对作业顺序与需检查项目的分类汇总。实际作业过程中要统筹优化、有机结合,提高作业效率。工作过程中,必须执行《技规》《行规》《维规》中的有关要求。

附录 A　ZPW-2000A 轨道电路调整表

附录 A 内容：
1. 轨道电路调整表；
2. 电缆模拟网络电缆补偿长度调整表；
3. 发送器的调整；
4. 接收器的调整；
5. 不同长度的小轨道的电平等级调整表。

附录 A.1　轨道电路调整表

　　1700 Hz、2000 Hz、2300 Hz、2600 Hz 轨道电路调整表分别如附表 A.1.1 至附表 A.1.4 所示。

　　使用说明：

　　(1) 本调整表适用于 ZPW-2000A 型无绝缘轨道电路设备；

　　(2) 机车信号的轨道入口电流 1700 Hz、2000 Hz 和 2300 Hz 按 500 mA，2600 Hz 按 450 mA 考虑。

　　(3) 本调整表满足调整、分路、断轨及机车信号各种状态要求，其中分路残压按 140 mV。

　　(4) 传输电缆长度按 10 km 计。

　　(5) 根据最低道砟电阻，按 1700 Hz、2000 Hz、2300 Hz、2600 Hz 四个频率分别列表。

附录 A ZPW-2000A 轨道电路调整表

附表 A.1.1　1700 Hz 轨道电路调整表

序号	载频频率/Hz	r_d/(Ω·km)	C/μF	L_v/m min	L_v/m max	D_c/m min	D_c/m max	N_c	KRV	接收各点电压/V $U_{R1\text{-}R2}$ min	$U_{R1\text{-}R2}$ max	$U_{V1\text{-}V2}$ min	$U_{V1\text{-}V2}$ max	轨面 min	轨面 max	发送各点电压电流/V 功出电压 min	功出电压 max	功出电压电流 min	功出电压电流 max	KEM	功出电平范围/(V/I)
1	1700	0.25	55	300	350	67.7	80.3	4	54	0.242	0.612	0.520	1.315	0.670	1.693	1.717	1.937	127.81	139.58	0.253	0.281	3	130~142
2	1700	0.28	55	351	400	80.2	92.8	4	59	0.24	0.659	0.472	1.296	0.608	1.668	1.754	1.942	127.84	139.58	0.253	0.282	3	130~142
3	1700	0.3	55	401	450	74.2	84.2	5	63	0.243	0.682	0.448	1.256	0.577	1.616	1.741	1.882	127.84	139.55	0.253	0.281	3	130~142
4	1700	0.4	55	451	500	70.1	78.5	6	55	0.242	0.577	0.511	1.217	0.658	1.566	1.756	1.838	127.82	139.55	0.254	0.280	3	130~142
5	1700	0.4	55	501	550	78.5	86.9	6	63	0.243	0.652	0.446	1.201	0.575	1.545	1.796	1.923	127.84	139.58	0.254	0.280	3	130~142
6	1700	0.4	55	551	600	86.8	95.2	7	72	0.241	0.734	0.388	1.182	0.499	1.522	1.821	1.987	127.85	139.60	0.254	0.281	3	130~142
7	1700	0.5	55	601	650	81.5	88.8	7	64	0.241	0.633	0.437	1.146	0.563	1.475	1.793	1.960	127.82	139.59	0.255	0.281	3	130~142
8	1700	0.5	55	651	700	77.6	83.9	8	69	0.241	0.661	0.405	1.111	0.521	1.430	1.763	1.930	127.81	139.57	0.255	0.281	3	130~142
9	1700	0.6	55	701	750	83.8	90.2	8	66	0.242	0.623	0.426	1.095	0.548	1.409	1.790	1.942	127.82	139.58	0.255	0.281	3	130~142
10	1700	0.6	55	751	800	80.1	85.7	9	71	0.243	0.650	0.397	1.062	0.511	1.366	1.785	1.921	127.82	139.58	0.255	0.281	3	130~142
11	1700	0.6	55	801	850	85.6	91.3	9	78	0.242	0.704	0.360	1.046	0.463	1.346	1.812	1.965	127.83	139.60	0.255	0.281	3	130~142
12	1700	0.7	55	851	900	91.2	96.8	9	74	0.240	0.657	0.376	1.030	0.484	1.326	1.837	2.005	127.83	139.61	0.256	0.281	3	130~142
13	1700	0.7	55	901	950	87.1	92.1	10	79	0.241	0.680	0.354	0.999	0.455	1.286	1.815	1.980	127.84	139.59	0.256	0.281	3	130~142
14	1700	0.8	55	951	1000	92.1	97.1	10	76	0.240	0.645	0.366	0.984	0.471	1.266	1.829	1.989	127.83	139.60	0.256	0.282	3	130~142
15	1700	0.8	55	1001	1050	88.2	92.9	11	81	0.241	0.666	0.346	0.954	0.445	1.228	1.810	1.962	127.82	139.59	0.256	0.281	3	130~142
16	1700	0.9	55	1051	1100	92.8	97.4	11	79	0.242	0.641	0.355	0.940	0.457	1.210	1.828	1.977	127.83	139.60	0.256	0.281	3	130~142
17	1700	0.9	55	1101	1150	89.2	93.5	12	83	0.241	0.652	0.336	0.912	0.433	1.173	1.822	1.978	127.826	139.6	0.256	0.281	3	130~142
18	1700	0.9	55	1151	1200	93.4	97.6	12	90	0.242	0.697	0.312	0.898	0.401	1.156	1.839	2.007	127.833	139.611	0.256	0.281	3	130~142
19	1700	1.0	55	1201	1250	90.0	94.0	13	86	0.241	0.645	0.325	0.871	0.418	1.12	1.828	1.994	127.825	139.601	0.256	0.281	3	130~142
20	1700	1.0	55	1251	1300	87.2	90.8	14	91	0.242	0.662	0.309	0.844	0.397	1.086	1.811	1.971	127.817	139.591	0.256	0.281	3	130~142
21	1700	1.0	55	1301	1350	79.4	82.6	16	95	0.242	0.66	0.296	0.805	0.38	1.036	1.776	1.926	127.804	139.575	0.256	0.281	3	130~142
22	1700	1.0	55	1351	1400	73.3	76.2	18	99	0.241	0.656	0.282	0.769	0.363	0.989	1.754	1.893	127.795	139.568	0.256	0.28	3	130~142
23	1700	1.0	55	1401	1450	68.5	71.1	20	91	0.241	0.642	0.309	0.818	0.397	1.053	1.987	2.114	146.919	155.718	0.294	0.313	2	150~159
24	1700	1.0	55	1451	1480	71.1	72.6	20	95	0.244	0.660	0.298	0.806	0.383	1.037	1.994	2.125	146.923	155.719	0.294	0.313	2	150~159
25	1700	1.0	55	1481	1500	72.5	73.6	20	96	0.240	0.661	0.290	0.799	0.373	1.028	1.999	2.129	146.925	155.719	0.294	0.314	2	150~159

注：r_d——道碴电阻；C——电容容量；L_v——轨道电路长度；D_c——电容补偿步长；N_c——补偿电容个数；KRV——接收电平等级；$U_{R1\text{-}R2}$——轨出 1 电压；$U_{V1\text{-}V2}$——主轨轨入电压；KEM——发送电平等级。下同。

附表 A.1.2　2000 Hz 轨道电路调整表

序号	载频频率/Hz r_d/(Ω·km)	C/μF	L_v/m min	L_v/m max	D_c/m min	D_c/m max	N_c	KRV	接收各点电压/V U_{R1-R2} min	U_{R1-R2} max	U_{V1-V2} min	U_{V1-V2} max	轨面 min	轨面 max	发送各点电压电流 功出电压 min	功出电压 max	功出电流 min	功出电流 max	KEM	功出电平范围
1	0.25	50	300	350	67.7	80.2	4	75	0.242	0.637	0.374	0.986	0.396	1.043	1.041	1.188	73.997	80.929	0.150	0.168	5	74.5~81.5
2	0.28	50	351	400	80.2	92.8	4	59	0.242	0.694	0.475	1.364	0.503	1.443	1.505	1.667	103.982	113.824	0.211	0.236	4	105~115
3	0.3	50	401	450	74.2	84.2	5	62	0.240	0.704	0.449	1.316	0.475	1.393	1.508	1.588	103.979	113.817	0.211	0.234	4	105~115
4	0.4	50	451	500	70.1	78.5	6	54	0.240	0.593	0.515	1.273	0.545	1.347	1.515	1.605	103.97	113.84	0.212	0.233	4	105~115
5	0.4	50	501	550	78.5	86.9	6	63	0.246	0.681	0.446	1.254	0.472	1.327	1.534	1.676	103.97	113.847	0.213	0.234	4	105~115
6	0.5	50	551	600	74.4	81.6	7	57	0.242	0.596	0.492	1.212	0.520	1.283	1.507	1.685	103.96	113.84	0.213	0.235	4	105~115
7	0.5	50	601	650	81.5	88.8	7	64	0.241	0.658	0.436	1.192	0.462	1.262	1.525	1.684	103.963	113.832	0.213	0.236	4	105~115
8	0.6	50	651	700	77.6	83.9	8	60	0.243	0.596	0.47	1.152	0.497	1.219	1.518	1.628	103.96	113.822	0.213	0.235	4	105~115
9	0.6	50	701	750	83.8	90.2	8	66	0.241	0.645	0.423	1.134	0.448	1.199	1.545	1.658	103.967	113.834	0.213	0.235	4	105~115
10	0.6	50	751	800	80.1	85.7	9	71	0.244	0.671	0.393	1.096	0.416	1.16	1.536	1.665	103.962	113.842	0.213	0.234	4	105~115
11	0.7	50	801	850	85.6	91.3	9	69	0.246	0.641	0.408	1.078	0.431	1.141	1.552	1.698	103.962	113.845	0.214	0.235	4	105~115
12	0.7	50	851	900	91.2	96.8	9	75	0.244	0.694	0.371	1.06	0.393	1.121	1.562	1.715	103.965	113.845	0.214	0.236	4	105~115
13	0.8	50	901	950	87.1	92.1	10	71	0.243	0.636	0.392	1.024	0.415	1.084	1.546	1.693	103.96	113.837	0.214	0.235	4	105~115
14	0.8	50	951	1000	92.1	97.1	10	78	0.242	0.677	0.36	1.007	0.381	1.066	1.561	1.701	103.965	113.841	0.214	0.235	4	105~115
15	0.8	50	1001	1050	88.2	92.9	11	67	0.246	0.694	0.419	1.201	0.443	1.271	1.924	2.078	128.562	140.395	0.264	0.290	3	130~142
16	0.9	50	1051	1100	92.8	97.4	11	65	0.244	0.662	0.43	1.181	0.454	1.249	1.943	2.108	128.571	140.403	0.265	0.29	3	130~142
17	0.9	50	1101	1150	89.2	93.5	12	69	0.245	0.679	0.406	1.142	0.429	1.208	1.928	2.105	128.562	140.401	0.265	0.291	3	130~142
18	1.0	50	1151	1200	93.4	97.6	12	68	0.245	0.658	0.413	1.122	0.437	1.188	1.94	2.118	128.564	140.401	0.265	0.291	3	130~142
19	1.0	50	1201	1250	90.0	94.0	13	72	0.242	0.674	0.391	1.085	0.413	1.148	1.925	2.097	128.56	140.392	0.265	0.29	3	130~142
20	1.0	50	1251	1300	87.2	90.8	14	76	0.242	0.688	0.37	1.049	0.391	1.11	1.917	2.074	128.557	140.388	0.264	0.29	3	130~142
21	1.0	50	1301	1350	79.4	82.6	16	79	0.242	0.680	0.353	0.998	0.373	1.056	1.889	2.059	128.544	140.389	0.264	0.289	3	130~142
22	1.0	50	1351	1400	73.3	76.2	18	72	0.240	0.679	0.387	1.095	0.409	1.158	2.137	2.339	148.107	161.886	0.304	0.334	2	150~164
23	1.0	50	1401	1450	76.1	79.0	18	78	0.243	0.701	0.362	1.043	0.383	1.103	2.151	2.268	148.116	156.952	0.304	0.324	2	150~159
24	1.0	50	1451	1480	74.7	76.4	19	80	0.242	0.695	0.350	1.008	0.371	1.067	2.140	2.244	148.111	156.954	0.304	0.323	2	150~159
25	1.0	50	1481	1500	72.5	73.6	20	82	0.243	0.694	0.343	0.982	0.363	1.039	2.128	2.248	148.105	156.965	0.304	0.323	2	150~159

附表 A.1.3　2300 Hz 轨道电路调整表

载频频率/Hz	2300																				
序号	r_d /(Ω·km)	C /μF	L_v/m		D_c/m		N_c	KRV	接收各点电压/V								发送各点电压电流/(V/I)				
									U_{R1-R2}		U_{V1-V2}		轨面		轨面		功出电压		功出电流		功出电平	
			min	max	min	max			min	max	min	max	min	max	min	max	min	max	min	max	KEM	范围
1	0.25	46	300	350	90.3	107	3	47	0.243	0.737	0.600	1.820	0.532	1.615	1.625	1.860	104.527	114.406	0.230	0.257	4	105～115
2	0.28	46	351	400	80.2	92.8	4	48	0.243	0.724	0.587	1.750	0.521	1.553	1.62	1.739	104.520	114.377	0.230	0.255	4	105～115
3	0.3	46	401	420	92.7	97.8	4	49	0.244	0.726	0.578	1.719	0.513	1.526	1.641	1.782	104.523	114.402	0.231	0.255	4	105～115
4	0.4	46	421	450	78.2	84.2	5	56	0.242	0.573	0.501	1.187	0.445	1.053	1.163	1.232	74.136	81.088	0.164	0.18	5	74.5～81.5
5	0.4	46	451	500	70.1	78.5	6	62	0.241	0.617	0.452	1.155	0.401	1.025	1.147	1.276	74.13	81.09	0.164	0.181	5	74.5～81.5
6	0.4	46	501	550	78.5	86.9	6	51	0.241	0.703	0.548	1.6	0.487	1.42	1.627	1.84	104.492	114.413	0.232	0.256	4	105～115
7	0.5	46	551	600	86.8	95.2	6	48	0.241	0.649	0.583	1.568	0.517	1.392	1.646	1.84	104.492	114.402	0.232	0.257	4	105～115
8	0.5	46	601	650	81.5	88.8	7	52	0.24	0.677	0.535	1.51	0.475	1.341	1.634	1.751	104.493	114.386	0.232	0.255	4	105～115
9	0.6	46	651	700	77.6	83.9	8	49	0.243	0.615	0.576	1.456	0.512	1.292	1.638	1.737	104.486	114.41	0.232	0.254	4	105～115
10	0.6	46	701	750	83.8	90.2	8	54	0.24	0.666	0.516	1.43	0.458	1.27	1.656	1.799	104.489	114.42	0.233	0.255	4	105～115
11	0.6	46	751	800	80.1	85.7	9	59	0.243	0.702	0.478	1.38	0.424	1.225	1.633	1.827	104.481	114.408	0.232	0.256	4	105～115
12	0.7	46	801	850	85.6	91.3	9	57	0.243	0.665	0.495	1.353	0.44	1.201	1.646	1.825	104.483	114.401	0.233	0.256	4	105～115
13	0.7	46	851	900	91.2	96.8	9	62	0.24	0.709	0.449	1.326	0.398	1.177	1.661	1.819	104.489	114.401	0.233	0.256	4	105～115
14	0.8	46	901	950	87.1	92.1	10	59	0.241	0.65	0.474	1.278	0.421	1.135	1.657	1.778	104.485	114.404	0.233	0.255	4	105～115
15	0.8	46	951	1000	92.1	97.1	10	52	0.24	0.694	0.536	1.548	0.476	1.374	2.071	2.232	129.321	141.209	0.288	0.315	3	130～142
16	0.8	46	1001	1050	88.2	92.9	11	56	0.243	0.721	0.503	1.493	0.446	1.325	2.056	2.261	129.31	141.213	0.288	0.316	3	130～142
17	0.9	46	1051	1100	92.8	97.4	11	54	0.24	0.682	0.515	1.464	0.457	1.299	2.068	2.278	129.311	141.208	0.289	0.317	3	130～142
18	0.9	46	1101	1150	89.2	93.5	12	58	0.243	0.706	0.486	1.412	0.432	1.253	2.051	2.235	129.307	141.183	0.288	0.316	3	130～142
19	1.0	46	1151	1200	93.4	97.6	12	57	0.242	0.68	0.493	1.384	0.438	1.228	2.068	2.238	129.311	141.192	0.289	0.316	3	130～142
20	1.0	46	1201	1250	90.0	94.0	13	60	0.24	0.69	0.465	1.334	0.412	1.184	2.063	2.23	129.308	141.207	0.289	0.315	3	130～142
21	1.0	46	1251	1300	76.3	79.5	16	63	0.243	0.676	0.448	1.244	0.398	1.104	2.001	2.19	129.281	141.166	0.288	0.315	3	130～142
22	1.0	46	1301	1350	70.6	73.4	18	66	0.242	0.651	0.424	1.145	0.377	1.016	1.979	2.061	129.276	137.200	0.287	0.304	3	130～138
23	1.0	46	1351	1400	73.3	76.2	18	61	0.241	0.682	0.457	1.297	0.406	1.151	2.305	2.424	149.412	158.345	0.332	0.352	2	150～159
24	1.0	46	1401	1440	72.1	74.3	19	64	0.240	0.691	0.435	1.252	0.386	1.111	2.292	2.456	149.402	158.333	0.332	0.353	2	150～159
25	1.0	46	1441	1460	70.5	71.6	20	66	0.242	0.689	0.426	1.211	0.378	1.075	2.271	2.414	149.391	158.291	0.332	0.353	2	150～159
26	1.0	46	1461	1480	68.1	69.1	21	67	0.241	0.682	0.416	1.180	0.370	1.048	2.254	2.363	149.386	158.282	0.331	0.352	2	150～159
27	1.0	46	1481	1500	69.1	70.1	21	62	0.241	0.696	0.450	1.302	0.400	1.156	2.514	2.631	166.111	175.972	0.368	0.391	1	167～177

附表 A.1.4 2600 Hz 轨道电路调整表

2600

序号	载频频率/Hz	C/μF	r_d/($\Omega \cdot$km)	L_v/m min	L_v/m max	D_c/m min	D_c/m max	N_c	KRV	接收各点电压/V U_{R1-R2} min	U_{R1-R2} max	U_{V1-V2} min	U_{V1-V2} max	轨面 min	轨面 max	发送各点电压电流 功出电压 min	功出电压 max	功出电压电流 min	功出电压电流 max	KEM	功出电平范围/(V/I)
1	0.25	40		300	350	90.3	107	3	39	0.240	0.774	0.713	2.302	0.523	1.688	1.733	1.948	105.037	114.916	0.253	0.280	4	105~115
2	0.28	40		351	400	80.2	92.8	4	40	0.240	0.764	0.697	2.217	0.511	1.625	1.744	1.855	105.023	114.919	0.254	0.278	4	105~115
3	0.3	40		401	450	61.8	70.2	6	57	0.242	0.730	0.492	1.485	0.361	1.089	1.195	1.333	74.330	81.306	0.179	0.197	5	74.5~81.5
4	0.4	40		451	500	70.1	78.5	6	52	0.242	0.653	0.539	1.457	0.395	1.068	1.213	1.370	74.328	81.295	0.180	0.198	5	74.5~81.5
5	0.4	40		501	550	78.5	86.9	6	43	0.241	0.748	0.650	2.017	0.476	1.479	1.730	1.933	104.986	114.914	0.254	0.280	4	105~115
6	0.5	40		551	600	74.4	81.6	7	39	0.244	0.653	0.724	1.941	0.531	1.423	1.726	1.841	104.98	114.910	0.254	0.278	4	105~115
7	0.5	40		601	650	81.5	88.8	7	44	0.240	0.722	0.633	1.903	0.646	1.395	1.757	1.877	104.98	114.93	0.255	0.279	4	105~115
8	0.6	40		651	700	77.6	83.9	8	41	0.243	0.648	0.686	1.834	0.503	1.345	1.751	1.916	104.968	114.944	0.255	0.280	4	105~115
9	0.6	40		701	750	83.8	90.2	8	46	0.242	0.712	0.610	1.797	0.447	1.317	1.760	1.951	104.972	114.935	0.255	0.280	4	105~115
10	0.6	40		751	800	80.1	85.7	9	50	0.243	0.746	0.563	1.730	0.413	1.269	1.740	1.914	104.972	114.914	0.255	0.280	4	105~115
11	0.7	40		801	850	85.6	91.3	9	48	0.242	0.701	0.585	1.695	0.429	1.242	1.760	1.911	104.971	114.921	0.255	0.279	4	105~115
12	0.7	40		851	900	91.2	96.8	9	43	0.243	0.762	0.654	2.057	0.480	1.508	2.212	2.389	130.552	142.516	0.318	0.347	3	130~142
13	0.8	40		901	950	87.1	92.1	10	50	0.241	0.689	0.559	1.599	0.410	1.172	1.775	1.936	104.976	114.939	0.255	0.280	4	105~115
14	0.8	40		951	1000	92.1	97.1	10	45	0.245	0.753	0.631	1.940	0.462	1.423	2.218	2.433	130.536	142.528	0.318	0.348	3	130~142
15	0.8	40		1001	1050	88.2	92.9	11	48	0.244	0.774	0.590	1.870	0.432	1.371	2.198	2.410	130.531	142.504	0.317	0.347	3	130~142
16	0.9	40		1051	1100	92.8	97.4	11	46	0.240	0.726	0.605	1.830	0.443	1.342	2.213	2.410	130.534	142.507	0.318	0.347	3	130~142
17	0.9	40		1101	1150	89.2	93.5	12	49	0.240	0.745	0.568	1.765	0.416	1.294	2.208	2.388	130.531	142.520	0.318	0.347	3	130~142
18	0.9	40		1151	1200	80.1	83.7	14	49	0.253	0.687	0.600	1.627	0.440	1.193	2.175	2.324	130.508	138.499	0.317	0.337	3	130~138
19	1.0	40		1201	1250	78.0	81.4	15	52	0.252	0.703	0.562	1.567	0.412	1.149	2.161	2.289	130.507	138.475	0.317	0.336	3	130~138
20	1.0	40		1251	1300	76.3	79.5	16	48	0.253	0.722	0.610	1.745	0.447	1.279	2.497	2.608	151.045	160.033	0.366	0.388	2	150~159
21	1.0	40		1301	1350	63.5	66.1	20	48	0.242	0.662	0.584	1.601	0.428	1.174	2.414	2.557	151.007	159.980	0.365	0.387	2	150~159
22	1.0	40		1351	1400	66.0	68.6	20	52	0.244	0.703	0.544	1.567	0.399	1.149	2.431	2.548	151.017	159.989	0.365	0.386	2	150~159
23	1.0	40		1401	1430	68.5	70.1	20	48	0.241	0.709	0.581	1.714	0.426	1.257	2.726	2.855	168.614	178.611	0.408	0.432	1	167~177
24	1.0	40		1431	1450	66.7	67.7	21	49	0.240	0.704	0.568	1.666	0.417	1.222	2.715	2.867	168.608	178.651	0.407	0.432	1	167~177
25	1.0	40		1451	1460	67.6	68.2	21	50	0.241	0.712	0.560	1.653	0.411	1.212	2.719	2.886	168.609	178.655	0.408	0.432	1	167~177

附录 A.2　电缆模拟网络电缆补偿长度调整表

电缆模拟网络电缆补偿长度调整表如附表 A.2.1 所示。

附表 A.2.1　电缆模拟网络电缆补偿长度调整表

实际电缆长度 L/m	模拟网络长度/m	端子封线
9500＜L＜10000	0	3-29,4-30
9000＜L＜9500	500	3-5,4-6,7-29,8-30
8500＜L＜9000	1000	3-13,4-14,15-29,16-30
8000＜L＜8500	1500	3-5,4-6,7-13,8-14,15-29,16-30
7500＜L＜8000	2000	3-17,4-18,19-29,20-30
7000＜L＜7500	2500	3-5,4-6,7-17,8-18,19-29,20-30
6500＜L＜7000	3000	3-13,4-14,15-17,16-18,19-29,20-30
6000＜L＜6500	3500	3-5,4-6,7-13,8-14,15-17,16-18,19-29,20-30
5500＜L＜6000	4000	3-25,4-26,27-29,28-30
5000＜L＜5500	4500	3-5,4-6,7-25,8-26,27-29,28-30
4500＜L＜5000	5000	3-13,4-14,15-25,16-26,27-29,28-30
4000＜L＜4500	5500	3-5,4-6,7-13,8-14,15-25,16-26,27-29,28-30
3500＜L＜4000	6000	3-17,4-18,19-25,20-26,27-29,28-30
3000＜L＜3500	6500	3-5,4-6,7-17,8-18,19-25,20-26,27-29,28-30
2500＜L＜3000	7000	3-13,4-14,15-17,16-18,19-25,20-26,27-29,28-30
2000＜L＜2500	7500	3-5,4-6,7-13,8-14,15-17,16-18,19-25,20-26,27-29,28-30
1500＜L＜2000	8000	3-17,4-18,19-21,20-22,23-25,24-26,27-29,28-30
1000＜L＜1500	8500	3-5,4-6,7-17,8-18,19-21,20-22,23-25,24-26,27-29,28-30
500＜L＜1000	9000	3-13,4-14,15-17,16-18,19-21,20-22,23-25,24-26,27-29,28-30
L＜500	9500	3-5,4-6,7-13,8-14,15-17,16-18,19-21,20-22,23-25,24-26,27-29,28-30
$L=0$	10 000	3-5,4-6,7-9,8-10,11-13,12-14,15-17,16-18,19-21,20-22,23-24,24-26,27-29,28-30

附录 A.3　发送器的调整

发送器载频调整表如附表 A.3.1 所示。

附表 A.3.1　发送器载频调整表

载频/Hz	型号	底座连接端子
1700	1	+24-1,1700,-1
1700	2	+24-1,1700,-2
2000	1	+24-1,2000,-1
2000	2	+24-1,2000,-2
2300	1	+24-1,2300,-1
2300	2	+24-1,2300,-2
2600	1	+24-1,2600,-1
2600	2	+24-1,2600,-2

发送器带载输出电平等级调整表如附表 A.3.2 所示。

附表 A.3.2　发送器带载输出电平等级调整表

发送电平（KEM）	输出端子连接		电压(S1、S2)/V
	12	11	
1	9	1	170
2	9	2	156
3	9	3	135
4	9	4	110
5	9	5	77
6	4	1	62
7	5	3	58
8	4	2	46
9	3	1	35
10	5	4	33

附录 A.4 接收器的调整

接收器载频调整如附表 A.4.1 所示。

附表 A.4.1 接收器载频调整

主备机	载频/Hz	型号	小轨道 1、2 型	底座连接端子
主	1700	1	1	+24,1700(Z),1(Z),X1(Z)
主	1700	2	1	+24,1700(Z),2(Z),X1(Z)
主	1700	1	2	+24,1700(Z),1(Z),X2(Z)
主	1700	2	2	+24,1700(Z),2(Z),X2(Z)
主	2000	1	1	+24,2000(Z),1(Z),X1(Z)
主	2000	2	1	+24,2000(Z),2(Z),X1(Z)
主	2000	1	2	+24,2000(Z),1(Z),X2(Z)
主	2000	2	2	+24,2000(Z),2(Z),X2(Z)
主	2300	1	1	+24,2300(Z),1(Z),X1(Z)
主	2300	2	1	+24,2300(Z),2(Z),X1(Z)
主	2300	1	2	+24,2300(Z),1(Z),X2(Z)
主	2300	2	2	+24,2300(Z),2(Z),X2(Z)
主	2600	1	1	+24,2600(Z),1(Z),X1(Z)
主	2600	2	1	+24,2600(Z),2(Z),X1(Z)
主	2600	1	2	+24,2600(Z),1(Z),X2(Z)
主	2600	2	2	+24,2600(Z),2(Z),X2(Z)
并	1700	1	1	(+24),1700(B),1(B),X1(B)
并	1700	2	1	(+24),1700(B),2(B),X1(B)
并	1700	1	2	(+24),1700(B),1(B),X2(B)
并	1700	2	2	(+24),1700(B),2(B),X2(B)
并	2000	1	1	(+24),2000(B),1(B),X1(B)
并	2000	2	1	(+24),2000(B),2(B),X1(B)
并	2000	1	2	(+24),2000(B),1(B),X2(B)
并	2000	2	2	(+24),2000(B),2(B),X2(B)
并	2300	1	1	(+24),2300(B),1(B),X1(B)
并	2300	2	1	(+24),2300(B),2(B),X1(B)
并	2300	1	2	(+24),2300(B),1(B),X2(B)
并	2300	2	2	(+24),2300(B),2(B),X2(B)
并	2600	1	1	(+24),2600(B),1(B),X1(B)
并	2600	2	1	(+24),2600(B),2(B),X1(B)
并	2600	1	2	(+24),2600(B),1(B),X2(B)
并	2600	2	2	(+24),2600(B),2(B),X2(B)

接收器电平等级调整表如附表 A.4.2 所示。

附表 A.4.2　接收器电平等级调整表

接收电平等级	R11 至	R12 至	连接端子	接收电平等级	R11 至	R12 至	连接端子
1	R1	R2		37	R4	R8	R1-R5,R2-R9
2	R3	R4		38	R4	R8	R5-R9
3	R3	R2	R1-R4	39	R3	R8	R1-R4,R2-R9
4	R4	R5		40	R3	R8	R4-R9
5	R2	R4	R1-R5	41	R1	R8	R2-R9
6	R3	R5		42	R8	R9	
7	R2	R3	R1-R5	43	R2	R8	R1-R9
8	R3	R6	R5-R7	44	R4	R8	R3-R9
9	R4	R6	R2-R7,R1-R5	45	R2	R8	R3-R9,R1-R4
10	R4	R6	R5-R7	46	R5	R8	R4-R9
11	R3	R6	R1-R4,R2-R7	47	R2	R8	R4-R9,R1-R5
12	R3	R6	R4-R7	48	R5	R8	R3-R9
13	R1	R6	R2-R7	49	R2	R8	R1-R5,R3-R9
14	R6	R7		50	R3	R8	R5-R7,R6-R9
15	R2	R6	R1-R7	51	R4	R8	R1-R5,R2-R7,R6-R9
16	R4	R6	R3-R7	52	R4	R8	R5-R7,R6-R9
17	R2	R6	R1-R4,R3-R7	53	R3	R8	R1-R4,R2-R7,R6-R9
18	R5	R6	R4-R7	54	R3	R8	R4-R7,R6-R9
19	R2	R6	R1-R5,R4-R7	55	R1	R8	R2-R7,R6-R9
20	R5	R6	R3-R7	56	R7	R8	R6-R9
21	R2	R6	R1-R5,R3-R7	57	R2	R8	R1-R7,R6-R9
22	R6	R8	R5-R9,R3-R7	58	R4	R8	R3-R7,R6-R9
23	R6	R8	R1-R5,R4-R7,R2-R9	59	R2	R8	R1-R4,R3-R7,R6-R9
24	R6	R8	R4-R7,R5-R9	60	R5	R8	R4-R7,R6-R9
25	R6	R8	R1-R4,R3-R7,R2-R9	61	R2	R8	R1-R5,R4-R7,R6-R9
26	R6	R8	R3-R7,R4-R9	62	R5	R8	R3-R7,R6-R9
27	R6	R8	R1-R7,R2-R9	63	R2	R8	R1-R5,R3-R7,R6-R9
28	R6	R8	R7-R9	64	R6	R9	R5-R10,R3-R7
29	R2	R8	R1-R6,R7-R9	65	R6	R9	R1-R5,R4-R7,R2-R10
30	R4	R8	R3-R6,R7-R9	66	R6	R9	R4-R7,R5-R10
31	R2	R8	R1-R4,R3-R6,R7-R9	67	R6	R9	R1-R4,R3-R7,R2-R10
32	R5	R8	R4-R6,R7-R9	68	R6	R9	R3-R7,R4-R10
33	R2	R8	R1-R5,R4,R6,R7,R9	69	R6	R9	R1-R7,R2-R10
34	R5	R8	R3-R6,R7-R9	70	R6	R9	R7-R10
35	R3	R8	R1-R5,R2-R9	71	R2	R9	R1-R6,R7-R10
36	R3	R8	R5-R9	72	R4	R9	R3-R6,R7-R10

续表

接收电平等级	R11 至	R12 至	连接端子	接收电平等级	R11 至	R12 至	连接端子
73	R2	R9	R1-R4,R3-R6,R7-R10	110	R6	R8	R3-R7,R4-R10
74	R5	R9	R4-R6,R7-R10	111	R6	R8	R1-R7,R2-R10
75	R2	R9	R1-R5,R4-R6,R7-R10	112	R6	R8	R7-R10
76	R5	R9	R3-R6,R7-R10	113	R2	R8	R1-R6,R7-R10
77	R3	R9	R1-R5,R2-R10	114	R4	R8	R3-R6,R7-R10
78	R3	R9	R5-R10	115	R2	R8	R1-R4,R3-R6,R7-R10
79	R4	R9	R1-R5,R2-R10	116	R5	R8	R4-R6,R7-R10
80	R4	R9	R5-R10	117	R2	R8	R1-R5,R4-R6,R7-R10
81	R3	R9	R1-R4,R2-R10	118	R5	R8	R3-R6,R7-R10
82	R3	R9	R4-R10	119	R2	R8	R1-R5,E3-E6,R7-R10
83	R1	R9	R2-R10	120	R3	R8	R5-R10
84	R10	R9		121	R4	R8	R1-R5,R2-R10
85	R2	R9	R1-R10	122	R4	R8	R5-R10
86	R4	R9	R3-R10	123	R3	R8	R1-R4,R2-R10
87	R2	R9	R1-R4,R3-R10	124	R3	R8	R4-R10
88	R5	R9	R4-R10	125	R1	R8	R2-R10
89	R2	R9	R1-R5,R4-R10	126	R10	R8	
90	R5	R9	R3-R10	127	R2	R8	R1-R10
91	R2	R9	R1-R5,R3-R10	128	R4	R8	R3-R10
92	R3	R9	R5-R7,R6-R10	129	R2	R8	R1-R4,R3-R10
93	R4	R9	R1-R5,R2-R7,R6-R10	130	R5	R8	R4-R10
94	R4	R10	R5-R7,R6-R10	131	R2	R8	R1-R5,R4-R10
95	R3	R9	R1-R5,R2-R7,R6-R10	132	R5	R8	R3-R10
96	R3	R9	R4-R7,R6-R10	133	R2	R8	R1-R5,R3-R10
97	R1	R9	R2-R7,R6-R10	134	R3	R8	R5-R7,R6-R10
98	R7	R9	R6-R10	135	R4	R8	R1-R5,R2-R7,R6-R10
99	R2	R9	R1-R7,R6-R10	136	R4	R8	R5-R7,R6-R10
100	R4	R9	R3-R7,R6-R10	137	R3	R8	R1-R4,R2-R7,R6-R10
101	R2	R9	R1-R4,R3-R7,R6-R10	138	R3	R8	R4-R7,R6-R10
102	R5	R9	R4-R7,R6-R10	139	R1	R8	R2-R7,R6-R10
103	R2	R9	R1-R5,R4-R7,R6-R10	140	R7	R8	R6-R10
104	R5	R9	R3-R7,R6-R10	141	R2	R8	R1-R7,R6-R10
105	R2	R9	R1-R5,R3-R7,R6-R10	142	R4	R8	R3-R7,R6-R10
106	R6	R8	R3-R7,R5-R10	143	R2	R8	R1-R4,R3-R7,R6-R10
107	R6	R8	R1-R5,R4-R7,R2-R10	144	R5	R8	R4-R7,R6-R10
108	R6	R8	R4-R7,R5-R10	145	R2	R8	R1-R5,R4-R7,R6-R10
109	R6	R8	R1-R4,R3-R7,R2-R10	146	R5	R8	R3-R7,R6-R10

附录 A.5 不同长度的小轨道的电平等级调整表

不同长度的小轨道的电平等级调整表如附表 A.5.1 所示。

附表 A.5.1 不同长度的小轨道的电平等级调整表

序号	$U_入$/mV	R^*/Ω	正向端子连接	反向端子连接
1	33~38	0	a11-a23	c11-c23
2	39	75	a11-a14,a15-a23	c11-c14,c15-c23
3	40	150	a11-a15,a16-a23	c11-c15,c16-c23
4	41	225	a11-a14,a16-a23	c11-c14,c16-c23
5	42	294	a16-a23	c16-c23
6	43	375	a11-a14,a15-a16,a17-a23	c11-c14,c15-c16,c17-c23
7	44	450	a11-a15,a17-a23	c11-c15,c17-c23
8	45	525	a11-a14,a17-a23	c11-c14,c17-c23
9	46	599	a11-a13,a14-a17,a18-a23	c11-c13,c14-c17,c18-c23
10	47	674	a11-a13,a15-a17,a18-a23	c11-c13,c15-c17,c18-c23
11	48	749	a11-a13,a14-a15,a16-a17,a18-a23	c11-c13,c14-c15,c16-c17,c18-c23
12	49	824	a11-a13,a16-a17,a18-a23	c11-c13,c16-c17,c18-c23
13	50	899	a11-a13,a14-a16,a18-a23	c11-c13 c14-c16,c18-c23
14	51	974	a11-a13,a15-a16,a18-a23	c11-c13,c15-c16,c18-c23
15	52	1049	a11-a13,a14-a15,a18-a23	c11-c13,c14-c15,c18-c23
16	53	1130	a13-a18,a19-a23	c13-c18,c19-c23
17	54	1205	a13-a14,a15-a18,a19-a23	c13-c14,c15-c18,c19-c23
18	55	1280	a13-a15,a16-a18,a19-a23	c13-c15,c16-c18,c19-c23
19	56	1355	a13-a14,a16-a18,a19-a23	c13-c14,c16-c18,c19-c23
20	57	1430	a13-a16,a17-a18,a19-a23	c13-c16,c17-c18,c19-c23
21	58	1505	a13-a14,a15-a16,a17-a18,a19-a23	c13-c14,c15-c16,c17-c18,c19-c23
22	59	1580	a13-a15,a17-a18,a19-a23	c13-c15,c17-c18,c19-c23
23	60	1660	a11-a17,a19-a23	c11-c17,c19-c23
24	61	1735	a11-a14,a15-a17,a19-a23	c11-c14,c15-c17,c19-c23
25	62	1810	a11-a15,a16-a17,a19-a23	c11-c15,c16-c17,c19-c23
26	63	1885	a11-a14,a16-a17,a19-a23	c11-c14,c16-c17,c19-c23
27	64	1960	a11-a16,a19-a23	c11-c16,c19-c23

续表

序号	$U_入$/mV	R^*/Ω	正向端子连接	反向端子连接
28	65	2035	a11-a14,a15-a16,a19-a23	c11-c14,c15-c16,c19-c23
29	66	2110	a11-a15,a19-a23	c11-c15,c19-c23
30	67	2185	a11-a14,a19-a23	c11-c14,c19-c23
31	68	2259	a11-a12,a14-a19,a20-a23	c11-c12,c14-c19,c20-c23
32	69	2334	a11-a12,a15-a19,a20-a23	c11-c12,c15-c19,c20-c23
33	70	2409	a11-a12,a14-a15,a16-a19,a20-a23	c11-c12,c14-c15,c16-c19,c20-c23
34	71	2484	a11-a12,a16-a19,a20-a23	c11-c12,c16-c19,c20-c23
35	72	2559	a11-a12,a14-a16 a17-a19,a20-a23	c11-c12,c14-c16 c17-c19,c20-c23
36	73	2634	a11-a12,a15-a16,a17-a19,a20-a23	c11-c12,c15-c16,c17-c19,c20-c23
37	74	2709	a11-a12,a14-a15,a17-a19,a20-a23	c11-c12,c14-c15,c17-c19,c20-c23
38	75	2784	a11-a12,a17-a19,a20-a23	c11-c12,c17-c19,c20-c23
39	76	2865	a13-a14,a15-a17,a18-a19,a20-a23	c13-c14,c15-c17,c18-c19,c20-c23
40	77	2940	a13-a15,a16-a17,a18-a19,a20-a23	c13-c15,c16-c17,c18-c19,c20-c23
41	78	3015	a13-a14,a16-a17,a18-a19,a20-a23	c13-c14,c16-c17,c18-c19,c20-c23
42	79	3090	a13-a16,a18-a19,a20-a23	c13-c16,c18-c19,c20-c23
43	80	3165	a13-a14,a15-a16,a18-a19,a20-a23	c13-c14,c15-c16,c18-c19,c20-c23
44	81	3240	a13-a15,a18-a19,a20-a23	c13-c15,c18-c19,c20-c23
45	82	3315	a13-a14,a18-a19,a20-a23	c13-c14,c18-c19,c20-c23
46	83	3385	a12-a14,a15-a20,a21-a23	c12-c14,c15-c20,c21-c23
47	84	3460	a12-a15,a16-a20,a21-a23	c12-c15,c16-c20,c21-c23
48	85	3535	a12-a14,a16-a20,a21-a23	c12-c14,c16-c20,c21-c23
49	86	3610	a12-a16,a17-a20,a21-a23	c12-c16,c17-c20,c21-c23
50	87	3685	a12-a14,a15-a16,a17-a20,a21-a23	c12-c14,c15-c16,c17-c20,c21-c23
51	88	3760	a12-a15,a17-a29,a21-a23	c12-c15,c17-c29,c21-c23
52	89	3835	a12-a14,a17-a20,a21-a23	c12-c14,c17-c20,c21-c23
53	90	3909	a12-a13,a14-a17,a18-a20,a21-a23	c12-c13,c14-c17,c18-c20,c21-c23
54	91	3984	a12-a13,a15-a17,a18-a20,a21-a23	c12-c13,c15-c17,c18-c20,c21-c23
55	92	4069	a11-a12, a14-a15, a16-a17, a18-a20,a21-a23	c11-c12, c14-c15, c16-c17, c18-c20, c21-c23
56	93	4144	a11-a12,a16-a17,a18-a20,a21-a23	c11-c12,c16-c17,c18-c20,c21-c23
57	94	4219	a11-a12,a14-a16,a18-a20,a21-a23	c11-c12,c14-c16,c18-c20,c21-c23

续表

序号	$U_入$/mV	R^*/Ω	正向端子连接	反向端子连接
58	95	4294	a11-a12,a15-a16,a18-a20,a21-a23	c11-c12,c15-c16,c18-c20,c21-c23
59	96	4369	a11-a12,a14-a15,a18-a20,a21-a23	c11-c12,c14-c15,c18-c20,c21-c23
60	97	4444	a11-a12,a18-a20 a21-a23	c11-c12,c18-c20,c21-c23
61	98	4514	a11-a13,a15-a18,a19-a20,a21-a23	c11-c13,c15-c18,c19-c20,c21-c23
62	99	4589	a11-a13, a14-a15, a16-a18, a19-a20,a21-a23	c11-c13, c14-c15, c16-c18, c19-c20, c21-c23
63	100	4664	a11-a13,a16-a18,a19-a20,a21-a23	c11-c13,c16-c18,c19-c20,c21-c23
64	101	4739	a11-a13, a14-a16, a17-a18, a19-a20,a21-a23	c11-c13, c14-c16, c17-c18, c19-c20, c21-c23
65	102	4814	a11-a13,a15-a16,a17-a18,a19-a20 a21-a23	c11-c13, c15-c16, c17-c18, c19-c20 c21-c23
66	103	4889	a11-a13, a14-a15, a17-a18, a19-a20,a21-a23	c11-c13, c14-c15, c17-c18, c19-c20, c21-c23
67	104	4964	a11-a13,a17-a18,a19-a20,a21-a23	c11-c13,c17-c18,c19-c20,c21-c23
68	105	5045	a12-a14,a15-a17,a19-a20,a21-a23	c12-c14,c15-c17,c19-c20,c21-c23
69	106	5120	a12-a15,a16-a17,a19-a20,a21-a23	c12-c15,c16-c17,c19-c20,c21-c23
70	107	5195	a12-a14,a16-a17,a19-a20,a21-a23	c12-c14,c16-c17,c19-c20,c21-c23
71	108	5270	a12-a16,a15-a17,a19-a20,a21-a23	c12-c16,c15-c17,c19-c20,c21-c23
72	109	5345	a12-a14,a15-a16,a19-a20,a21-a23	c12-c14,c15-c16,c19-c20,c21-c23
73	110	5420	a12-a15,a19-a20,a21-a23	c12-c15,c19-c20,c21-c23
74	111	5495	a12-a14,a19-a20,a21-a23	c12-c14,c19-c20,c21-c23
75	112	5569	a14-a19,a21-a23	c14-c19,c21-c23
76	113	5644	a15-a19,a21-a23	c15-c19,c21-c23
77	114	5719	a14-a15,a16-a19,a21-a23	c14-c15,c16-c19,c21-c23
78	115	5794	a16-a19,a21-a23	c16-c19,c21-c23
79	116	5869	a14-a16,a17-a19,a21-a23	c14-c16,c17-c19,c21-c23
80	117	5944	a15-a16,a17-a19,a21-a23	c15-c16,c17-c19,c21-c23

注：R^* 表示端子连接后构成的实际阻值，"-"表示短接。

正常气候条件下，主并机接入时，测得"衰入"小轨道频率信号的电压 $U_入$，经查表得与 $U_入$ 对应的 R^*，并连接相应端子。

附录B ××电务段上道作业防护标准用语

附录B内容：
××电务段上道作业防护标准用语。

一、上道前

室内外防护员使用录音对讲机(录音笔)进行通话录音。

室外防护员:"信号楼,我是防护员××,室外作业人员准备上线,请做好防护,现在是××年××月××日××时××分。"

驻站联络员:"室内明白,现在开始防护,现在是××年××月××日××时××分,驻站联络员××。"

二、站内作业时

1. 列车通过及站内接车时执行3次预告

(1)第一次预告:邻站开车预告。

驻站联络员呼唤:"××(室外防护员姓名),上(下)行××次列车××站(邻站)开车,请注意安全。"

室外防护员应答:"上(下)行××次列车××站(邻站)开车,××明白。"室外防护员还需向作业人员通报:"上(下)行××次列车××站(邻站)开车,请注意安全。"

(2)第二次预告:列车距作业点3个闭塞分区时通知下道。

驻站联络员呼唤:"××(室外防护员姓名),上(下)行××次列车距作业点3个闭塞分区,请下道避车。"

室外防护员应答:"上(下)行××次列车距作业点3个闭塞分区,××明白。"室外防护员要立即吹喇叭或口哨,并向作业人员通报:"上(下)行××次列车距作业点3个闭塞分区,请下道避车。"

(3)第三次预告:列车距作业点1个闭塞分区时提醒并确认列队迎车。

作业负责人检查确认下道后回复:"××报告:××处(南、北咽喉)下道完毕。"

防护员再次确认下道:"××处(南、北咽喉)下道完毕。"

驻站联络员回复:"××处(南、北咽喉)下道完毕,室内××明白"。

驻站联络员呼唤:"××(室外防护员姓名),上(下)行××次列车距作业点1个闭塞分区,请列队迎车。"

室外防护员督促并确认作业人员列队完毕后回答:"××处(南、北咽喉)列队完毕。"

驻站联络员回复:"××处(南、北咽喉)列队完毕,室内××明白。"

2. 站内发车时执行2次预告

(1)第一次预告:出站信号开放预告。

驻站联络员呼唤:"××(室外防护员姓名),上(下)行×道×次列车出站信号开放,请注意安全。"

室外防护员应答:"上(下)行×道×次列车出站信号开放,××明白"。室外防护员还需向作业人员通报:"上(下)行×道×次列车出站信号开放,请注意安全。"

(2)第二次预告:列车出发时,通知并确认下道,提醒列队迎车。

驻站联络员呼唤:"××(室外防护员姓名),上(下)行×道×次列车开车,请下道列队迎车。"

室外防护员应答:"上(下)行×道×次列车开车,××明白。"室外防护员还需向作业人员通报:"上(下)行×道×次列车开车,请下道列队迎车。"

作业负责人检查确认下道后回复:"××报告:××处(南、北咽喉)下道列队完毕。"

防护员再次确认下道:"××处(南、北咽喉)下道列队完毕。"

驻站联络员回复:"××处(南、北咽喉)下道列队完毕。室内××明白。"

三、区间作业(站内按1个闭塞分区掌握)

1. 列车通过时,执行3次预告

(1) 第一次预告:邻(本)站开车预告。

驻站联络员呼唤:"××(室外防护员姓名),上(下)行××次列车××站开车,请注意安全。"

室外防护员应答:"上(下)行××次列车××站开车,××明白。"室外防护员还需向作业人员通报:"上(下)行××次列车××站开车,请注意安全。"

(2) 第二次预告:列车距作业点3个闭塞分区时通知下道。

驻站联络员呼唤:"××(室外防护员姓名),上(下)行××次列车距作业点3个闭塞分区,请下道避车。"

室外防护员应答:"上(下)行××次列车距作业点3个闭塞分区,××明白。"室外防护员要立即吹喇叭或口哨,并向作业人员通报:"上(下)行××次列车距作业点3个闭塞分区,请下道避车。"

作业负责人检查确认下道后回复:"××报告:××处(区间××G)下道完毕。"

防护员再次确认下道:"××处(区间××G)下道完毕。"

驻站联络员回复:"××处(区间××G)下道完毕,室内××明白。"

(3) 第三次预告:列车距作业点1个闭塞分区时提醒并确认列队迎车。

驻站联络员呼唤:"××(室外防护员姓名),上(下)行××次列车距作业点1个闭塞分区,请列队迎车"。

室外防护员应答:防护员督促并确认作业人员列队完毕后回答:"××处(区间××G)列队完毕。"

驻站联络员回复:"××处(区间××G)列队完毕,室内××明白。"

2. 站内发车,当作业点距离站内少于3个闭塞分区,执行2次预告

(1) 第一次预告:出站信号开放预告。

驻站联络员呼唤:"××(室外防护员姓名),上(下)行×道×次列车出站信号开放,请注意安全。"

室外防护员应答:"上(下)行×道×次列车出站信号开放,××明白"。室外防护员还需向作业人员通报:"上(下)行×道×次列车出站信号开放,请注意安全。"

(2) 第二次预告:列车出发时,通知并确认下道,提醒列队迎车。

驻站联络员呼唤:"××(室外防护员姓名),上(下)行×道×次列车开车,请下道列队迎车。"

室外防护员应答:"上(下)行×道×次列车开车,××明白"。室外防护员还需向作业人员通报:"上(下)行×道×次列车开车,请下道列队迎车。"

作业负责人检查确认下道后回复:"××报告:××处(区间××G)下道列队完毕。"

防护员再次确认下道:"××处(区间××G)下道列队完毕。"

驻站联络员回复:"××处(区间××G)下道列队完毕,室内××明白。"

3. 站内发车时,当作业点距离站内多于3个闭塞分区时,执行3次预告

(1)第一次预告:邻(本)站开车预告。

驻站联络员呼唤:"××(室外防护员姓名),上(下)行××次列车××站开车,请注意安全。"

室外防护员应答:"上(下)行××次列车××站开车,××明白"。室外防护员还需向作业人员通报:"上(下)行××次列车××站开车,请注意安全。"

(2)第二次预告:列车距作业点3个闭塞分区时通知下道。

驻站联络员呼唤:"××(室外防护员姓名),上(下)行××次列车距作业点3个闭塞分区,请下道避车。"

室外防护员应答:"上(下)行××次列车距作业点3个闭塞分区,××明白"。室外防护员要立即吹喇叭或口哨,并向作业人员通报:"上(下)行××次列车距作业点3个闭塞分区,请下道避车。"

(3)第三次预告:列车距作业点1个闭塞分区时提醒并确认列队迎车。

作业负责人检查确认下道后回复:"××报告:××处(区间××G)下道完毕。"

防护员再次确认下道:"××处(区间××G)下道完毕。"

驻站联络员回复:"××处(区间××G)下道完毕。室内××明白。"

驻站联络员呼唤:"××(室外防护员姓名),上(下)行××次列车距作业点1个闭塞分区,请列队迎车。"

室外防护员督促并确认作业人员列队完毕后回答:"××处(区间××G)列队完毕。"

驻站联络员回复:"××处(区间××G)列队完毕,室内××明白。"

四、调车预告(执行2次预告)

调车预告遵循的原则:调车机从哪里来---经过哪里---到哪里去。

(1)第一次预告:调车信号开放预告。

驻站联络员呼唤:"××(室外防护员姓名),调车机从D×信号机---经××道岔(定、反位)---到D×信号机(或某线、某处)调车信号开放,请注意安全。"

室外防护员应答:"调车机从D×信号机---经××道岔(定、反位)---到D×信号机(或某线、某处)调车信号开放,××明白。"室外防护员还需向作业人员通报调车机运行情况,提醒作业人员注意安全。

(2)第二次预告:调车机接近预告。

驻站联络员呼唤:"××(室外防护员姓名),调车机接近作业点,请下道列队避车。"

室外防护员应答:"调车机接近作业点,××明白"。室外防护员要立即吹喇叭或口哨,并向作业人员通报:"调车机接近作业点,请下道列队避车。"

作业负责人检查确认下道后回复:"××报告:××处(南、北咽喉或某道岔)下道列队完毕。"

防护员再次确认下道:"××处(南、北咽喉或某道岔)下道列队完毕。"

驻站联络员回复:"××处(南、北咽喉或某道岔)下道列队完毕,室内××明白。"

五、作业完毕回到工区后

室内外防护员使用录音对讲机(录音笔)进行确认录音。

室外防护员:"信号楼,我是防护员××,(南、北头或××区间)作业完毕,人员已经全部返回到工区,停止防护,现在是××年××月××日××时××分。"

驻站联络员:"(南、北头或××区间)作业完毕,人员已经全部返回到工区,室内明白,现在停止防护,现在是××年××月××日××时××分,驻站联络员××。"

六、其他规定

天窗点外特殊情况上道时,来车下道规定:天窗点外,在本线或邻线来车时,必须提前10分钟下道完毕并在安全处所避车。